칭의론 시리즈 ⑤

현대 칭의론 논쟁

김세윤의 유보적 칭의론 고찰

고경태, 김진영, 리차드 B. 개핀, 서문강, 이경섭,
이윤석, 임진남, 장부영, 정이철, 최덕성 공저

CLC

기독교문서선교회(Christian Literature Center: 약칭 **CLC**)는 1941년 영국 콜체스터에서 켄 아담스에 의해 시작되었으며 국제 본부는 미국 필라델피아에 있습니다.

국제 CLC는 50개 나라에서 180개의 본부를 두고, 약 6500여 명의 선교사들이 이동도서차량 40대를 이용하여 문서 보급에 힘쓰고 있으며 이메일 주문을 통해 130여 국으로 책을 공급하고 있습니다.

한국 CLC는 청교도적 복음주의 신학과 신앙서적을 출판하는 문서선교 기관으로서, 한 영혼이라도 구원되길 소망하면서 주님이 오시는 그날까지 최선을 다할 것입니다.

A Contemporary Controversy of Justification

Written by
Kyungtae Ko et al.

Korean Edition
Copyright © 2017 by Christian Literature Center
Seoul, Korea

추천사 1

서 철 원 박사
전 총신대학교 신학대학원 조직신학 교수

종교개혁 때는 모토가 '오직 믿음으로'였다. 지금은 500년이 지나서 시계가 한 바퀴 완전히 돌았다. 믿음만으로는 안 되고 믿음과 행함으로 완전한 구원을 이룬다는 주장이 또 다시 일어나고 있다. 그 내용인즉 바울이 예수 믿음으로 넘어간 것은 율법을 지킬 수 없어서가 아니라 하나님이 새로운 구원의 길을 내셨으므로 그 길로 넘어간 것이지 유대교를 배반한 것이 아니라는 것이다. 그러므로 믿음과 함께 율법을 잘 지킴으로 완전한 구원이 된다는 주장이 20세기 후반에 세계 복음주의 교회에 널리 퍼졌다. 샌더스(E. P. Sanders)가 이 주장을 널리 펼쳤는데 톰 라이트(N. T. Wright)가 이 새 복음을 열심히 전파하고 있다.

이 일이 시작하기 전에 1930년대 미국 듀크대학에서 가르친 데이비스(W. D. Davies)가 『바울과 랍비 유대교』(*Paul and Rabbinic Judaism*, 1948)란 책을 써서 바울의 복음 이해를 완전히 바꾸려고 하였다. 바울이 개진한 그리스도의 구원 사역은 전혀 새것이 아니고 후기 유대교에 있는 내용을 드러낸 것뿐이라고 하였다. 곧 그리스도가 새로운 구원 사역을 한 것이 전혀 아니라는 것이다. 그러면 유대교의 가르침처럼 예수 믿음에 행함을 더해야 완전한 구원이 된다는 것이 바른 구원의 도리가 되는 것이다.

이런 새 가르침을 한국에서도 열심히 전개하는 학자가 생겼다. 이분이 상당한 명망을 얻었으므로 가르치고 주장하는 것이 종교개혁가들의 근본 가르침인 예수 믿음만으로 구원 얻는다는 근본 진리를 넘어서고 완전히 수정할 수 있을 만큼 되었다.

뿐만 아니라 칭의도 종말론적인 것이 아니라 마지막 날 모든 사람의 행함이 종결될 때까지 유보된다는 주장까지 하게 되었다. 칭의가 종말까지 유보된다는 주장이다. 결국 구원될 것이냐 아니냐는 마지막 날 선행의 정도에 의해서 결정된다는 주장이다.

개혁교회가 도저히 받을 수 없는 이 주장이 널리 퍼지고 바른 진리로 정착되는 것으로 보였다. 그리하여 몇몇 목사님들이 이 신학의 문제점을 지적하고 나섰다. 아직도 종교개혁의 근본 진리가 성경적이고 정통 진리라는 것을 강조하고, 새로운 가르침이 성경의 근본 진리를 무너뜨리는 것임을 밝혔다. 이에서 나아가 이런 신학을 가르치는 자의 신학이 과연 어떠하기에 그런 가르침을 정당한 것으로 가르치는지를 살피게 되었다. 그리하여 고경태 목사와 임진남 목사가 그의 신학이 정통 신학이 아니고 완전한 자유주의 신학인데 전통적인 신학적 용어들을 동원하고 또 섞어서 쓰므로 받아들여도 마땅한 것으로 보이게 했다는 것을 밝혔다.

이 책을 읽으면 독자들은 새로운 가르침 곧 구원은 믿음만으로 아니고 믿음과 행함을 더해야 완전하고 확실한 구원이 된다는 주장이 얼마나 그릇되었는지를 밝히 알게 될 것이다. 또 그의 전체적인 신학이 얼마나 전통적인 교회의 신학에서 멀어지고 변질이 되었는지를 잘 깨달을 수 있을 것이다. 이 책 『현대 칭의론 논쟁』을 널리 일독을 하셔서 그릇된 길에 빠지지 않고 우리의 정통 신앙의 길을 갈 수 있게 되기를 충심으로 바란다.

2016년 9월 24일

추천사 2

성도에게 주어진 완전한 칭의

김 재 성 박사
국제신학대학원대학교 부총장, 조직신학 교수

하나님의 뜻을 파악하여 바르게 설명하려는 신학자들의 노력은 계속 발전해야만 한다. 그저 과거의 것을 암송하거나 반복하는데 그쳐서는 안 된다. 이런 점에서 이 책에 담긴 모든 분들은 서로 입장이 다르지만, 나름대로 각자의 수고와 노력으로 귀한 결실을 맺었다. 국내외 모든 필진들의 진지한 연구에 먼저 감사를 드린다. 신학적 탐구와 추구에는 남다른 헌신과 수고가 따라야만 하는 것이기에, 소명을 다하고자 노력한 논의들에 대해서 감사의 마음을 표시하고자 한다.

이 책에서 문제를 삼는 부분은 현대 바울 신학자들의 칭의론인데, 그 연구들이 급변하고 있는 시대의 풍조에 따라서 영향을 받은 것들이기에, 정확한 분별이 요청된다.

지금 문제가 되고 있는 소위 "바울 신학의 새 관점"이라는 것은 과거에 전혀 없던 것이 아니다. 19세기 말에 독일의 신약학자들은 루터파의 바울 신학 이해에 대해서 의문을 제기하였다. 신약해석에 있어서 종교사학파(Religions geschichtliche Schule)의 접근방법론이 확산되면서 칭의론을 중심교리로 삼는 신학체계에 대해서 맹렬한 공격이 이루어졌다. 종교사학파에서는 종교를 사회적, 문화적 현상으로만 인정하려했고, 성경에 대한 고등비평 방법을 확산시켰다. 종래 교회가 믿어 온 칭의 교리가 기독교 복음의 중심이 아니라고 주장했고, 더 이상 바울 신학의 핵심교리로 인정하지 않으려 했다.

그 후로 학문에 있어서 세계적 권위를 자랑하는 신학자들이 바울 신학과 관련하여 새 학설들을 제기하였다. 이런 경향에서 나온 신학서들은 성경에 대한 비평학적 방법론들을 확산하였고, 독자로서 바울의 텍스트를 읽어가는 것이 아니라, 텍스트 안에서 진정한 바울의 상황과 관점을 재구성하려는 방안을 만들어냈다. 성경관이 달라진 이후에 세워지는 신학적 가설들은 그 이전의 입장과는 전혀 다른 결과물을 만들어내고 말았다.

20세기 중반에 "실존적 칭의론"이라는 새 학설이 독일에서 다시 확산되었는데 불트만, 틸리히, 에벨링, 마틴 하이데거 등에 의해서 제기되었다. 역시, 성경과 신조와 교회 전통의 일관성과 적절성을 거부하고, 시대적 관심을 반영하였기에, 루터와 종교개혁가들의 입장에서는 크게 벗어나고 말았었다.

이처럼 세상이 급변하는 까닭에, 세상의 학문에 따라가려는 의도에서 정통 신학을 바꾸려 해서는 안 된다. 성경은 시대와 문화의 옷을 입고서 신학화하는 작업에 사용되어지고 있지만, 그럼에도 불구하고 지난 2천년 동안 하나님의 뜻과 진리는 지속성과 통일성을 갖고 계승되어져 내려왔다.

시대를 분별하고, 상황에 적합한 신학을 제시하도록 노력해야 하지만, 시류에 편승하여 "새 관점"을 받으려 하는 자세는 경계해야만 한다. "새 관점"에서는 루터와 칼빈의 칭의론으로부터 교리적 분리를 주장하면서, 초대 교부들과 신앙 고백과 전통을 무시하고 말았다.

과연 바울의 복음은 무엇이 핵심인가?

바울이 유대교의 율법주의와 대립한 것이 아니라고 말할 수 있겠는가?

더구나, 루터의 해석을 어떻게 생각하는가?

루터가 제기한 문제점들이 타당하다고 이해하고 받아들일 것인가?

아니면, 루터는 오직 로마 가톨릭과의 대립에서 칭의론을 세웠기에 결국 바울의 칭의론을 심각하게 왜곡했다고 할 것인가?

수다한 질문들은 계속해서 허망한 지식주의를 불러일으키고 있다. 현대 신학자들은 전통적인 칭의론으로 만족하지 않고, 실존적으로, 사회 정의로, 로마 가톨릭과의 에큐메니칼 운동으로 계속 확장시키려 하고 있다.

현대 신학자들은 스스로 인정하고 후회하듯이, 충분히 검증되지도 않은 새로운 이론을 제기해서 젊은이들과 신실한 성도들에게 하나님에 대한 의구심과 교회의 신앙전통에 대한 회의를 불러일으켰다. 그나마 가지고 있던 신앙마저도 후퇴시키고, 교회를 파괴하는 결과를 초래했다. 급기야 기존의 서구 기독교 교회가 송두리째 흔들리고 무너졌다. 그들의 학문은 성도들에게 혼란을 가중시켜서, 결국 힘을 잃어버리게 하고 말았다.

이 책에 실린 글들은 생각할 것들을 많이 제시하고 있다. 과연, 지금 한국 교회가 반성해야만 할 부분들이 너무나 많다는 지적들은 타당하다고 본다. 지금 한국 교회에는 또 다시 종교개혁이 필요하다고 본다. 한국 교회의 모습들은 성경적인 원리에서 벗어난 것들이 너무나 많은 것도 사실이다.

하지만, 과연 그런 한국 교회의 부족한 모습들의 근본적인 원인이 잘못된 칭의론 때문이라고 말할 수 있을까?

칭의론이 잘못돼서 한국 교회 성도들의 성화가 이루어지지 않고 있는 것일까?

필자는 한국 교회가 성경적인 칭의론에 대한 이해가 빈약하고, 초보적인 신학도 터득하지 못하는 처지에 놓여있기에 빚어진 것이라는 진단에 대해 동의할 수 없다. 한국 교회가 부족한 점이 많이 있고, 신학적으로 기초가 부족한 가르침들이 많다고 하더라도, 실천적으로 목회를 하지 않는 일부 지성주의자들이 제기하는 비판에 대해서 동의할 수 없다.

예를들면, 지금 남아메리카 여러 나라들과 아프리카 교회들의 신학적 혼란이 극심한데, 오직 은사주의에서 잘못된 영향을 받았기 때문이라고 말할 수 있을까?

아니면 해방신학의 왜곡된 관점이 확산된 결과라고만 말할 수 있을까?

서구 유럽의 교회들은 특히 성공회와 루터파 교회들과 개혁주의 장로교회 등 거의 다 무너지고 말았는데, 이렇게 된 것은 지난 50년 동안에 가장 막대한 영향력을 발휘했던 신정통주의자들의 영향이라고 말한다면 합당한 것일까?

비록 여러 부분에서 한국 교회가 세속화의 영향을 받아서 부족한 점들을 많이 드러내고 있다하더라도, 굳이 칭의론의 오류가 만들어낸 현상들이라고 지적하는 것은 학식주의에 사로잡힌 편파적 비판이자 오만한 진단이다.

소위 "새 관점" 학자들은 성경 전체 교리 가운데 특히 구원론의 칭의 교리만을 지나치게 확장시키는 오류를 범하고 있다. 칭의 교리를 근간으로 하는 구원론은 결코 성경 전체의 가르침이라고 볼 수 없다. 다시 말하지만, 이것은 칭의 교리만을 가지고 전체 구원의 교리를 설정하려는 과도한 무리수이다. 하나님의 은혜로 인해서 구원을 받은 성도들이 그리스도로부터 받게 되는 혜택들은 칭의만이 아니라, 소명, 중생, 믿음, 회개, 성화, 양자됨, 성도의 견인, 영화 등 적어도 모두 아홉 가지에 해당한다. 그런데 새 관점에 영향을 받은 학자들은 오직 칭의론에 집착해서 전체 신학을 재구성하고자 한 것이다.

한국 교회는 루터와 칼빈의 종교개혁 신학사상을 온전하게 터득하여 왔으며, '이신칭의' 교리에 대해서 결코 왜곡시키지 않았다. 루터와 칼빈의 칭의론을 강조하면서도, 십자가를 지고 가는 생활의 성화와, 거룩한 경건을 실천적으로 따르기 위한 기도생활에 치중하여 왔다고 할 수 있다.[1]

한국 교회는 종교개혁의 구원론과 칭의 교리를 받아서 구원은 처음부터 하나님의 사역의 결과이며, 그리스도께서 성취하신 것에만 의존하고, 성령의 적용사역으로 인해서 죄인들에게 주어진 것임을 배우고 확신하여 왔다.

칼빈은 신자가 믿음으로 그리스도와 연합함으로써 칭의를 위한 그리스도의 의를 전가 받으며, 성화를 위한 그리스도의 의에 참여하게

---

[1] Bernhard Lohse, *Martin Luther's Theology: Its Historical and Systematic Development*, tr. and ed. by Roy A. Harrisville (Edinburgh: T&T Clark, 1999), 248-259. Alister E. McGrath, *Luther's Theology of the Cross* (Oxford: Blackwell, 1985), 136-141. Walter von Loewenich, *Luther's Theology of the Cross*, tr. Herbert J. A. Bouman (Minneapolis. Augsburg, 1967), 67.

된다고 강조하였다.² 칼빈은 믿음으로 얻게 되는 칭의와 성화를 각각 구분하고 풀이하되, 행위가 없는 신자가 되지 않도록 먼저 성화를 논의하였다.

로마서 4:5에 따르면, 하나님은 경건히 않은 자들을 의롭게 하신다. 하나님께서는 의롭게 된 자들을 최종적으로 의인이라고 선언만 하는 것이 아니라, 율법에 의해서 정죄 받은 죄인에게 복음에서 약속하신 바대로 값없이 그리스도의 의로운 옷으로 입히신다. 칼빈은 "믿음으로 의롭게 되는 것"과 "행위로 의롭게 되는 것" 사이에는 아무런 연관성이 없음을 분명히 가르쳤다.³

로마서 4:7에 대한 주석에서, 루터는 우리가 그리스도와 연합해야 하는 것은 "우리의 모든 선이 우리 밖에 있고, 그 선은 그리스도이기 때문이다"라고 했다.⁴

바울이 로마서 8:3-4에서 언급한, 우리 안에서 이루어지는 율법의 의는 의의 전가를 통해서만 얻을 수 있다. 의의 전가는 그리스도와의 연합에 토대를 두고 있다.

칼빈이 강조하는 전가는 그리스도에 참여하는 사람들의 의가 결코 그들 내부에 있지 않다는 것이다.⁵ 의의 전가에는 비법정적인 요소를

2　Richard Gaffin Jr., "Justification and Union with Christ," in *A Theological Guide to Calvin's Institutes,* ed. David W. Hall & Peter A. Lillback (Phillipsburg; P&R, 2008), 248-269. Idem, "Union with Christ: Some Biblical and Theological Reflections," in *Always Reforming: Explorations in Systematic Theology,* ed. A. T. B. McGowan (Downers Grove: IVP, 2006), 271-288.

3　Calvin, *Institutes of the Christian Religion,* III.xi.2.

4　Martin Luther, *Lectures on Romans,* in *Luther's Works,* ed. Jaroslav Pelikan and Helmut T. Lehmann (Philadelphia: Fortress, 1955-1986), 25:267.

5　Calvin, *Institutes of the Christian Religion,* III.xii.3, III.xiv.9. Calvin, *Commentaries on*

첨가해서는 안된다. 전가는 그들의 외부에서 오는 것이요, 전가된 의는 오직 그리스도의 의일 뿐이다.

김세윤 박사는 "구원의 서정"(ordo salutis)을 기본적 구조로 설정하면서, 그런 구조 안에서 하나의 단계로서 칭의론을 다루었던 관점만을 비판적으로 접근하고 있다.

그래서 그는 구원을 단계적이며 과정적인 칭의론에 입각해서 이해하기에, 첫 번째 칭의는 은혜로 이루어지지지만, 마지막 최종적 칭의는 증가되어지고 성장해 나가는 성화의 삶에 좌우된다고 하는 결론에 이르고 있다. 그래서 최종적 칭의에 대한 확신은 결국 성화의 삶을 약화시키고 있으며, 주제넘은 주장이라고 말하는 것이다.

또한 그는 칭의론에 종말론적인 구조를 결부시켜서, 칭의를 '이미'와 '아직 아니'라는 긴장 관계로 이해하기에, 칭의가 완성되었다는 주장을 할 수 없다고 말한다. 그가 칭의론의 일부사항을 가지고 광범위한 구원에 연계시켜서, 최종 구원의 "유보"와 "예약"이라고 주장하는 것은 매우 잘못된 연결구조이다.

그러나 칭의론은 '구원의 서정'의 단계적이며, 일련의 연계과정으로 구성되어져 있는 것이 아니라, 도리어 그리스도와의 연합에 근거하고 있다.[6] 칭의를 포함한 모든 구원의 혜택들은 마지막 날의 최종 판결이 주어지더라도, 이미 그리스도 안에서 현재 성도들의 실존에 주어져 있다.

그리스도께서는 '단번에 영원히'(once for all) 유효한 구원을 성취하

---

the Epistle of Paul the Apostle to the Romans (Grand Rapids: Eerdmans, 1948), 283.

6 A. T. B. McGowan, "Justification and the *ordo salutis*," in *Justification in Perspective*, ed. Bruce L. McCormack (Grand Rapids: Baker, 2006), 156-8.

였다. 그리스도가 이미 짊어지지 않은 형벌은 없으며, 그리스도가 수행하지 않은 복종도 없으며, 그리스도의 의로우심으로 덮어지지 않은 채 내주하는 죄도 없다.

이것은 주제넘은 자랑이 아니라, 그리스도를 받아들인 참된 신앙의 내용이다. 따라서, 성도는 "현재 존재하는 완전한 칭의"에 근거해서 자유와 확신 가운데 살아가는 것이다. 앞으로 주어질 최종적 칭의를 목표로 삼고 믿음의 삶을 살아가는 것이 아니다.

20세기 후반에 등장한 "바울의 새 관점"이 제기하는 문제점들이 급속히 확산되고 있으나, 결국 그들 사이에서도 서로 일치하지 않음을 드러내고 있다. 그들은 바울의 세계와 신앙을 읽어내는데 실패했다.[7]

새 관점에 의하면, 바울은 루터와는 달리, 개인이 하나님의 목전에서 어떻게 의롭게 되는가에 대해서 관심이 없었고, '이방인들이 마지막 날에 어떤 근거에서 하나님의 백성에 참여할 수 있는가?'에 대해서 질문을 가졌다는 것이다.[8] 그러나 이런 접근방법의 문제점이 많기에, 종교개혁가들의 전통적인 해석이 더 큰 호응을 얻고 있다.[9]

세계적인 바울 신학자들이 소위 최고의 칭의론을 현학적으로 잘 발전시켜왔다는 독일이나 영국의 교회들은 지금 어떠한가?

---

7 S. M. Bauch, "The New Perspective, Mediation, and Justification," in *Covenant, Justification, and Pastoral Ministry*, ed. R Scott Clark (Phillipsburg: P&R, 2007), 137-165. K. Scott Oliphint, ed., *Justified in Christ: God's Plan for us in Justification* (Rossshire: Mentor, 2007). D. A. Carson, et al. eds., *Justiciation and Variegated Nomism: A Fresh Appraisal of Paul and Second Temple Judaism* (Tübingen: Mohr Siebeck, 2001).

8 E. P. Sanders, *Paul* (Oxford: Oxford University Press, 1991), 50.

9 S. Westerholm, *Israel's Law and the Church's Faith: Paul and Recent Interpreters* (Grand Rapids: Eerdmans, 2004).

칭의론을 잘 배우고 읽혀서 과연 헌신적이고 열정적으로 행동하는 기독교 교회를 구성하고 있는가?

소위 서구 유럽이나 미주의 교회들은 어떠한가?

그곳에는 윤리적이며 도덕적인 문제들이 없는가?

성도들의 신앙적 혼란과 무분별한 혼선이 없는가?

2016년 12월

편집자 서문

고 경 태 박사
광주 주님의교회 담임목사

　신학이란 무엇인가?
　학문은 자기 양심과 지식을 마음껏 표출할 수 있는 자유가 있습니다. 그러나 표출한 견해에 대해서 다른 견해에도 마음껏 수용할 수 있어야 진정한 학도가 될 것입니다.
　그러나 신학은 순수학문이 아닙니다. 신학은 자유로운 지식의 표현을 목표로 하지 않고 교회를 목표로 합니다. 신학이 교회를 세우는 것을 목표로 한다면, 어떤 신학을 접했을 때, 그 신학이 교회를 세우는 신학인지 검토해야 합니다. 그러한 검토는 모든 그리스도인이 할 수 있지만, 신학자나 목사에게는 의무와 책임이 있습니다.
　18세기 계몽철학에 근거한 자유주의가 교회를 덮쳤을 때 신학이 학문의 한 분과로 전락했고 신학자들은 자유로운 학문 자세로 신학에서 자기 견해를 펼쳤습니다. 그러나 그들은 교회의 유익을 배려하지 않고 자기 사상을 펼치기에 전념합니다.

그런데 한국 교회 안에서는 자기 사상을 감추면서 신학교에서 활동하는 신학자들이 간혹 있습니다. 대표적인 사례는 여성 안수를 허용하는 것을 찬성하면서 자기 의견을 감추는 것입니다. 한국 장로교회가 여성 안수를 허용을 허락한 것은 오래되지 않았습니다. 어떤 신학자는 여성 안수를 인정하면서도 일정 기간 동안 침묵하면서 한국의 신학교에서 강의했고, 그후 적절한 때에 여성 안수 허용이 성경적이라고 주장하였었습니다. 그는 학문의 자유가 억압받는다고 생각했는지도 모릅니다. 그러나 학문의 자유는 억압에 대해서 타협이나 침묵하면 그것으로 인해 자기 정당성을 읽는 것입니다. 학문은 신사적이기 때문에 비굴하거나 타협된 자세는 학자의 자세가 아닙니다.

김세윤 박사는 1980년대에 혜성 같은 위상으로 한국 신학계를 강타했습니다. 그의 영향을 받은 많은 후예들이 한국 교회와 신학교에 포진하고 있습니다. 2013년 김세윤 박사가 두란노출판사와 함께 강의했고 출판한 『칭의와 성화』라는 책이 있습니다. 이 책에서 나타난 김세윤 박사의 칭의론을 최덕성 박사가 '유보적 칭의'라고 정의하고 의견을 제시하면서 김세윤 박사의 신학에 대한 비평적 이해가 촉발되었습니다. 이에 대해서 고경태 목사와 임진남 목사가 인터넷신문「바른믿음」에 꾸준하게 글을 기고하면서 독자들에게 김세윤 박사의 신학에 대한 다른 이해를 제공했습니다. 독자들의 반응은 다양했습니다.

대표적인 반응은 다음과 같습니다.

"탁월한 신학자의 견해에 당신들이 비평할 자격이 있는가?"

물론 김세윤 박사에게 두 목사를 견줄 수가 없습니다. 그러나 책이나 강연을 했을 때에는 범위가 제한되기 때문에, 제한된 범위에서 자유롭게 이견을 제시할 용기를 얻은 것입니다. 김세윤 박사는 기독교 정통 신앙이나 절대 사상을 강연한 것이 아닙니다. 그리고 김세윤 박사가 한국 교회를 대표하지도 않습니다. 뿐만 아니라 그는 기독교 정통 신앙을 밝히는 것을 목표로 하지도 않습니다. 그는 교회를 세우는 것이 아니라 교회가 해야 할 과제를 주는 것을 목표로 한 것 같습니다.

교회를 사랑하는 마음, 교회를 지키려는 마음으로 신학자의 견해에 대해서 다른 견해를 밝힐 수 있습니다. 그리고 이러한 일은 반드시 그래야 합니다. 목사는 지교회의 목사이지만, 한국 교회의 목사이기도 합니다. 교회의 목사는 교회 유익을 위해서 변호와 변론을 전개해야 합니다.

그러나 변호와 변론에 빠지지 않아야하기 때문에, 인터넷에 개제했던 글들을 모아서 출판하며 다른 단계로 진입하는 방법을 채택했습니다. 이 일은 김세윤 박사의 신학의 문제점을 밝히는 것이기보다 교회 유익을 위한 시도이기 때문입니다. 김세윤 박사의 신학을 바르게 이해하는 것이 한국 교회와 성도에게 유익할 것입니다. 맹목적으로 좋다고 인정하고 답습할 때 학문적 호기심은 충족될 수 있을지 몰라도 경건의 유익은 없을 것이라고 생각합니다.

이 책은 우발적으로 형성된 산물이기 때문에 체계적인 변호 형식이 없습니다. 그렇기 때문에 독자들에게 효과적인 정보가 약할 수 있겠지만, 신학의 생생한 모습을 느낄 수 있겠다고 생각합니다. 이 책은 김세윤 박사가 제공하는 신학 정보에 대한 경각심을 주는 것에 의미를 두고 있습니다. 김세윤 박사의 사상이 여러 외국 문헌들에 등장하기 때문에 그 탁월성에 대해서는 인정합니다. 그러나 김세윤 박사보다 탁월한 현대 신학자들은 외국에 많습니다. 뿐만 아니라 아무리 탁월한 신학자라해도 교회에 유익을 주는 것은 별개 문제입니다. 외국의 신학은 탈-그리스도(post-Christ)가 완료하고 신-중심신학(God-centered Theology)으로 진보했습니다. 한국 교회도 그 영향력에 벗어난 것이 아닙니다. 예수 이름의 권세(복음)가 사라진 기독교가 세계 교회의 추세입니다.

최덕성 박사께서 후진들이 갈 바른 방향을 제시하고 세밀하게 배려해주어서서 여기까지 왔습니다. 그 결과 좀 더 생각이 발전하고 넓혀지는 좋은 계기가 되었습니다. 서철원 박사와 김재성 박사가 이 책의 추천사를 보내 주셔서 진심으로 감사드립니다. 독자들에게 큰 유익이 될 것이라고 생각합니다. 그리고 최더함 박사(개혁신학포럼 대표)와 정이철 목사(인터넷신문「바른믿음」대표)께서 김세윤 박사에 대한 확장된 이해를 갖도록 좋은 조언과 기회를 주었다. 또 강종수 목사, 이경섭 목사, 하석준 목사께서 좋은 조언과 격려를 주었습니다. 특별히 임진남 목사와 함께 여기까지 함께 할 수 있어서 큰 기쁨입니다. 또한 많은 동역자들이 김세윤 박사의 신학에 대해서 우려하며 여러 기관에 글을 기고하고 있습니다. 일련의 미력한 시도라도 한국 교회에 유익에 기여할 수 있기를 기대합니다. 그리고 이 책에 글을 허락해주신 여러 필진 분들께 매우 감사드립니다.

끝으로 이 책은 김세윤 박사의 신학이 정통 신학의 입장에서 이탈되었음을 소신껏 밝히기 위함이지 개인의 신앙과 인격에 대한 비판이 아님을 밝히며 저희들의 신학적 부족함도 인정합니다.

모든 독자들께 주 하나님의 은혜와 평강이 함께하시길 바랍니다.

예수 영광이 교회에 가득하기를 바라며
2016년 8월 30일

목차

추천사 1 (서철원 박사, 전 총신대학교 신학대학원 조직신학 교수)   5
추천사 2 (김재성 박사, 국제신학대학원대학교 조직신학 교수)   8
편집자 서문 (고경태 박사, 광주 주님의교회 담임목사)   17

제 1 장

김세윤의 유보적 칭의론 유감 / **최덕성 박사**   25

1. 새 관점   26
2. 유보적 칭의론   29
3. 나무와 열매   31
4. 질문   33
5. 나의 신앙고백   35

제 2 장

사도 바울에 대한 J. G. Machen과 김세윤의 이해 연구
―『바울 종교의 기원』과 『바울 복음의 기원』을 중심으로 / **고경태 박사**   38

1. 서론   38
2. 메이천과 김세윤의 저술 본문 비교   44
3. 결론   68

제 3 장

김세윤의 예수 이해
―『그 '사람의 아들' – 하나님의 아들』을 중심으로 / **고경태 박사**   73

1. 서론   73
2. 김세윤의 신학의 기초: 역사성, 동시성, 진정성   75
3. 김세윤의 예수 이해   80
4. 결론   91

제 4 장

김세윤 신학에 대한 비평적 이해 / 임진남 목사   94

1. 김세윤은 '예수는 세례 요한의 제자'라고 주장한다   96
2. 김세윤의 신학의 전제는 성경에 대한 역사적 비평이다   100
3. 예수의 광야 시험은 단지 환상이다   105
4. 예수는 하나님의 '계시의 중계자'인가? '구원의 중보자'인가?   108
5. 김세윤은 정통 삼위일체를 인정하는가?   114
6. 김세윤의 구원은 '하나님과 같이 되는 것'이다   117
7. 김세윤은 성경의 무오성과 완전성을 부인한다   120
8. 김세윤은 여성 안수 주장을 위해 정통 성경 해석을 부인한다   123
9. 칭의에 대하여 개혁교회가 이미 배격한 사상을 주장하고 있다   131
10. 김세윤은 종교개혁의 칭의의 의미를 이해하지 못하고 있다   137

제 5 장

김세윤의 『칭의와 성화』 비평적 독서 / 고경태 박사   142

1. 김세윤은 전통적 칭의 개념을 수정하는 것을 목적한다   144
2. '칭의와 성화가 동의어'라는 것은 '칭의와 성화가 없는 것'이다   150
3. 법정적 칭의는 종교개혁(기독교)의 핵심사상   154
4. 김세윤은 원죄와 피의 속죄를 부정한다   160
5. 김세윤의 데살로니가전서 탁월한 칭의 이해(?) 그러나 죄사함의 복음은 없다   166
6. 김세윤의 고린도전·후서에서 칭의 이해: 깨달음으로 하나님과 관계에 들어간다   172
7. 김세윤의 하나님 나라의 백성되기 이해: 세례에서 시작함   177
8. 김세윤은 그리스도의 현재적 통치를 신비한 성령의 방식으로 이루어진다고 주장한다   181
9. 김세윤은 예수 그리스도의 종말 중보(중재) 역할함을 주장한다   184
10. 김세윤은 칭의와 성화를 동의어로 주장한다: 신자는 윤리준수와 사회변혁의 주체   186

11. 김세윤은 삼위일체적 하나님의 은혜로 사회, 선교, 문화 변혁을
    주장한다 189
12. 하나님의 대행자 예수 그리스도의 현재 통치: 이중 사랑=사회 정의
    실현 193
13. 칭의/성화는 직업에서도 이루어진다? 196
14. 행위대로 심판을 주장함: 행위 구원과 긴밀하게 연관됨 201
15. 김세윤은 예정과 성도의 견인과 함께 탈락의 가능성을 둔다 205
16. 『칭의와 성화』 비평적 독서를 마무리하면서… 208

제 6 장

김세윤의 유보적 칭의론 인터뷰에 대한 비판 / 장부영 박사 213

1. 서론 213
2. 칭의 214
3. 칭의와 신앙행위 223
4. 칭의(중생)와 궁극적 타락 234
5. 신학적 접근 방법 241
6. 상급론에 대하여 247
7. 결론 250

제 7 장

왜 '이신칭의' 교리를 지켜야 하는가? / 서문 강 목사 253

1. 들어가는 말 253
2. 이신칭의 교리의 대전제는 무엇인가? 257
3. 전적으로 절대적으로 하나님께만 속한 구원 264
4. '이신칭의' 교리의 역설(逆說)과 그 핵심 265
5. 복음을 포괄적으로 표현한 '이신칭의' 교리 267
6. 칭의의 효력의 영원성 268
7. 이신칭의 교리의 역동성 269

8. '이신칭의' 교리에 대한 공격들의 패턴과 그에 대응하는 우리의 자세 272
9. 결론   275

제 8 장

김세윤의 칭의와 성화에 대한 관점 비판/ 이윤석 박사   277

1. 서론   277
2. 개혁주의 구원론이란?   279
3. 김세윤의 주장과 개혁주의 관점의 비판   287
4. 결론   302

제 9 장

칭의와 그리스도와의 연합 / 리차드 B. 개핀(Richard B. Gaffin Jr.) 박사 304

1. 『기독교 강요』 안에서 칭의: 1536-1559년 판까지   305
2. 그리스도와의 연합과 이중 은혜   309
3. 연합, 전가 그리고 칭의   323

부 록

1. 칭의를 주시는 분은 반드시 성화를 이루신다 / 정이철 목사   338
2. 속지말라, '유보적 칭의론'에 / 이경섭 목사   349
3. 종교개혁 500주년, 흔들리는 '구원론' / 김진영 기자   356

제 1 장
김세윤의 유보적 칭의론 유감[1]

최덕성 박사

브니엘신학교 총장

    김세윤(풀러신학교 교수)은 "행함 있는 믿음으로 구원받는다"고 역설한다. 그는 "믿음만으로 구원받는다"는 종교개혁가들의 이론에 결함이 있다고 본다. 그리고 자신이 주장하는 새로운 칭의론이 종교개혁을 완성할 복음이라고 한다. 이른바 '유보적 칭의론'을 그리스도의 통치 곧 하나님 나라의 틀 안에서 의의 열매와 관련시켜 소개한다. 위의 내용은 김세윤이 2015년 서울에서 열린 어느 모임에서 한 말을 언론사들이 보도한 내용이다.

    김세윤의 '유보적 칭의론'은 교회 안에 의의 열매가 많지 않다는 현실에서 출발한다. 이런 주장은 구원받은 자의 탈락 가능성을 전제하고 있다. 그는 예수 믿는 그리스도인이라도 윤리와 순종이라는 기본 조건을 충족시키지 않으면 구원에 이르지 못한다고 한다. 유보적 칭

---

[1] 최덕성, "김세윤의 유보적 칭의론 유감," 「크리스천투데이」 2015.10.23. 최덕성 박사가 한국 교회에 던져준 김세윤의 칭의를 '유보적 칭의'라고 정립한 것은 매우 효과적이었다. 김세윤 이해에 갈피를 잡지 못한 한국 교회에 명확한 방향성을 제시해 주었다(편집자 주).

의론 구도에는 성령의 역사 곧 성도의 견인 진리가 들어설 곳이 없다. 그래서 죽을 때까지 그리스도인이 구원의 확신을 가질 수 없거나 헛된 확신을 가질 수 있다. 이러한 주장은 로마 가톨릭주의[2] 구원론에 빠지게 하는 위험성을 지니고 있다.

김세윤은 500년 전에 외쳤던 마틴 루터의 의문을 떠올린다.

"그리스도인이 어느 정도로 의의 열매를 맺어야 구원을 받을 수 있는가?"

김세윤에 따르면 믿음만으로 의롭다고 칭(稱)함을 받지 못한다. 믿음과 함께 의의 열매를 맺어야 의롭다고 칭함을 받고 구원을 받는다. 종교개혁가들이 로마 가톨릭교회에 저항하면서 외친 '오직 믿음'(sola fide), '오직 은혜'(sola gratia)는 김세윤에게 쓰레기에 지나지 않는다.

1. 새 관점

김세윤이 저술한 『칭의와 성화』의 내용은 대략 다음과 같다. 바울의 칭의에 대한 한국 교회의 이해에 있어서 윤리적인 가르침이 없다는 것이다. 바울을 제한적이고 편협하게 이해해서 많은 부작용의 근거가 되었다는 것이다.

신학자 샌더스(E. P. Sanders)는 그리스도의 탄생 전 약 200년 동안의 유대교(Second Temple Judaism)를 연구했다. B.C. 2세기 문헌 연구를 근거로 당시의 유대교의 정체성이 '언약적 신율주의'(Covenantal

---

2 최덕성 박사는 'Roman Catholic'를 '로마 가톨릭'이라고 그대로 음역해서 부르지만, '로마 교황 교회'를 '공 교회'(Catholic Church)로 여기는 것은 아니다(편집자 주).

Nomism)라고 규정했다. 하나님이 이스라엘을 선택하여 그들과 언약을 세우고 율법을 주셨다. 율법으로 그들의 선택을 지탱시켰다. 그래서 이스라엘은 그것을 지킬 의무가 있다. 순종하면 상 또는 복을 주시고 불순종하면 벌을 준다. 율법은 속죄 수단들이다. 속죄는 언약의 관계를 지탱하거나 회복시켜 준다. 율법에 대한 순종, 속죄, 또는 하나님의 언약의 관계 안에 들어온 자들은 종국적으로 구원을 받는다.

샌더스가 제시한 위 명제들을 한마디로 요약하면 유대교는 다음과 같다. 즉 아브라함의 자손은 하나님의 은혜의 선택에 의해 하나님과의 언약의 관계에 진입하고, 율법을 지킴으로써 그 관계 속에 머문다. 샌더스는 은혜 언약이 율법 준수를 요구한다고 믿는 종교가 유대교라고 새롭게 규정한 것이다.

샌더스는 바울이 유대교를 오해했다고 한다. 바울이 배타주의 구원론을 갖고 있었기 때문이라는 것이다. 바울은 그리스도만으로 구원을 얻는다고 했다. 유대주의자들이 바울의 이방 선교를 방해하자, 바울이 독자적인 칭의론을 전개하면서 유대교를 비방했다는 것이다. 즉 바울의 칭의론으로 '언약적 신율주의' 종교인 유대교를 의도적으로 '율법주의적 공로 종교'로 왜곡시켰다는 것이다.

바울 연구가인 제임스 던과 톰 라이트는 바울의 칭의론을 이방 선교의 맥락에서, 이방인들의 믿음을 정당화하려는 동기와 선교라는 차원에서 전개한 구원 교리라고 본다. 이들의 새 관점은 제2차 세계대전 동안 저질러진 유대인 대학살에 대한 깊은 반성을 담고 있고, 20세기 후반의 시대정신을 반영한다. 즉 새 관점은 유대교를 긍정적으로 보고 유대인들을 환대하려는 시대정신의 결과이다.

김세윤은 새 관점의 논거의 기저에 유대교에 대한 새로운 이해와 바울의 칭의론에 대한 축소주의가 내재되어 있다고 본다. 위 이론들을 모두 수용하기 어렵다고 하면서도 현대 학자들의 노력으로 유대교를 보다 더 정확히 이해할 수 있게 되었다고 한다. 새 관점이 '언약적 신율주의'라는 큰 틀을 새로운 칭의론을 구축하는데 제공했다고 본다.

김세윤의 칭의론은 '언약적 신율주의'와 비슷한 구조를 가지고 있다. 우리는 그리스도의 복음을 믿을 때, 의인이라고 칭함(Justification by Faith, 이신칭의[以信稱義])을 받는다고 믿는다. 그러나 '언약적 신율주의'는 종말론적 유보 곧 구원이 벌써 이루어졌지만 아직 완성되지 않았다는 구조 속에서 구원론을 이해할 수 있도록 도움을 준다고 한다. 칭의와 성화, 곧 칭의와 윤리의 관계로 구원 도식을 제시했다.

김세윤은 새 관점 학파의 칭의론이 선교적 교회론적 의미에 집착한 탓으로 법정적 의미를 무시한다고 본다. 동시에 전통적인 칭의론은 지나치게 법정적 의미만을 강조한다고 본다. 그래서 김세윤은 이 두 관점의 통합을 시도한다. 이러한 취지에서 톰 라이트의 통합 방식에 동의하며 자신의 견해를 덧붙인다.

김세윤은 법정적 의미와 관계적 개념을 바울의 칭의론에 적용하고, 두 관점을 통합하는 길을 찾는다. 칭의를 의인이 되었다는 법정적, 선언적 의미로만 볼 것이 아니라 신분을 갖게 되었다고 하는, 곧 하나님과의 올바른 관계를 가지게 되었다는 관점으로 통합해야 한다고 한다.[3]

---

3 김세윤, 『칭의와 성화』(서울: 두란노, 2013), 71-72, 74, 81.

2. 유보적 칭의론

김세윤에게 칭의는 무죄 선언 곧 죄 용서를 받고 하나님과의 올바른 관계를 회복하는 사건이다. 김세윤은 슈바이처가 "칭의론은 윤리를 낳지 못했다"고 말한 적이 있음을 상기시키면서, 한국 교회가 전통적 칭의론만 붙들어서 윤리가 결여되어 있다고 주장한다. 전통적 구원론이 칭의의 현재적 의미를 망각했고, 윤리 또는 의로운 삶을 무시하고 만다고 지적한다.

김세윤은 이러한 구도에서 칭의가 종말 때까지 '유보'되었다고 제시한다. 칭의는 신자가 하나님께 순종하는 관계로 전이됨의 다른 표현이라는 것이다. 그런데 칭의가 마지막 날의 최후의 심판 때까지 그 관계 즉 순종 안에 있기를 요구한다는 것이다. 그러므로 성화는 칭의 다음에 오는 어떤 것이 아니며, 하나님과의 올바른 관계 회복이라는 의미에서 칭의와 성화는 동의어라고 주장한다.[4] 성화는 하나님께 바쳐지기, 하나님의 거룩한 백성 되기, 현재 단계에서 하나님의 거룩한 백성으로 살기라는 것이다.

김세윤의 유보적 칭의론의 핵심 전제는 예수 믿는 자, 즉 구원받은 자의 탈락 가능성이다. 의롭다고 칭함을 받은 자라도 순종이라는 기본 조건을 충족시키지 않으면 구원에 이르지 못한다고 한다. 칭의의 현재 요소는 성화이다. 이 과정에서 하나님 나라의 백성이며 하나님의 아들 예수 그리스도의 통치에 순종하는 기본자세를 가지고 살지 않는 사람은 탈락한다. 과거에 믿음으로 예수를 주로 고백하여 칭의

---

[4] 김세윤, 『칭의와 성화』, 172-173.

또는 구원을 받았다고 하더라도(롬 10:9-10), 종말의 칭의 또는 구원의 완성에 이르지 못하고 탈락한다고 주장한다.[5]

김세윤의 신학에는 '성령의 내주동행 역사'와 '성도의 견인 교리'가 들어설 공간이 없다. 하나님께서 구원하기로 작정한 자의 믿음을 최종적 구원의 단계까지 유지시켜 준다는 진리를 사실상 거부한다. 그러므로 그리스도인이 윤리적으로 의롭고 거룩한 삶을 살아야 구원을 받을 수 있다는 결론에 이른다.

김세윤에 따르면, 우리가 예수를 믿어도 자신이 구원을 받을지, 받지 못할지 알 수 없다. 심판대에 설 때까지는 어느 누구도 구원을 확신할 수 없다. 왜냐하면 우리의 구원이 하나님의 심판대에 서는 시점까지 유보되기 때문이다. 하나님의 나라 시민에 합당한 의의 열매와 선한 행위를 가진 자만이 구원받을 수 있다. 믿음만으로 구원을 받는 것이 아니라 의로운 행위를 수반한 믿음으로 구원을 받는다.

김세윤의 칭의론은 로마 가톨릭교회의 관점을 향해 문을 활짝 열어놓는다. 단번에 이루어지는 칭의를 무시하고 칭의를 로마 가톨릭교회의 의화(義化) 교리처럼 구원의 전 과정으로 본다.[6] 로마 가톨릭교회는 구원이 하나님의 은혜와 인간의 믿음의 열매 곧 행위의 합작품이라고 본다. 종교개혁가들이 반대하던 로마 가톨릭은 칭의와 성화를 구분하지 않는다. 트렌트 공의회는 칭의를 구원에 합당한 선행을 할 수 있는 능력이 주입되는 어떤 것으로 정의했다.

로마 가톨릭교회와 마찬가지로, 김세윤의 칭의론은 종교개혁가들

---

5 김세윤, 『칭의와 성화』, 192, 264.

6 김세윤, 『칭의와 성화』, 177.

이 외친 '오직 믿음' 구도와 불일치한다. 그러므로 하나님의 구원이 '오직 은혜'로 받은 선물이 아니라, 개인의 성화나 공덕의 결과라는 결론에 이른다.

3. 나무와 열매

전통적 구원론 또는 칭의론은 다음과 같다. 사람이 예수를 그리스도로 믿고 고백하는 그 시점에 죄 용서를 받고, 하나님과 화해가 이루어지고 그리스도와 연합된다. 죄 용서받음과 더불어 하나님과 올바른 관계를 갖게 된다. 그때 그리스도인은 창조주 하나님의 통치를 받는 관계에 진입하고 천국시민이 된다. 예수 믿는 자의 이름이 하늘의 생명책에 기록된다. 천국시민권은 믿을 때 받는다. 시민은 국가의 호적부에 이름이 등재된 자이다.

칭의와 성화는 불가분의 관계이다. 칭의를 받은 자 곧 하나님의 나라의 시민은 자기가 속한 나라의 법을 준행한다. 천국 백성의 열매를 맺는다.

칭의는 장래에 일어날 일이 아니라, 믿을 때 발생하는 하나님의 선물이다. 우리에 믿음을 주신 하나님은, 우리가 그리스도를 믿을 때, 우리를 향해 의롭다고 선언한다. 칭의는 과거와 현재의 모든 죄를 용서받고, 미래의 죄들을 용서받을 법적 근거이다.

그리스도는 허물과 죄로 죽었던 우리를 살리셨다. 우리는 본질상 진노의 자녀이지만, 긍휼이 풍성하신 하나님이 우리를 그리스도와 함께 살리셨다. 죽은 자를 일으켜 그리스도 예수 안에서 함께 하늘에

앉혔다. 구원은 우리의 행위의 결과가 아니라 하나님의 은혜의 선물이다(엡 2:1-10). 믿을 그때, 동이 서에서 먼 것 같이 하나님이 우리의 죄과를 멀리 옮기신다(시 103:12).

그리스도를 믿고 이름이 하늘의 생명책에 기록된 자 곧 하나님의 나라에 진입한 자는 현재 하나님 나라의 시민이다. 주님 다시 오시는 날까지 우리의 하나님 나라의 시민 신분은 바뀌지 않는다. 하나님의 성령은 믿는 자의 신앙을 끝까지 지켜 유지시켜 주신다. 성령 하나님은 성도의 견인 사역을 중단하지 않는다.

나무는 열매를 보아 알 수 있다. 진정한 그리스도인은 열매를 맺는다. 칭의와 성화는 분리되지 않지만 구분된다. 칭의는 하나님의 선언적, 법적, 단회적 사건이다. 반복되는 과정이 아니다. 칭의의 조건은 그리스도를 믿는 믿음뿐이다. 칭의는 그리스도의 의가 우리에게 전가(imputation)되었음을 뜻한다.

성화는 전 생애에 걸쳐 계속되는 과정이다. 그리스도께서 의롭다고 칭한 자를 동시에 성화로 인도한다. 칭의는 성화의 출발이다. 칭의와 성화는 그리스도에게 연합됨으로 주어지는 이중 은혜(*duplex gratia*)이다. '성화 없는 칭의'나 '칭의 없는 성화'는 불가능하다. 진정한 칭의를 얻는 자는 필연적으로 성화를 수반한다. 그리스도 안에서 의롭다 함을 받는 자는 동시에 반드시 거룩해진다. 진정한 믿음을 가진 자는 그리스도 안에서 반드시 성화의 열매를 맺는다. 성화가 전혀 나타나지 않는 그리스도인은 믿음과 구원이 확실한 지 의문을 가져야 한다.

4. 질문

김세윤에게 묻고 싶다.

첫째, 비그리스도인에게 예수 그리스도의 복음을 소개하여 개종, 회심하도록 인도해 본 적이 있는가?

복음을 제시하여 몇 명의 영혼을 그리스도께 돌아서게 했는가?

한 명이라도 있다고 가정하자.

그 회심자, 개종자에게 다음과 같이 말할 것인가?

"당신이 하나님의 심판대에 서는 시점까지, 구원을 받을 지 받지 못할 지 알 수 없습니다. 당신의 구원은 유보되어 있습니다."

둘째, 예수 믿는 자 곧 그리스도인이 어느 정도의 의의 열매를 맺어야 구원을 받을 수 있는가?

인간의 자신의 의의 열매나 선행이나 윤리의 실천으로 구원을 받을 수 있는가?

셋째, 김세윤이 말하는 칭의의 조건은 결과적으로 성화 곧 윤리적 행위인가?

그렇다면 선행 또는 행위로 구원받는다는 말 아닌가?

칭의는 궁극적으로 종말론적 사건인 동시에 현재적 사건이다. 하나님은 마지막 심판의 날에 우리에게 선고할 판결을 현재의 우리에게 앞당기셨다. 구원은 근본적으로 미래에 속한 것이지만, 그 미래의 하나님의 선언이 우리의 현재 속으로 침투하여 이미 완성되었다.

그러므로 전도자는 당당히 외친다.

주 예수를 믿으라 그리하면 오늘 너와 네 집이 구원을 얻으리라
(행 16:31).

하나님의 구원과 칭의는 현재 완료형 사건이다. 구원받은 자 곧 의롭다고 칭함을 받은 자는 의의 열매를 맺기 마련이다. 열매의 많고 적음에 따라 하나님의 법정적, 선언적 판결이 취소되거나 번복되지 않는다.

그렇다면 믿는 자 가운데 의의 열매가 전혀 없는 사람이 있는 까닭은 무엇인가?

구원받는 참 신앙을 가지지 않았기 때문일 가능성이 크다. 칭의를 선물로 받지 못한 탓이다. 심리적 현상, 분위기 탓, 망상, 오해, 마귀의 궤계, 환경, 우리가 이해할 수 없는 어떤 다른 이유 등으로 말미암아 자신을 예수 믿는 자라고 착각하고 있다고 봄이 옳다.

김세윤이 결함이 있다고 주장하는 종교개혁가들의 칭의론은 지난 500년 동안 프로테스탄트 신앙의 정수로 존중되어 왔다. '율법에 부합하는 행위가 아니라, 오직 은혜로만, 믿음으로만 의롭다고 칭함을 받는다'고 강조해 왔다.

김세윤은 주장하기를 종교개혁가들의 칭의론은 로마 가톨릭교회의 공로 사상이 가져온 신앙의 왜곡에 대한 거칠고 지나친 반발이었다고 한다. 그리고 의의 열매 곧 선한 행위를 가진 믿음으로 구원을 받는다고 하는 자신의 칭의론으로 종교개혁 신학을 완성해야 한다고 한다. 종교개혁가들처럼, 칭의를 법정적인 의미로만 이해하면 성화의 중요성을 약화시키고 교인들을 방종과 나태에 빠지게 한다고 주장한다. 무율법적인 혼란을 야기하므로 우리 시대의 칭의론은 종교개혁

시대의 칭의론과 달라야 한다고 말한다.

한국 교회에 행함이 부족한 현실은 개탄스럽지만, 하나님이 베푸는 구원과 칭의를 인간 행위의 대가로 전락시키는 김세윤의 주장은 아이를 목욕시킨 물을 버리려다가 아이까지 함께 버리는 격이 될 수 있다. 성화의 결여나 결핍이라는 현실을 가지고 칭의 진리를 뒤바꾸면 콘텍스트를 가지고 텍스트를 바꾸는 것이 되고 만다.

종교개혁가들이 이해한 칭의 교리는 구원 메시지의 심장이다. 교회의 역사를 되돌아보면, 웨스트민스터 신앙고백서 제11장 1조와 벨직 신앙고백서 제2조에 표현된 전통적 칭의 교리가 강하게 외쳐지는 곳마다 교회가 생명력 있게 왕성해지고 성장하고 부흥했다. 왜냐하면 칭의 교리의 중심에 그리스도의 피 묻은 십자가, 대속 진리, 은혜의 복음이 자리 잡고 있기 때문이다.

오늘날의 교회의 윤리적 결함은 칭의 교리가 옳지 않기 때문이 아니라 오히려 구원 진리와 전통적 칭의론을 확실하게 가르쳐지지 않았기 때문이라고 봄이 타당하다. 우리를 구원한 의는 그리스도가 우리에게 전가시킨 것이지 우리가 맺은 의의 열매의 결과가 아니다. 하나님이 우리를 향하여 의롭다고 선언한 것은 인간의 율법 준수와 행위 때문이 아니다.

5. 나의 신앙고백

바울은 빌립보 교회를 향하여 "항상 복종하여 두렵고 떨림으로 너희 구원을 이루라"(빌 2:12)라고 말한다. 불평과 불만을 가지고 다투는 자들을 향한 권면이다(빌 2:14-15).

야고보서는 다음과 같이 말한다.

> 내 형제들아 만일 사람이 믿음이 있노라 하고 행함이 없으면 무슨 유익이 있으리요 그 믿음이 능히 자기를 구원하겠느냐?(약 2:14, [17, 26])

이 말씀은 기독교 진리에 대한 지적인 신앙이 구원의 조건으로 충분하다고 생각했던 사람들을 향한 메시지이며, '헐벗고 굶주리는 형제자매에 대한 관심' 촉구 맥락의 메시지이다(약 2:15-16). 즉 열매 없이 살아가는 믿는 자들의 실천을 강조한 말씀이다.

김세윤의 유보적 칭의론은 여러 면에서 유감스럽다. 그리스도인으로 하여금 구원의 확신 없이, 생기 없이, 열정 없이 살아가게 하는 위험성을 지니고 있다. 복음전도자의 열정을 앗아간다. 교회 부흥의 동력을 축소시킨다. 성령의 사역인 성도의 견인 진리를 팽개친다. 콘텍스트를 가지고 텍스트를 해석하려고 한다. 윤리와 실천을 구원과 칭의의 열쇠로 보는 그릇된 확신을 확대시킨다. 로마 가톨릭주의 구원관에 빠질 가능성이 크다.

바울은 유보적 칭의론을 거부한다. "우리가 믿음으로 의롭다 하심을 받았으니"(롬 5:1)라고 선언한다. 또 "허물과 죄로 죽었던 너희를 살리셨도다"라고 한다(엡 2:1, [5]).

나의 신앙을 짧게 고백하고 싶다.

나는 의롭다고 칭함을 받은 죄인이다. 의인이기도 하고 죄인이기도 하다. 나는 오늘 숨을 거두어도 그리스도의 품 안에서 눈을 뜰 것을 확신한다. 내가 맺은 의의 열매 때문이 아니다. 하나님이 내게 전가시킨 그리스도의 거룩한 의 때문이다. 나는 의의 열매를 맺으려고 노력한다.

그렇다.

그러나 아무리 노력한들, 나의 의, 의의 열매, 선행으로 거룩한 하나님의 구원의 눈 높이에 어느 정도 가까이 다가설 수 있겠는가?

절망할 수밖에 없다.

나는 나 자신의 의와 선한 행위로는 구원받을 수 없다. 그래서 구원자 우리 주 예수 그리스도를 믿고, 그분의 대속사역의 십자가를 바라본다. 하나님이 내가 믿을 때 베풀어 주신 은혜의 선물에 감사한다. 새 언약의 중보자 예수 그리스도를 통해 맺은 하나님의 언약은 변하지 않는다. 나는 성령 하나님이 나의 믿음을 심판 날까지 굳건하게 지켜 줄 것이라 믿는다. 그 무엇도 하나님의 사랑에서 나를 단절시킬 수 없다. 그래서 내게 구원을 선물한 하나님의 은혜를 찬미한다.

"오직 은혜."

"오직 믿음."

제 2 장
사도 바울에 대한 J. G. Machen과 김세윤의 이해 연구

『바울 종교의 기원』과 『바울 복음의 기원』을 중심으로

고경태 박사
광주 주님의교회 담임목사

1. 서론

기독교에서 '예수와 바울의 관계'는 기독교의 기원과 구원의 역사를 이해하는 결정적인 방향성을 규정한다. 예수와 바울의 관계에 대해서 '관계가 있다' 혹은 '관계가 없다'라는 단순한 대조를 떠나서, 관계가 있는데 어떤 수준과 내용으로 관계가 되는가를 생각할 때 기독교를 구성하는 특징까지 결정할 수 있다. 이 관계는 역사적인 것이다.

기독교가 유대교와 관련되었는가?

기독교가 이방 종교와 관련이 되었는가?

---

1 John Gresham Machen, *The Origin of Paul's Religion*(New York: Macmillan, 1925)

2 Seyoon Kim, *The Origin of Paul's Gospel*(Grand Rapid: Eerdmans, 1982). 이 책은 김세윤이 1977년에 맨체스터대학교(Manchester Univ)에서 취득한 박사 학위 논문이다. 1981년에 Tübingen에서 출판했고, 1982년에서 미국에서 출판되었다. 김세윤의 논문을 지도한 교수는 F. F Bruce이다. Bruce는 I. Howard Marshall과 함께 이 책의 추천사를 썼다. 지금부터 각주의 페이지는 영문판 페이지로 표시한다.

그리고 이 관계는 고대 교회 상황에 대한 이해, 교회의 복음의 이해 등 신학 전체 이해에 관계된다.

본 논문은 두 저자, 메이천(John Gresham Machen)과 김세윤의 논문을 비교하여 '예수와 바울 관계'에 대한 두 사람의 의견을 고찰한다.

김세윤의 박사 학위 논문을 지도한 교수인 브루스(F. F. Bruce)의 평가는 메이천과 김세윤이 바울 신학을 종합하여 제시함에 있어서 각자 자기 시대에 중요한 역할을 담당함을 강조했다. 그들 간에 중요한 연결성에 대해서는 일치할지 모르지만, 브루스는 신학의 내용의 연관성에 대해서는 제시하지 않았다. 본 논문은 두 신학자가 상당히 다른 바울 신학의 이해를 제시하고 있는 것을 증명하여 각 시대의 역할 또한 다름을 증명하고자 한다.

김세윤의 박사 학위 논문에 대한 브루스의 평가는 아래와 같다.

> 미국 독자에게. 이 주제는 반세기 전에 출판된 존 그레함 메이천의 『바울 종교의 기원』을 회상하게 된다. 메이천 박사는 당대의 바울 신학에 대한 학적 진술과 비평을 했다. 또한 김 박사의 세심한 연구는 다메섹 도상에서 하나님으로부터 받은 계시, 즉 '예수 그리스도의 계시'에 대한 논리적인 전개이다. 김 박사의 책은 당대의 위치와 메이천 박사가 했던 것과 비교될 수 있다.[3]

---

3 Kim, *The Origin of Paul's Gospel*, 추천글. 참고로 Marshall의 추천글에서는 "이 책은 탁월한 성취이다. 이 책은 저자를 단숨에 복음주의 신학의 최일선에로 부상시켰다. … 이 책은 바울 신학의 현대적 연구의 심장을 다루는 것으로서, 이 분야의 학도들에게 적극 추천할 수 있는 논문이다"라고 했다. 마샬이 언급한 "바울 신학의 현대적 연구의 심장"은 김세윤이 의도한 것으로서, 바르트에게 없는 바울 복음의 기원을 밝히는 것이다.

『바울 종교의 기원』(*The Origin of the Paul's Religion*, 1921)과 『바울 복음의 기원』(*The Origin of the Paul's Gospel*, 1981)은 매우 유사한 제목이다. 『바울 종교의 기원』은 메이천의 첫 신학 작품이고, 『바울 복음의 기원』은 김세윤의 박사 학위 논문이다. 브루스는 김세윤의 논문과 메이천의 저작에서 어떤 유사한 관계를 지적했지만, 신학의 내용에 있어서 어떤 유사성이 있는지 구체적으로 언급하지 않았다.

메이천은 자유주의 신학의 내용에 대해서 명확하게 제시하면서 변증하였지만, 김세윤은 기존의 다양한 신학자의 이해를 제시하고 동의하면서 논문을 전개했다. 메이천은 꾸준히 자유주의 신학에 대한 이해를 제시하면서 철저한 변호의 형태로 저술한 반면에, 김세윤은 바울의 복음이라는 논제를 세우기 위해서 다양한 신학자들의 논거를 종합하며 논문을 전개한다.

브루스는 두 신학자의 신학이 자기 세대에 최고의 위치를 갖는 역할을 했다고 평가했다. 브루스는 메이천이 당대에 최고의 역할을 했음을 인정하면서, 그 위치에 자신의 제자도 올려놓는 찬사를 하며 추천하고 있다.

이 논문의 목적은 메이천과 김세윤의 바울 이해의 상이성을 증명하는 것이다. 따라서 브루스의 추천글도 바람직하지 않다는 것이 증명될 것이다.

메이천과 김세윤 모두가 그 논의의 시작점이 바울로 보이지만, 사실 두 사람의 시작점은 전혀 다르다. 메이천의 목적은 "기독교의 기원 문제"(the problem of the origin of Christianity)[4]을 논의하는 것이지만, 김세

---

4 Machen, *The Origin of Paul's Religion*, 3.

윤은 "다메섹의 바울의 경험"에 대해 논의한다. 메이천의 목적은 자유주의 신학(바울의 복음이 유대 계열이라고 주장하는 브레데와 브룩크너, 이방계열이라고 주장하는 뷰셋)[5]에 대해서 반박하면서 역사적으로 기독교 기원을 밝히는 것이라면, 김세윤의 목적은 바르트(Karl Barth)에게 부족한 복음 개념을 개진시키기 위한 것이다.

김세윤은 자기 논문의 목적에 대해 다음과 같이 말한다.

> 우리가 본서에서 고찰하고자 제시하고 있는 질문, 말하자면 바울 복음의 기원에 대하여 바르트가 어떻게 결론을 내렸는지 즉시 알 수는 없다. 이것은 바울 서신에 대한 역사적, 주경적 수고를 필요로 하는 작업이다. 그러나 우리가 바울 자신의 증언을 주의 깊게 경청한 후에 그 질문에 답변한다면, 바울이 그의 서신들에서 설명하고 있는 신학적 진리들을 훨씬 더 잘 이해할 수 있으리라고 확신한다. 이것이 바로 바르트의 관심사였으며, 모든 신중한 해석학자들의 관심사일 것이다.[6]

---

5 전예원, "예수와 바울의 관계성 연구"(신학석사논문, 감리교신학대학교 대학원, 2009)에서는 불연속성으로 보았던 자들로 Renan, Paul de Lagarde, F. W. Nietzsche, F. C. Baur, W. Wrede, A. Julicher, W. Heitmuller, W. Bousset, M. Kähler, R. Bultmann을 언급한다. 그리고 예수와 바울의 관계를 연속성으로 보았던 자들로는 Alfred Resch, David Somerville, Wellhausen, Harnack, Paul Wernle, J. Weiss, Albert Schweitzer, Herman Ridderbos, E. Fuchs, E. Jüngel, J. G. Machen, W. G. Kümmel, M. Hengel, 정승우, G. V. Pixley, F. W. Beare, M. Tompson, 김세윤으로 구분했다. "불연속"은 메이천에게 "이방계열"이고, "연속"은 "유대계열"이다. 메이천은 칼 바르트, 불트만과 동일한 시대에 있지만 그들의 글에 대한 비평은 없고, 바이드 뮬러, 뷰셋, 바이스 등 자신보다 앞선 신학자들을 이해하면서 반박하였고, 바른 기독교 이해를 추구했다.

6 Kim, *The Origin of Paul's Gospel*, 1.

이것과 비교하며 메이천이 자기 논문의 목적에 대해 진술한 것을 보라.

> 이 토론에서는 하나의 특별한 관점에서, 기독교의 기원의 문제를 다루려는 의도가 있다. 이 문제는 역사적이고 중요한 문제이고 또한 실제적으로 중요한 문제이다. … 기독교의 기원에 관한 문제는 기독교의 진리 문제이며 생활에서 가장 중요한 실제적 문제이다.[7]

두 신학자의 논제가 분명히 다름에도 브루스는 사상적 유사성 혹은 시대의 동일한 공헌자로 평가했다. 본 논문은 메이천과 김세윤이 추구한 목적이 달랐다는 것을 밝힐 것이다.

본 논문은 크게 세 부분으로 제시된다.

첫째, 바울의 회심 이전의 상태에 대한 고찰이다. 메이천과 김세윤은 동일하게 바울을 배타적 유대인, 즉 샴마이 학파로 분류했다. 이에 대해서 힐렐 학파의 대표격인 가말리엘에 대한 평가는 서로 다르다.

둘째, 바울의 다메섹 경험과 아라비아 체류 기간과 사도회의에 대한 고찰이다. 메이천과 김세윤은 다메섹 체험, 아라비아 체류 기간, 사도 회의에 대해서 각자가 서로 다른 견해를 제시했다. 메이천은 바울의 다메섹 체험을 부활하신 믿음의 대상을 만난 것으로 이해하고, 아라비아 체류 기간은 명목상 3년, 실제 기간을 24개월이 약간 넘는 기간으로 제시했다. 그리고 베드로와 바울의 일치를 강조했다. 하지

---

[7] Machen, *The Origin of Paul's Religion*, 3-4.

만 김세윤은 다메섹 체험을 강조했고, 아라비아 체류 기간에 선교활동의 가능성을 제시했고 베드로와 바울의 일치에 대한 언급은 없다.

셋째, 바울의 예수 이해에 대한 고찰이다.

① 예수 그리스도의 선재에 대한 바울의 이해에 있어서, 메이천은 역사적 구성을 매우 강하게 제시하였고, 김세윤은 그리스도의 선재를 '지혜'의 선재로서 제시했다. 메이천은 지혜에 대해서는 간략하게 언급했다. 김세윤이 제시한 그리스도의 선재 사상은 바울의 것이라기보다는 예수 이전에 구약 성경 혹은 유대 묵시문학에서부터 존재했던 것과 연속성이 있다.

② 예수 그리스도의 현재 상태에 대한 바울의 이해에 있어서, 메이천은 바울이 예수를 "계시자가 아니라 구주이신 예수 그리스도"[8]로서, 종교적 믿음의 대상으로서 보았다고 말한다. 김세윤은 갈라디아서 1:12을 근거로 "예수 그리스도의 계시"를 복음의 기원으로 제시했다.[9] 메이천은 "천상적 존재"와 "천상의 구속주"의 성육신에 대해서 명시한다.[10] 김세윤은 바울이 얻은 예수 그리스도의 계시를 "다메섹 사건"에서 성찰하려고 했다.[11] 메이천은 기독교의 기원자(창설자)인 예수를 믿음이 바울에게서 나타났음을 제시하려고 했고, 김세윤은 바르트의 신학 전개에서 미흡한 바울 복음의 기원을 구축하여 보완하려고 했다.

---

8   Machen, *The Origin of Paul's Religion*, 22. "Jesus for Paul was primarily not a Revealer, but a Saviour."

9   Kim, *The Origin of Paul's Gospel*, 2.

10 Machen, *The Origin of Paul's Religion*, 22. "Jesus Christ, Paul believed, was a heavenly being … This heavenly Redeemer existed before His earthly life; came then to earth, where He lived a true human life of humiliation."

11 Kim, *The Origin of Paul's Gospel*, 2.

메이천과 김세윤이 일치되게 주장하는 것은, 바울이 팔레스타인 유대인으로서 바리새인이며 강경한 성격이라는 점이다. 하지만 메이천은 자유주의의 양대 진영의 신학자들, 즉 유대주의 또는 이방 종교에 영향을 받은 바울 신학이라는 두 주장을 거부하고, 성경과 역사에 근거하여 바울 종교와 사도들의 기독교의 동일함을 변호하는데 초점을 두었다. 반면, 김세윤은 모든 신학자들을 비교하면서, 메이천이 거부한 진영의 주장인 유대 묵시문학의 신학자로서의 바울을 수용하는 논문을 전개했다.

2. 메이천과 김세윤의 저술 본문 비교

메이천의 『바울 종교의 기원』과 김세윤의 『바울 복음의 기원』를 비교하면, 메이천의 논문에서는 역사적 이해를 추구하는 것에 분량의 상당 부분이 할애가 되어 있고, 김세윤의 논문에는 역사 이해에 대해서는 상대적으로 적게 진술되어 있다. 다루는 역사적 기간에 있어서, 메이천은 바울의 다소에서부터 회심 전까지 그리고 사도행전 15장(갈 1-2장)의 예루살렘 회의에 집중되어 있는 반면, 김세윤은 다메섹 회심을 중심으로 간략하게 진술하며, 다메섹 "체험"을 근거로 인식의 변화, 직분의 소명[12]에 대한 진술을 진행했다.

---

[12] 새 관점 학파(New Perspective on Paul) 중 James Dunn이 다메섹 도상의 경험(체험)에서 계시가 제외되고 소명만 주어졌다는 것을 비판하면서, 다메섹 체험에서는 계시와 소명이 있음을 강조했다. 김세윤은 E. P. Sanders의 *Paul and Palestinian Judaism*(1977)에서 시작되어 Dunn(1982)으로 이어지는 새 관점 학파에 대해서 비평했다. 김세윤이 비판한 새 관점 학파의 대가인 톰 라이트의 주장이 한

1세기 당대의 유대인 중에서 최고의 지성이며 열성가였던 바울의 변화는 기독교 신학을 이해하는 중요한 요소가 되었다. 메이천은 기독교의 기원을, 김세윤은 바울이 제시한 복음을 제시했다.

1) 회심 전 바울의 상태

회심 전 바울의 상태에 대해서 메이천은 팔레스타인 유대인이며 바리새인으로 주장했고, 김세윤은 샴마이 학파로서 묵시문학적 신학자로 주장했다.

메이천은 바울의 회심 전의 상태에 대해서 1890년 크렌켈(Krenkel)의 논제를 제시했다. 그러나 메이천은 바울이 헬라 문화에 잘 알지 못했다는 크렌켈의 주장을 거부했다.[13] 메이천은 바울의 출생을 갈릴리의 기샬라(Gischala in Galilee) 태생이라는 제롬(Jerome)의 주장을 따른다. 그리고 바울의 부모가 기샬라 태생이라는 쟌(Zahn)의 제안을 수용한다.[14]

메이천과 김세윤은 길리기아의 수도이며 헬라 철학과 문화가 발달했던 곳인 "다소"(Tarsus)를 바울이 다소에서 태어났고 유년시절을 보낸 곳으로 여긴다.

국 교회에 만연한데, 김세윤과 톰 라이트의 신학의 차이를 아는 것도 중요하다. 참고. 김세윤, 『바울 신학과 새 관점』, 정옥배 역(서울: 두란노, 2002), 25-38.

13 Machen, *The Origin of Paul's Religion*, 44.
14 Machen, *The Origin of Paul's Religion*, 44. 메이천은 제롬의 견해를 거부하면서, 제롬이 교회에 많은 혼돈을 주었다고 평가했다.

바울의 아버지는 로마의 시민권을 소유했다. 메이천은 바울이 다소라는 헬라 학문의 도시에서 로마의 시민권을 가진 집안의 사람이었으며 그러기에 일찍이 이방 세계와 관련되었다고 본다.[15] 반면 김세윤은 바울이 헬라 철학이나 수사학 등에 대한 공식적인 교육을 받은 것으로 보지 않았다. 다만 회당에서 70인경으로 헬라 문화적 요소를 습득했을 것으로 추측했다.[16]

메이천은 헬라 문화를 습득한 바울에 대한 성경적 근거로 "히브리인 중의 히브리인"(고후 11:22; 빌 3:5)이라는 말씀을 제시했다. 메이천은 아람어를 사용하는 유대인인 바울이 유대인의 자손이면서 헬라 문화를 습득한 것을 모순으로 보지 않았다.[17] 반면 김세윤은 바울이 다소에서 살았지만, 히브리인 중의 히브리인이기 때문에 헬라 문화적 요소에 대한 접촉이 거의 없었을 것으로 이해했다. 이처럼 두 신학자가 "다소"에 대한 평가는 동일하게 하였지만, 바울이 헬라 문화를 습득하는 것에 대해서는 서로 다른 추론을 했다.

메이천과 김세윤은 바울이 예루살렘에서 성장했을 가능성이 있음을 제시했다. 메이천은 사도행전 22:3을 근거로 바울이 어렸을 때에 예루살렘에서 거주했을 개연성이 있을 뿐 아니라, 청년 초기에도 거주했을 가능성이 있다고 생각했다.[18] 반면 김세윤은 바울이 갓난 아이 때에 예루살렘으로 이주했을 가능성이 있다고 생각했다.[19]

---

15 Machen, *The Origin of Paul's Religion*, 46.
16 Machen, *The Origin of Paul's Religion*, 44.
17 Machen, *The Origin of Paul's Religion*, 46-47.
18 Machen, *The Origin of Paul's Religion*, 53.
19 Kim, *The Origin of Paul's Gospel*, 33.

메이천은 바울이 예루살렘에 거주하지 않았다고 주장하는 신학자들로 제시하는 사람은 몸젠(Mommsen), 뷰셋(Bousset), 바이드 뮬러(Weitmüller), 로지(Loisy)등을 제시했다.[20] 메이천은 그들의 주장이 그럴듯하지만, 조화가 부족한 이론으로 평가하며 정당성을 부여하지 않았다.[21] 김세윤은 불트만(R. Bultmann)과 보른캄(Bornkamm)의 견해에 대해서 반대했다.[22] 불트만과 보른캄은 바울이 가말리엘의 제자가 될 수 없다고 단언했다.[23] 뷰셋과 불트만은 종교사학파와 유사한 성향을 가진 신학자이다.

메이천과 김세윤은 종교사학파에 대해서는 동일하게 거부한다. 그러나 앞에서 살펴본 바와 같이 바울이 예루살렘의 거주한 시기에 대해서 메이천은 바울의 생애 초기와 성장기까지 보았고, 김세윤은 바울의 생애 초기로만 한정했다.

이제 바울의 대한 메이천의 이해를 조금 더 구체적으로 살펴보자.

첫째, 메이천은 회심 이전의 바울을 "기독교 박해자"이며 그리스도에 대한 "낮은 수준의 이해"(a low view of Christ)를 가진 사람으로 제시했다.[24] 여기에서 "낮은 수준의 이해"란 예수를 "다윗의 아들" 혹은 "유대인의 메시아"로만 이해하는 것이다. 즉 그리스도의 신적 본성에 대해서 알고 있는 높은 개념(a higher conception of His divine nature)을

---

20 Kim, *The Origin of Paul's Gospel*, 47.
21 Kim, *The Origin of Paul's Gospel*, 49.
22 Kim, *The Origin of Paul's Gospel*, 33-34.
23 Kim, *The Origin of Paul's Gospel*, 34. 김세윤은 J. Klausner가 바울이 가말리엘의 제자이기는 하였지만 배움에 있어서는 염치가 없는 사람이라고 했다고 밝혔다. 참고. J. Klausner, *From Jesus to Paul*(1946), 310.
24 Machen, *The Origin of Paul's Religion*, 55.

가지고 있지 않았다는 것이다.[25] 동시에 메이천은 이러한 낮은 수준의 이해가 높은 수준으로 가기 위한 준비 단계라는 것을 배격했다. 왜냐하면 "다윗의 아들," "유대인의 메시아"는 육적인 개념의 지상의 통치자가 아닌 영적인 차원의 것이기 때문이다.[26]

둘째, 바이스(Weiss)는 바울이 다메섹 이전에는 예수를 보았을 것을 전제하면서, 다메섹의 환상을 "환각"(hallucination)으로 보았지만 메이천은 이런 견해를 전부 거부했다.[27] 메이천은 바울이 다메섹 이전에는 예수를 보지 않았을 것으로 추측한다.[28] 이처럼 메이천에 의하면, 다메섹 이전의 바울은 자유주의 유대인이 아닌 팔레스타인 유대인으로서 바리새인이며, 기독교에 대한 적극적인 박해자였다.[29]

회심 이전 바울에 대한 김세윤의 이해는 어떠한가?

첫째, 김세윤은 회심 이전의 바울이 유대적 선교 활동을 했다고 여기는 신학자들(Rengstorf, Opeke, Schlier)의 의견을 반대하며[30] 바울을

---

25 Machen, *The Origin of Paul's Religion*, 55. 메이천은 바울의 낮은 수준을 구원의 상태인지에 대해서는 명확하게 제시하지 않는다. 유대인들의 남은 자에 대한 신학적 성찰이 있기 때문인 것 같다.

26 Machen, *The Origin of Paul's Religion*, 55.

27 Machen, *The Origin of Paul's Religion*, 56-57. 메이천은 바이스가 바울이 환상 중에 부활한 그리스도를 만난 것을 거부한 것을 두고 자연주의(naturalistic principles)라고 정의했다.

28 Machen, *The Origin of Paul's Religion*, 57. 메이천은 엠마오 도상에 있는 두 제자는 십자가 이전에 예수를 잘 알고 있었지만, 정작 부활하신 뒤로는 알지 못했다고 했다. 즉 알아보지 못했다는 것이 환각의 증거가 되지 못하는 것으로, 바이스가 바울이 예수를 알았던 것은 이전에 보았을 것이라는 추측에 대해서 일축시키는 것이다. 그래서 메이천은 바울이 십자가 이전에 예수와 보았다는 추정을 거부한다.

29 Machen, *The Origin of Paul's Religion*, 88, 220-230. 메이천은 바울이 유대적 바리새인인지에 대해서는 5장 유대적 환경에서 자세하게 제시한다.

30 Kim, *The Origin of Paul's Gospel*, 71-72.

바리새인이며 "확실히 묵시문학적 신학자"라고 주장했다.[31] 김세윤은 해커(Haacker)의 견해를 따라서 유대인들이 갖는 열심의 원형(prototype)을 비느하스로 갖는다고 했다.[32] 또한 그는 해커의 견해를 따라서 바울이 열심당의 조직은 아니지만, 바리새 운동의 과격파인 샴마이 학파라고 이해했다.[33]

둘째, 김세윤은 헹겔(M. Hengel)의 주장을 따라서 오순절 성령강림을 경험한 사람은 헬라파 유대 그리스도인들이라고 했다.[34] 회심 이전에 바울은 헬라파 유대인이 아니었다.

이상에서 살펴본 바와 같이 메이천과 김세윤은 바울을 팔레스타인 유대인(메이천은 자유주의 신학자들이 구분하기 때문에 사용한 용어)과 바리새인으로 평가하는 것에는 동일하다. 그러나 팔레스타인 유대인에서 어떻게 혹은 어떤 그리스도인으로 변화되었는지에 대해서는 서로 다른 견해를 갖는다.

메이천은 바울이 점진적 변화를 했다는 주장에 대해서 거부했다. 메이천이 생각한 바울의 변화는 유대인에서 그리스도인으로의 근본적인 변화이다. 김세윤은 바울의 변화가 점진적인 것인가에 대해서

---

31 Kim, *The Origin of Paul's Gospel*, 73. "Paul certainly was an 'apocalyptic theologian,' but he was that as a Pharisee."

32 Kim, *The Origin of Paul's Gospel*, 73-75.

33 Kim, *The Origin of Paul's Gospel*, 75-76.

34 Kim, *The Origin of Paul's Gospel*, 78. 김세윤은 F. Hahn이 헬라파 유대인들이 모세의 율법과 상관없는 이방 선교를 창시했을 것이라는 논제를 거부하고, 헹겔이 제시한 것처럼 그들이(헬라파 유대인) 성령의 부으심을 경험하였지만 예수의 종말론적인 열정과 율법을 계속했다는 것을 따랐다. 김세윤이 헹겔의 견해를 따름에서 헬라파 유대인과 히브리파 유대인의 갈등으로 바우어의 견해를 계승하고 있는 것이다. 메이천은 초기 제자들과 바울은 전혀 갈등이 없는 하나였음을 반복하여 강조한다.

언급하지 않았지만, 바울을 "묵시문학적 선지자"라고 언급하였는데, 이것은 점진적 변화 즉, '유대인'에서 '예수를 인정한 유대인'으로의 변화를 제시하는 것으로 볼 수 있다.

2) 다메섹 경험에 대한 이해

다메섹 사건에 대한 이해는 바울 신학 전체 구도에서 중요한 위치를 갖는다. 다메섹의 사건을 이해하는 방법과 그것과 관련하여 다루는 범위가 학파에 따라서 다르기 때문이다. 메이천과 김세윤도 각각 다메섹 사건에서 바울 이해를 정확하게 제시했다. 바울이 경험한 다메섹 사건에 대한 견해에 대해서, 메이천은 천상의 구속주에 의한 바울의 중생 사건으로 이해하고, 김세윤은 바울이 부활한 주를 경험함으로 인한 계시와 소명 사건으로 이해한다.

(1) 다메섹 사건에서 준비단계가 있었는가?

메이천은 바울이 다메섹에서 회심했고, 회심을 위한 준비 단계가 없었다고 이해했다. 메이천은 로마서 7:7-25을 회심의 준비 단계로 보려는 신학자들(Beyschlag, Holsten)의 의견에 대해서 반대했다. 로마서 7장의 본문에서는 바울이 그리스도인 이전의 생활에 관한 어떠한 정보도 그 본문에서는 얻을 수 없다는 것이다. 메이천은 바울의 중생 전후로 죄 의식이 다른 상태, 율법에 대한 열심, 박해에 대한 과감성 등에서 사전 준비 단계에 대해서 거부했다.[35] 메이천은 바울이 어떤

---

35 Machen, *The Origin of Paul's Religion*, 66.

경험에 의해서 변화되어지는 모습은 오히려 바울다운 것이 아니라고 하여 변화의 점진성을 거부했다.[36]

김세윤은 큄멜(Kümmel)이 로마서 7장을 바울 자신의 자전적 기술로 볼 수 없다고 함을 인정했다. 큄멜이 로마서 7:7-25을 분석한 결론은, 이 본문의 내용은 바울의 자전적인 것이 아니라 수사학적인 것이고, 기독교 관점에서 구원을 필요로 하는 비그리스도인, 즉 율법 아래 있는 사람을 묘사하고 있다는 것이다.[37]

케제만(Käsemann)은 그 본문이 바울의 아담적 상황을 묘사하는 것으로 이해하고, 회심 전과 후를 구분하는 것으로 보지 않았는데, 김세윤은 이 견해를 따른다.[38]

그러나 김세윤은 바울의 회심에 준비 과정이 있다는 쿠스(Kuss)의 주장을 거부한다. 즉 김세윤은 로마서 7:7-25을 바울의 자전적인 서술로 보지 않고, 율법 아래 있었다는 바울의 회상을 준비, 즉 심리적 준비로 보기 어렵다고 했다.[39] 김세윤은 로마서 7:7-25에서 바울의 상태를 회심 전과 후에 대한 것으로 이해하지 않고, '아담적 상황'이라고 이해한다.

메이천과 김세윤 둘 다는 로마서 7:7-25의 본문이 바울의 회심 후의 상태가 아니라고 보았다. 메이천은 바울이 회심 이전의 상태가 아니라 회심 후의 상태라고 하였고, 김세윤은 바울의 자전적인 기술이 아닌 아담적 실존의 전체의 모습을 대변하는 것으로 이해했다.

---

36 Machen, *The Origin of Paul's Religion*, 67.
37 Kim, *The Origin of Paul's Gospel*, 51-52.
38 Kim, *The Origin of Paul's Gospel*, 52.
39 Kim, *The Origin of Paul's Gospel*, 53-55.

그 본문에서 메이천은 다메섹의 사건에서 등장한 대상(주 예수)에 의한 바울의 변화에 초점을 둔 반면, 김세윤은 바울의 문학적이고 수사학적인 묘사 혹은 심리적인 준비 상태에 초점을 두었다. 메이천은 바울의 변화에 대하여 명확한 시간적 인식이 있는 반면에, 김세윤에게는 준비에 대한 실제적이고 명확한 시간 제시가 없다. 메이천은 다메섹 전후로 바울의 '질적인 변화,' 즉 죄인에서 그리스도의 사도가 됨의 변화를 말하지만, 김세윤은 바울의 '인식의 변화', 즉 예수에 대한 그릇된 이해에서 바른 이해로 변화를 말한다.

(2) 다메섹 사건은 무엇인가?

메이천은 바울이 다메섹 도상에서 만난 것은 환상도 표적도 아닌 실제 인격이라고 했다.[40] 또한 바울이 실제의 예수를 만난 것이며, 하나님의 성령의 능력으로 새로워졌다는 것이다. 메이천은 바울의 변화가 인간적인 어떤 계기가 없이 하나님의 전적인 주권으로 이루어졌다고 말한다.[41] 또한 메이천은 바울의 변화는 다른 어떤 사람에게도 있지 않은 유일한 방법에 의한 것이라고 말한다.

> 바울은 사람에게서 받은 어떤 가르침에 의해서 개종하지 않았다. 또한 그는 그리스도인들이 겪는 일반적인 개종으로 개종되지 않았다. 즉 진리의 선포 혹은 그리스도의 추종자들의 삶에 포함되어 있는 그리스도의 계시와 같은 방식이 아니다.

---

40 Machen, *The Origin of Paul's Religion*, 68. "Only, it must have been a real person whom Paul met on the road to Damascus - not a vision, not a mere sign."

41 Machen, *The Origin of Paul's Religion*, 68.

> 바울이 눈으로 볼 수 있는 방식으로 예수 자신이 나타났다. 예수는 일반적으로 자신이 세우신 종들을 통해서 개종시키는 것을 질서로 세웠다. 바울은 예수께 자기 전 인생을 걸었고, 예수를 기초로 사도적 권위를 세웠다.[42]

메이천은 예수께서 바울을 직접 개종시켰다고 말한다. 그리고 이러한 역사는 바울에게만 있는 독특한 것(not usually)이며 명확한 것(unequivocal)이라고 했다.

김세윤은 다메섹 사건을 "부활하신 그리스도의 환상"으로 이해했다.[43] 김세윤이 사용한 '환상'(vision)이라는 단어는 '환각'(hallucination)과는 구별되는 것이다. 하지만 종교사학파에서는 이것을 환각으로 보기도 했다. 김세윤은 바울이 자신의 다메섹 체험을 "그리스도의 현현"(Christophany)으로 묘사했다고 이해한다.[44] 그리고 김세윤은 고린도전서 15:8; 사도행전 9:17; 26:16; 고린도전서 9:1 등으로 제시하며, 이것들을 갈라디아서 1:12의 그리스도의 계시로 연결시켰다.[45] 바울은 그리스도의 현현에서 부활의 나타남, 즉 파루시아를 선취하는 독특한 경험했다는 것이다. 그래서 바울은 자신의 의를 포기하는 결단하고 그리스도에 대한 지식으로 완전한 변화가 이루어졌다.[46]

---

42 Machen, *The Origin of Paul's Religion*, 68.

43 Kim, *The Origin of Paul's Gospel*, 55. "2. The vision of the risen Christ"

44 Kim, *The Origin of Paul's Gospel*, 55. 메이천은 "Jesus Himself in the case of Paul did in visible presence …." 참고. Machen, *The Origin of Paul's Religion*, 68.

45 Kim, *The Origin of Paul's Gospel*, 55.

46 Kim, *The Origin of Paul's Gospel*, 56.

또한 김세윤은 다메섹 사건을 "계시와 소명"으로 본다. 다메섹 사건은 회심이 아니라 소명이라는 것이다.[47] 메이천은 다메섹의 만남을 인격적인 만남이며, 동일한 모습이지만 변화되신 예수의 사역으로 이해했다. 김세윤은 바울 복음의 신적 기원을 증명하는 예수 그리스도의 계시 사건은 구약 시대 선지자의 소명 사건과 비교된다고 주장한다.[48] 메이천은 다메섹 사건을 바울이 예수를 만나고 하나님의 성령의 능력의 직접적 개입으로 변화된 중생사건으로 이해하지만, 김세윤은 중보적 계시사건으로 이해한다.

메이천은 바울의 변화의 주체를 예수(Jesus Himself)의 사역으로 보았다.[49] 반면 김세윤은 다메섹 사건을 성령의 중보 사역에 의해 부여되는 것으로 제시했다.[50] 즉 "다메섹 도상에서 바울은 그리스도를 영적인 존재로, 아니 실제로는 성령으로 보았던 것"[51]으로 제시했다.

두 사람은 다메섹의 사건에 대한 이러한 이해에 따라서 가장 가까운 3년간 아라비아 생활에 대한 이해도 서로 다르게 제시되었다.

---

47 Kim, *The Origin of Paul's Gospel*, 56-66. 김세윤은 다메섹 사건에서 이방인 선교에 대한 소명을 받음이 논거이기에, 회심 후 아라비아에서 전도 활동이 자연스럽게 연결된다.

48 Kim, *The Origin of Paul's Gospel*, 58-60. 김세윤은 이 부분에서는 P. Gaechter의 이해를 제시했다.

49 Machen, *The Origin of Paul's Religion*, 92.

50 Kim, *The Origin of Paul's Gospel*, 79. "Paul's emphasis on the mediating agency of the Spirit here can be well understood in the light of his need to show the Corinthian 'puneumatis' what really is the wisdom imparted through the Spirit."

51 Kim, *The Origin of Paul's Gospel*, 228-229. "On the Damascus road Paul saw the glorious Christ as being spiritual, as a spiritual being, indeed as the Spirit." 김세윤은 Lietzmann-Kümmel, Schweizer 등의 견해를 따라서, 그리스도가 영적인 존재와 동일하게 되는 사고의 과정으로 제시했다. 그래서 프뉴마는 퀴리오스의 존재양식으로 정의했다. 김세윤에 의하면 바울의 깨달은 것은 그리스도가 영이라는 것이다. 참고. Kim, *The Origin of Paul's Gospel*, 374.

3) 회심 직후 바울이 체류한 아라비아 광야 3년과 직후에 대한 견해

회심 직후 바울이 체류한 아라비아 광야 3년과 직후의 활동에 대한 견해에 대해서, 메이천은 바울이 묵상과 성찰을 하였고, 예루살렘을 방문하여 사도적 일치를 이뤘다고 했다. 반면 김세윤은 바울이 즉각적으로 복음 전도 활동을 했을 것으로 추측했고, 사도적 일치에 대해 언급하지는 않는다.

나바티아(Nabatea), 아리비아의 3년 생활(갈 1:16)은 무엇인가?
바울이 다메섹 사건 이후에 다메섹에 들어가서 아나니아에게 세례를 받은 장면은 사도행전에서 등장한다. 그런데 그 직후인 아라비아 광야의 3년 기간은 갈라디아서 1장에서 등장한다. 바울이 나바티아에 갔었음은 고린도후서 11:32에 기록으로 추측했다.

메이천과 김세윤 모두 아라비아의 3년의 행적에 대해서는 확실한 지식이 없다고 말한다.[52] 메이천은 사도행전과 바울 서신이 일치하지 않다는 이유로 그 행적의 진정성을 의심하는 자유주의자들의 견해를 일축하고 치밀하게 역사를 배열한다. 김세윤에게 사도행전과 바울서신이 일치하지 않음에 대한 갈등은 보이지 않는다.[53]

메이천은 바울의 아라비아 3년 생활을 선교 사역이 아닌, "묵상과 성찰의 기간"(meditation, considerations)으로 생각했다. 당시 바울의

---

[52] Machen, *The Origin of Paul's Religion*, 71-74.; Kim, *The Origin of Paul's Gospel*, 63. 김세윤은 K. Lake, H. Windisch, Debelius-Kümmel, Schlier, Kasting, Burchard 등이 바울이 아라비아에서 선교사역을 전개함을 주장했다고 했다.

[53] 김세윤, 『복음이란 무엇인가』(서울: 두란노, 2003), 16-26. 김세윤은 하나님 나라의 선포자인 예수가 어떻게 종말의 구원을 선포하는 자가 되었는지에 대한 해명을 통해서 복음을 제시한다고 했다. 예수의 죽음에서 부활은 하나님께서 그의 옳음을 선언하는(vindicate) 것으로 제시했다(144-145).

상태를 "실천적인 그리스도인(practical Christian)이 아닌" 것으로 본 것이다.[54] 김세윤은 바울이 나바티아 왕국에서 선교 활동을 한 것으로 보았는데, 이것은 래이크(K. Lake)의 견해를 따른 것이다.[55]

메이천은 바울이 아라비아 광야에서 보낸 3년에(갈 1:18) 대해서 A.D. 44년을 기점으로 잡았다. 이때는 헤롯 아그립바의 죽음이 있었던 때이며 그의 죽음 시기는 역사적으로도 명확하게 인정되는 것이다. 그리고 아라비아 광야의 기간을 3년이 정확한 36개월이 아닌 대략의 3년으로 여기며, 약 24개월이라고 추정했다.[56] 김세윤은 바울이 아라비아에서 행적에 대해서는 짧게 언급하고, 뒤의 예루살렘의 14일 동안의 체류와 다소에서 13년간의 행적에 대하여 언급하지 않는다.

메이천은 바울이 첫 번째 예루살렘 방문에서 야고보와 베드로를 만났던 것에 매우 큰 비중을 두었다. 왜냐하면 야고보와 바울이 예루살렘에서 교제한 것을 예루살렘 교회가 바울을 용납한 것으로 이해했기 때문이다. 그리고 메이천은 예루살렘이 기근을 당했을 때에 바울이 구제금을 가지고 예루살렘을 방문했었는데, 바로 이 두 번째 만남을 통해서 바울이 베드로 및 야고보와 교리적 일치를 보았다고 추측했다. 즉 바울의 1차 선교 활동과 사역은 예루살렘의 야고보와 베드로의 인준이 있은 뒤에 공식적으로 전개되었다고 여긴 것이다.

이것은 튜빙겐 학파들이 주장하는 것처럼, 베드로 파와 바울 파의 갈등이 아니다. 오히려 이것은 베드로와 바울의 믿음의 일치(unity)

---

54 Machen, *The Origin of Paul's Religion*, 73-74.
55 Kim, *The Origin of Paul's Gospel*, 63.
56 Machen, *The Origin of Paul's Religion*, 75-80.

와 공식적 사역이 일치됨을 변호한다.[57] 메이천은 바울이 예루살렘의 가르침과 권위에서 전혀 벗어나지 않았고, 예루살렘 교회의 승인을 따라서 이방인 전도 사역을 했음을 시종일관 주장한다.

메이천은 다메섹 사건과 아라비아 광야 3년에 대한 일련의 사건들을 자세하게 정리한 뒤에 사도행전 15장의 예루살렘 공회의 성격에 대해서 논의한다.[58] 그러나 김세윤은 다메섹 사건의 경험에서, 계시와 기독론 그리고 구원론으로 전개할 뿐이다.

4) 바울과 예수(1): 다메섹에서 만난 예수에 대한 견해

바울이 다메섹에서 만난 예수에 대해서, 메이천은 종교의 대상과 믿음의 대상이 되는 인격으로 보았고, 김세윤은 예수의 가르침에 대한 이해가 확장되는 사건으로 보았다.

메이천은 바울과 예수의 관계 해명을 향해 진행되는 반면에, 김세윤은 복음의 이해를 향해 진행한다. 메이천은 바울이 예수를 자신의 생활의 총화로 여겼고, 실체이신 거룩한 주님으로 경배했다고 했다. 또한 복음서의 예수는 단순한 선지자도 아니며, 영감 받은 의의 교사

---

57 Machen, *The Origin of Paul's Religion*, 77.

58 Machen, *The Origin of Paul's Religion*, 106-148. 메이천은 바울서신의 최초의 서신을 갈라디아서로 주장하는 것으로 보인다(남갈라디아설: Weber, Emmet, Krisopp Lake, Ramsey, Plooij). 메이천은 Lake가 로마서가 최초의 서신이었다고 추정함에 대해서 반대했다. 메이천은 갈 2:1-10과 행 11장의 예루살렘 방문을 동일하게 여기며, 갈라디아서가 사도 회의 이전에 작성되었다고 제시했다. 갈 2:11-21의 베드로 책망도 그 합의에 근거한 것으로 제시했고, 행 15장에 기록된 사도 회의를 주도한 것이 바울이라고 했다. 그리고 바울의 권위를 베드로 사도가 인정하는 것을 근거로 베드로와 바울의 일치를 반복하여 제시했다.

도 아니고, 단순한 하나님의 계시자나 해석자도 아니라고 했다.[59] 메이천은 자유주의 신학을 배격하며 예수는 초자연적 인격으로서 죽음으로 죄인을 구속하신 천상의 구속주라고 하였다.

그러나 김세윤은 논문 4장 "바울의 복음: A. 계시"에서 바울은 자신이 다메섹 사건에서 '예수 그리스도의 계시,' 즉 성령의 중보를 통해서 계시받았다는 것을 깨달았다고 말한다.[60] 즉 김세윤은 바울이 다메섹에서 경험한 환상에 대해 해설(기독교의 선지자, 방언하는 자, 쿰란 종파의 의의 교사)했다고 것이다. 이러한 김세윤의 다메섹 경험 설명에 있어서 성령의 중보 사역이 등장한 것은 특징이다.

메이천은 먼저 바울(바울서신)과 복음서가 일치됨을 반복적으로 강조하면서, 복음서의 초자연적인 예수와 바울이 제시하는 천상의 구속주가 일치된 믿음의 대상인 '주'라는 것을 제시한다. 김세윤은 그의 논문에서 바울의 기독론에 대하여 5장과 6장에서 각각 '그리스도, 주, 하나님의 아들,' '하나님의 형상이신 그리스도'(아담 기독론에 대한 주장)라는 제목으로 진술하고, 보충 설명에서 '시내산의 신현과 다메섹의 그리스도 현현 간의 유형의 대조'를 진술했다.

첫째, 예수는 어떤 '주'인가?

메이천은 예수 그리스도를 속죄 사역을 이루시고 천상의 구속주로 있는 '주'로 보았고, 김세윤은 그리스도를 '하나님의 형상'으로 보았다.[61] 김세윤은 제르벨(Jervell)의 견해를 따라서 그리스도를

59　Machen, *The Origin of Paul's Religion*, 196-197.

60　Kim, *The Origin of Paul's Gospel*, 67-99.

61　Kim, *The Origin of Paul's Gospel*, 137.

모범(Vorbild), 즉 마지막 아담으로서 '주'(主)로 이해한다.

메이천은 바울이 팔레스타인에서 살았던 역사적 인물인 인간 예수가 부활한 주 예수 그리스도와 동일함을 강조했다고 한다. 그래서 그 예수는 하늘과 땅의 만물에 의해서 경배를 받아야 마땅한 존재로 제시했다는 것이다.[62] 메이천은 바울의 종교의 기원을 바울이 주(Lord and Master)로 고백한, 오직 나사렛 예수에서 찾아야 한다고 주장한다.[63] 김세윤은 바울 복음의 기원은 "그리스도 안에 나타난 하나님의 구원 행위"라고 기술한다.[64] 이것은 바로 바울이 다메섹의 경험을 통해 획기적인 깨달음을 이룬 사건이다.[65]

바우어(Baur)를 필두로 하여 학자들은 바울과 베드로을 갈등 관계로 이해하곤 했다. 리츨(Ritschl)이 바우어가 유대적 기독교를 과장했다고 비판하였지만 바울과 베드로의 갈등이라는 틀을 벗어나지는 못했다. 그러나 메이천은 "교제의 악수"를 들어서 베드로와 바울 간에 일치가 있었다고 주장했다.[66]

김세윤은 바울이 신학적으로 백지(tabula rasa)가 아닌 상태에서 다메섹의 경험을 하게 되었다고 주장한다.[67] 김세윤은 헹겔의 논지를 전적으로 수용했다. 헹겔은 오순절 때에 참여한 제자들을 헬라파 유대

---

62 Machen, *The Origin of Paul's Religion*, 117-118.
63 Machen, *The Origin of Paul's Religion*, 118.
64 Kim, *The Origin of Paul's Gospel*, 100.
65 Kim, *The Origin of Paul's Gospel*, 101-102. 김세윤은 다메섹의 경험을 특별한 계시 (*revelatio specialissima*)로 보았는데 이는 G. Bornkamm의 견해와 동일한 것이다. 이 견해로 바울의 다메섹 경험이 독특한 것이 아니라 모든 사람에게 가능한 형태가 된다.
66 Machen, *The Origin of Paul's Religion*, 198-203.
67 Kim, *The Origin of Paul's Gospel*, 104.

인으로 분류했고, 바울을 유대 묵시문학 신학자이며 샴마이 파로 분류했다. 김세윤은 바울이 유대 묵시문학의 신학자와 샴마이 상태에 있었다는 전제 가운데, 바울이 다메섹 경험을 촉매로 사상의 급진전 했다고 진술한다. 즉 바울은 예수의 환상 가운데[68] 다윗의 후손인 메시아가 부활과 성령에 의해 하나님의 아들로 높여졌다고 이해했다는 것이다. 김세윤은 쉴러(Schlier)를 따라서 그때까지는 아직 바울이 로마서 1:3에서의 하나님의 아들의 선재성에 대해서는 알 수 없다고 이해한다.[69]

그리고 김세윤은 헹겔의 논지를 따라서 바울이 예수를 하나님의 아들, 지혜의 대리자로 성육신함을 제시했다.[70] 김세윤은 바울이 이 "지혜"를 그리스도와 관련시켜 이해한 것이 그의 신학적 공로라고 했다.[71] 즉 이 지혜로 바울은 그리스도가 토라의 자리를 대신한 것을 이해했다는 것이다.[72] 바울은 그리스도를 지혜와 동일시하고, 자기가 갖고 있던 랍비적 유대교에서 토라가 말한 선재와 창조 중보를 그리스도에게 전가시키는 신학적 작업을 했다는 것이다.[73]

메이천은 바우어와 리츨의 견해를 거부하며 바울과 베드로의 일치를 주장하고, 김세윤은 헹겔과 쉴러를 따라 바울에게 있어서 랍비적 유대교의 사상의 기독교화가 있었음을 주장한다.

---

68 Kim, *The Origin of Paul's Gospel*, 109.
69 Kim, *The Origin of Paul's Gospel*, 111.
70 Kim, *The Origin of Paul's Gospel*, 124-125.
71 Kim, *The Origin of Paul's Gospel*, 126.
72 Kim, *The Origin of Paul's Gospel*, 127.
73 Kim, *The Origin of Paul's Gospel*, 128-126.

메이천은 역사적 예수를 거부했던 바울이 예수를 천상의 구속주이며 만유의 통치자로 믿고 경배했다고 주장하고, 김세윤은 바울이 역사적 예수가 어떤 존재였는지에 대한 이해, 즉 창조 이전의 지혜로 이해하게 됐다고 주장한다. 메이천은 다메섹 도상에서 예수께서 인격적으로 바울을 만나주신 예수의 작용으로 보고, 김세윤은 다메섹 경험을, 계시, 성령의 중보 사역으로 본다. 전자는 바울이 예수를 구주로 믿는 것이고, 후자는 예수가 토라를 대신하는(superseded Torah) 것으로 이해한 것이다.

5) 바울과 예수(2): 예수의 사역과 인격에 대한 견해

바울이 다메섹에서 만난 예수에 대한 견해에 있어서, 메이천은 바울이 예수를 백성의 죄를 속한 구속주로 믿은 사건으로 보고, 김세윤은 바울이 예수를 하나님의 비밀을 계시한 메시아로 깨달은 사건으로 본다.

메이천은 복음서의 예수와 바울 서신의 그리스도가 일치함을 강조했다. 복음서의 예수는 초자연적 인격이며, 바울서신에서는 구속의 종교(a religion of redemption)로서 천상의 구속주로 동일한 예수이다.[74] 메이천은 '구속적 사역'(redemptive work, the redemptive acts of death), '천상의 구속주'(heavenly Redeemer) 혹은 '천상의 그리스도'(heavenly Christ)[75]를 언급하며, 바울의 종교를 구속 종교로 규정했다.

74　Machen, *The Origin of Paul's Religion*, 154, 167.

75　Machen, *The Origin of Paul's Religion*, 159-167.

반면에 교사, 의의 교사라는 개념에 대해서는 없다.[76] 메이천은 바울이 '예수'를 '교사'로 생각하지 않았다면서, 그를 따르거나(no true follower) 모방하지 않았다(not the imitation of Jesus)[77]고 주장한다.

메이천은 브레데(Werede)가 예수의 감화가 바울에게 크게 작용했고, 서신서에서 기술된 것보다 훨씬 더 많은 지식을 갖고 있었다는 진술에 대해서는 인정했다. 메이천은 당대의 신학자이 역사적 예수에 대해 아는 것보다 바울이 훨씬 더 많은 정보를 갖고 있었다고 했다. 즉 메이천은 바울서신에 입각한, 성경에 입각해서 예수를 탐구하도록 권면하는 것이다.

메이천은 바울과 예수의 가르침이 일치함을 주장한다.

① 하나님의 나라에 관해서,
② 하나님의 부성에 관한 가르침에 관해서,
③ 은혜의 교리에서,
④ 윤리적 교훈에서 일치한다고 했다.[78]

---

76 Machen, *The Origin of Paul's Religion*, 167. "was not a teacher, but a Redeemer"
77 Machen, *The Origin of Paul's Religion*, 166.
78 Machen, *The Origin of Paul's Religion*, 160-165. 메이천은 첫째, 성경적인 하나님의 나라가 정치적이고 물질적인 것과 동떨어진 것으로서 정치적인 하나님 나라의 개념인 1세기 유대교의 입장과 전혀 다른 것이라고 했다. 왜냐하면 바리새인은 애국자로서 정치와 분리할 수 없었기 때문이다. 하나님의 나라가 윤리적 측면이 있으며, 일부는 현재적이고 일부는 미래적이다. 하나님의 나라는 초월적이고 동시에 윤리적이다. 그러나 하나님의 나라에 대해서 바울이 성령 안에서 주어지는 의와 평강과 희락이라고 한 것은 단지 말이 아닌 메시지가 영적인 예수를 닮는다는 것이다. 둘째, 메이천은 예수의 가르침은 하나님의 부성적인 가르침의 총화(*sum*)라고 했다. 구약 성경과 유대 문학 또는 랍비 문헌에서 드물게 아버지로서 하나님의 개념이 있다고 했다. 그러나 자유주의에서 하나님의 부성은 하나님이 인간에 대한 관심으로서 예수와 바울의 개념과는 다르다는 것이다. 즉 만민을 돌보시고 사랑하는 하나님 아버지께서 아들을

메이천은 바울의 관심이 예수로 이루어진 구속과 구속의 적용에 있다고 이해한다. 이러한 점에서 바울이 예수와 맺은 관계는, 구속주(Redeemer)이신 예수로부터 죄사함을 받고 구주 예수를 경배하는 관계인 것이다.

김세윤은 히브리서 1:3을 근거로 바울이 예수를 "하나님의 계시에 대한 완전하고 최종적인 전달자인 하나님의 아들"과 관련된 지혜 기독론과 아담 기독론으로 나타난다고 주장한다.[79] 비밀은 복음의 내용이며, 그리스도 안에서 발생한 구원과 파루시아에 있을 구원의 완성이다. 이 비밀은 계시를 받은 자에게 나타났지만 믿음이 있는 자만이 볼 수 있다.[80] 하나님의 비밀은 하나님의 지혜이며, 십자가에 못 박히신 메시아를 통해서 세상을 구원하시는 하나님의 지혜로운 계획이다.[81] 김세윤은 이러한 계시가 성령의 중보적 사역(the mediating agency of the Spirit)을 통해서 가능하다고 말한다.[82]

김세윤은 예수와 형제들을 구도 가운데 예수를 맏형(롬 8:29)으로

구속을 위해서 보내시고 내려오심이라는 것이다. 셋째, 메이천은 예수, 바울, 자유주의까지 은혜의 교리를 가르친다고 했다. 구원이란 하나님의 은혜로 값없이 주신 것이다. 그런데 그 은혜를 가르친 예수를 유대인이 죽였고, 현재는 은혜의 교리와 그리스도의 심판이 함께 제시된다. 넷째, 메이천은 윤리에서 예수와 바울 그리고 유대 교사사이에 건널 수 없는 심연이 있다고 했다. 예수와 바울의 윤리는 바리새적 형식주의(Pharisaic formalism)나 시시콜콜한 법(triviality)이나 궤변(casuistry)도 없는 오직 성령의 열매에 있다.

79 Kim, *The Origin of Paul's Gospel*, 138.
80 Kim, *The Origin of Paul's Gospel*, 74-75.
81 Kim, *The Origin of Paul's Gospel*, 78.
82 Kim, *The Origin of Paul's Gospel*, 79. (참고) 김세윤은 'the Holy Spirit'를 사용하지 않고 'the Spirit'라고 했다. "the Spirit"를 우리말로 번역할 때 "성령"으로 번역했는데, "영"이라고 번역할 수 있다.

제시하면서 이중 유대 관계(a twofold solidarity)를 언급하고, 그리스도와 그리스도인의 관계를 "형제-보냄의 형식"(sending formula)으로 제시했다.[83]

아담 기독론(인자 기독론)의 주장은 그리스도를 둘째 아담, 즉 하나님의 형상이며, 그리스도인들이 그리스도의 형상을 본받아 변한다는 것이다.[84] 이에 대하여 김세윤은 'the conception of the Christian's μεταμόρφωσις(transformation)' 혹은 'συμμόρφωσις(conformation) to the image of Christ'로 표현한다. 두 단어 중에서 'συμμόρφωσις'(빌 2:6-9)[85]은 아들들이 아들처럼 되도록 하는 것(made like, ὁυοιωθῆνναι)이며, 이것이 성육신의 목적이라고 했다.[86]

김세윤이 미첼(Michel)의 견해를 의지하여, 히브리서 기자가 제시한 "하나님의 형상은 그리스도"라는 개념은 히브리서 기자의 전용 신학용어(*theologoumenon*)[87]가 아니라고 말한다. 이러한 개념은 바울에게

---

83   Kim, *The Origin of Paul's Gospel*, 138-139.
84   Kim, *The Origin of Paul's Gospel*, 139.
85   Kim, *The Origin of Paul's Gospel*, 139.
86   Kim, *The Origin of Paul's Gospel*, 139-140.
87   김세윤은 『바울 신학』(강의안 녹취록) 20강에서 다음과 같이 말한다. "마지막 아담에서 구원론이 나온다. 앞에서 말한 지혜 기독론에 따른 구원론은 하나님을 아는 지식-하나님을 알게 됨-을 얻음이다. 그런데 아담 기독론에서 나오는 구원론은 우리가 옛 아담의 형상을 입었던 것과 같이 이제 마지막 아담의 형상을 입게 된다(고전 15:49). 또는 옛 아담의 형상을 벗어버리고 옛 아담과의 연합(solidarity)에서 벗어나서 마지막 아담과 연합해서 그의 하나님의 형상에 참여하게 됨을 롬8:29에서는 마지막 아담의 형상에 같은 형상이 된다(μοροφουσθαι).하나님 아들의 εικων에 συμ(같은) μορφη(형상)이 된다. 또 고후 3:18도 마찬가지이다. '그의 얼굴에 있는 하나님의 영광을 보면서 그의 εικων에로 μεταμορφουσθαι(같은 형상)로 변화되어 간다. 그래서 앞에서 본 빌 3:21의 συμμοροφουσθαι, μεταπορφουσθαι, συσχημασθαι(그의 틀)도 마찬가지로 같은 틀이 되어간다는 말이다. 이렇게 마지막 아담 예수 그리스도가 회복한 하나님의 형상을 덧입는 회복하는 것이 곧 구원이라는 것이다. 이렇게 구원을 전개한다."

도 있다고 했다.[88] 그리고 요한에게 있어서 "그리스도는 창조의 중보자이고 선재한 로고스, 독생자"로서 하나님을 계시한 분이며 하나님의 형상이다. 요한은 이렇게 지혜 기독론을 제시했다고 한다.[89] 그러므로 요한과 바울이 지혜 기독론에서 일치한다. 이처럼 바울의 기독론은 히브리서와 요한과 일치된 아담 기독론과 지혜 기독론이 된다.

또한 바울이 그리스도를 "하나님의 형상"이라고 칭한 것은 바울의 독특한 신학용어(Pauline *theologoumenon*)라고 말한다.[90] 김세윤은 하나님의 형상인 그리스도가 그리스도인의 변형의 모티브(the motif of the Christian's transformation)가 된다고 하였고, 이것은 바울 이전에도 있었다고 제르벨(Jervell)의 견해를 따라서 제시했다.[91] 김세윤은 이 형태로 바울 신학을 이해한다. 그래서 바울은 다메섹 경험 이전에 있었던 '유대 묵시문학의 신학'과 다메섹의 경험이 융화되는 가운데 새로운 사상(깨달음 혹은 변형)을 이루게 됐다는 것이다.

메이첸은 바울의 신학(Paulinism)이 예수 그리스도의 구속 사역에 근거한다고 말한다.[92] 메이첸은 종교와 신학이 분리되지 않는다고 생각하기 때문에, 바울주의(바울의 신학)와 바울의 종교는 동일한 개념이다.[93]

---

88 Kim, *The Origin of Paul's Gospel*, 138.
89 Kim, *The Origin of Paul's Gospel*, 138-139.
90 Kim, *The Origin of Paul's Gospel*, 141.
91 Kim, *The Origin of Paul's Gospel*, 141-147. 김세윤은 빌 2장의 찬양시에 대해서 비평학자들이 주장한데로 편집된 것으로 가정하여, 찬양시가 바울 이전의 것에 대해서 승복해야 한다고 제시했다.
92 Machen, *The Origin of Paul's Religion*, 169.
93 Machen, *The Origin of Paul's Religion*, 168.

메이천은 예수가 인간의 죄를 위해서 하늘에서 내려온 '신적인 구속주'라면 바울이 그의 참된 추종자가 되지만, 예수가 '하나님의 부성(the fatherhood of God)의 계시자'라면 참된 추종자가 아니라고 말한다.[94] 메이천에 의하면 바울주의에서 예수는 "갈릴리의 한 선지자"가 아니며, 팔레스타인의 "의의 교사"도 아니다.

메이천은 예수를 인간의 죄를 구속하시는 하나님의 아들이며, 천상의 구속주로 규정하고 어떠한 것과 대체할 수 없다고 주장한다. 메이천은 바울과 예수의 관계를 인간의 행동과 문명의 점진적인 진보에 두지 않고, 단순하고 유일하게 영광의 주(主)의 구속 사역에 두도록 했다.[95]

김세윤에 의하면 바울은 다메섹 도상 경험에 의해 예수에 대한 전혀 다른 지식을 얻은 것은, 예수가 마지막 아담이며 선재한 지혜로서 하나님을 계시했기 때문이다. 김세윤에 의하면 바울은 "십자가에 못박히신 예수가 부활하여 높임받은 주"인 것을 체험 가운데 '예수 그리스도의 계시'로 깨달음을 얻었다.[96] 김세윤은 주장하기를, 복음은 예수 그리스도 안에서의 하나님의 구원 행동으로서, 예수의 생애, 죽음, 부활 안에서 발생한다고 한다.[97]

그리고 김세윤은 이러한 것들이 전승의 대상(the object of tradition)이라고 주장하여서 계시 전달에 있어서 전승의 기능을 인정했다. 김세

---

94 Machen, *The Origin of Paul's Religion*, 169.
95 Machen, *The Origin of Paul's Religion*, 169. "simply and solely in one redemptive act of the Lord of Glory."
96 Kim, *The Origin of Paul's Gospel*, 69.
97 Kim, *The Origin of Paul's Gospel*, 70.

윤은 복음이 전승된다고 표현했다.[98] 김세윤은 전승을 통해서도 복음이 계속해서 전달될 수 있음을 주장한 것이다.

김세윤에 의하면, 바울은 다메섹에서 만난 예수를 하나님의 영광의 계시에 의해서 선지서, 묵시문학, 랍비문학에서 종말론적으로 대망하는 대상으로 보았고, 그리스도 안에서 행한 하나님의 구원으로 말미암아 종말이 임함을 깨달았다고 한다.[99] 그래서 바울은 지금이 최종 구원의 때가 임하지 않은 파루시아(παρουσία) 전의 상태이고, 초림과 이미 가져온 구원으로 최종적 계시가 임했고, 구원이 잠정적으로 실현된 상태라는 것을 깨달았다는 것이다.[100]

메이천에 의하면 바울에게 예수는 백성의 죄를 속한 구속주이고, 김세윤에 의하며 바울에게 예수는 하나님의 비밀을 계시한 메시아이다. 메이천에 의하면 바울에게 예수는 천상의 구속주로서 백성을 구원하고 중보하는 현재 사역을 하시고, 김세윤에 의하면 바울에게 예수는 종말론적 주(主)로서 대망해야 될 대상이다. 바울을 따르는 메이천에게 현재 예수는 천상의 구속주로서 중보로 다스리지만, 김세윤

---

98 Kim, *The Origin of Paul's Gospel*, 70. "Paul received from others and transmitted to other the tradition as his gospel because it thus brings his gospel to expression."

99 Kim, *The Origin of Paul's Gospel*, 71-72.

100 Kim, *The Origin of Paul's Gospel*, 73. "This meaning that Christ's first coming and the salvation that he has already brought in are the provisionally realization of his final revelation and of our final salvation. Paul learned this through the apocalypse Jesus Christ on the Damascus road." 김세윤은 이 다메섹의 경험에서 메시아 예수에게 임한 기독교의 선포에 대한 확증과 종말에 일어날 최종계시가 드러났다고 이해했다. 그래서 계시에는 예표(anticipation) 혹은 선취(prolepsis)가 있다고 했다(73, 121). 이것은 또한 유대 묵시문학과 구별되는 것으로 "종말에 계시될 미래 구원"에 대한 것이다. 바울은 다메섹 체험으로 "종말에 있을 구원의 완성"을 바라보았다는 것이다(73-74). 번역자는 prolepsis를 '선취'로 번역했는데, '사전제시(소급제시 analepsis]와 비교되는)로 번역할 수 있다.

에게 현재 예수는 초림과 죽음과 부활 그리고 최종적 구원의 사이에 있는 잠정적 상태이다. 즉 구원을 위해서, 메이천은 바울이 믿었던 '예수를 믿음'이 필요하고, 김세윤은 바울이 깨달았던 '예수를 깨달음'이 필요하다.

3. 결론

바우어에서 시작한 바울을 이해하려는 과정에 있어서, 브루스가 평가한 것처럼 메이천이 중요한 정리를 해주었다. 메이천이 정리한 바울 이해의 범주는 자유주의 신학에서 진행된 두 부류, 즉 유대주의와 종교사학파에 대한 것이었다. 그리고 그 뒤로 역사적 예수에 대한 제3탐구(The Third Quest), 유대주의에 대한 새로운 이해인 '새 관점 학파'(new perspective), '새 종교사학파'(The Religionsgeschichtliche Schule), 예수를 사회적 혁명가로 해석하는 여러 부류들이 형성되었다.

그러나 메이천 이후에 형성된 이러한 신학 조류들도 메이천이 자유주의 신학으로 분류한 범주 안에 있다. 왜냐하면 그것들은 예수를 천상의 구속주와 예배 대상으로 보지 않기 때문이다.

김근수는 바울 신학의 '새로운 관점'은 샌더스(E. P. Sanders)에서 시작하여 던(James Dunn)에 이르러 활성화 된 것으로 보았다. 그리고 샌더스가 바울 당시의 유대교를 규정한 '언약적 신율주의'(covernantal nomism)는 중요한 개념이라고 했다.[101] 또한 종교사학파도 "새 종교

---

[101] 김근수, "바울의 율법론," 「개혁논총」 17권(2011), 192. 김근수는 김세윤과 샌더스를 인용하면서 전개했다.

사학파"로 전이되었다.¹⁰² 메이천 이전 시대에 개진되었던 바울에 대한 두 견해에서, 현재는 '새'(new) 견해가 추가되어 네 가지의 견해가 있다고 볼 수 있다.

'새 관점'에 비교되는 '구 관점'(old perspective)¹⁰³은 '유대주의'와 바울을 기독교의 창시자로 보는 '종교사학파'이다. 메이천은 이 둘 다를 거부했다.¹⁰⁴ 김세윤을 메이천이 분류한 두 견해(유대주의와 이방 영향) 중에서 분류한다면 '유대주의'로 볼 수 있다.

그리고 유대주의는 '새 관점'과 비교할 때 '구 관점'이라 할 수 있으므로 김세윤은 '새 관점 학파'와 다른 '구 관점 학파'로 분류할 수 있다. 김세윤은 바울 복음의 기원을 유대 묵시문학 가운데서 보기 때문에 바울 종교의 기원을 천상의 구속주로 보는 메이천과 분명히 다르다.

그러므로 브루스가 메이천과 유사한 수준으로 김세윤의 논문을 평가하는 것은 부당하다. 제자의 저술을 높게 평가하려는 의도라고 볼 수 있겠지만, 학적 연관성과 기여도가 전혀 다른 사상을 연관하는 것은 부당하다.

---

102 Larry W. Hurtado, 『주 예수 그리스도』(*Lord Jesus Christ*), 박규태 역 (서울: 새물결플러스, 2010), 55-65. Hurtado는 Martin Hengel이 1988년 자신이 출간한 『한 하나님, 한 주: 초기 기독교의 섬김과 고대 유대교의 일신론』(*One God, One Lord: Early Christian Devotion and Ancient Jewish Monotheism*)에 대해서 '새 종교사학파'라는 평가를 받으며 관심을 받았다고 자평했다. 허타도는 뷰세트를 계승한 종교사학파 계열의 신학자라고 볼 수 있다.

103 "구 관점"이란 용어는 사용하지 않지만 필자가 '새 관점'과 비교하기 위해서 사용했다. 새 관점 학파에서는 바울의 다메섹 체험을 '소명'으로 이해하고, 구 관점 학파에서는 '계시와 소명'으로 이해하는 것으로 크게 구별할 수 있다.

104 Machen, *The Origin of Paul's Religion*, 173-290.

메이천은 『바울 종교의 기원』 5장 "유대적 환경"에서 묵시문학과 바울을 연결하려는 시도에 대해서 반박했고, 7장 "이방 종교의 속죄관과 바울의 속죄관"에서는 유대교에 이방의 밀의 종교가 연합되었다는 종교사학파의 견해를 반박했다. 메이천은 자신의 당대에 있었던 두 견해에 대해서 모두 비타협적으로 반대했다. 그리고 바울의 배타적 기독교 선교에 의해 로마제국에서 기독교가 유일한 종교가 되었음을 강조했다.

본론에서는 다루지 않았지만 메이천과 김세윤의 저서 간에는 또 다른 점이 몇 가지가 있다.

첫째, 바울서신의 첫 번째 문서에 대한 견해에 있어서 메이천은 갈라디아서로 보았고,[105] 김세윤은 스테커(Strecker)의 견해를 따라 데살로니가전서로 보았다.[106] 메이천은 문체의 형태로 시간성을 결정하는 것은 잘못되었다고 제시했다.[107]

둘째, 지혜의 선재에 대해서 메이천은 윈디시(Windisch)의 견해를 반박하지만,[108] 김세윤은 윈디시의 견해에서 신적 지혜 사상이 전개되었다고 하면서 보완하는 자세를 가졌다. 그리고 지혜의 선재성을 견

---

[105] Machen, *The Origin of Paul's Religion*, 80-82. 메이천은 바울 서신에서 로마서가 최초의 서신으로 회람문서였다는 Lake의 주장을 거부했다. 메이천은 갈라디아서가 사도행전 15장 예루살렘 회의 이전에 작성되었다고 주장하여, 바울서신과 신약 성경에서도 첫 번째 문서라고 했다. 그러나 바울서신의 첫째 문서에 대해서는 심각한 논의를 할 수는 없다.

[106] Kim, *The Origin of Paul's Gospel*, 270.

[107] Machen, *The Origin of Paul's Religion*, 82.

[108] Machen, *The Origin of Paul's Religion*, 199-208. 메이천은 잠언 8장에서 등장하는 "지혜"를 시적인 표현으로 해석하고 하나님과 대비되는 실체나 신성으로 보지 않았다. 메이천은 윈디시의 견해를 반박했다.

지하면서 선재하는 지혜를 창조에 참여한 신성으로 이해했다.[109] 잠언 8장의 지혜 이해에 따라 유대 묵시문학과의 관계성이 규정된다. 지혜의 선재성이 인정하면 유대 묵시문학에서 등장한 모든 지혜와 연관이 된다. 메이천은 유대 묵시문학과 기독교의 연속성을 거부했다.

셋째, 메이천은 바울의 기독교 전도 활동으로 말미암아 당대 유대교뿐만 아니라 소아시아와 로마에 성행했던 개방적이고 포용적인 밀의 종교 속에서 배타적인 기독교를 확립했음을 강조했다. 반면 김세윤은 바울이 유대 묵시문학에서 연결되어 있음을 강조했다.

메이천은 자유주의 신학이 바울에 대한 잘못된 이해 제시를 통해서 예수를 믿지 못하도록 유도함에 대항하여 변증적인 목적으로『바울 종교의 기원』을 저술했다. 김세윤은 바르트 신학에서 채워지지 않은 바울 복음의 기원을 보완하기 위한 목적이다. 메이천과 김세윤의 두 작품에서 사상의 교차점은 많지 않다. 저술의 목적에 있어서 차이가 분명하기 때문이다.

김세윤이 강조하는 '다메섹의 경험'에 대한 메이천의 견해는 서로 확실히 달랐고, 그 외에 모든 면에서 일치하지 않았다. 메이천에게는 "다메섹의 경험"에 대한 강조와 진술이 약했지만, 김세윤에게는 많고 계속되었다. 반면 메이천이 반복하는 '천상의 구속주,' '베드로와 바울의 일치'에 대한 주장은 김세윤에게는 없었다. 이것은 바울 신학 이

---

[109] Kim, *The Origin of Paul's Gospel*, 104-136. M. Hengel의 초기 작품은『기독론과 신약 연대학』(*Christologie und meutestamentliche Chronolige*, 1972)이고, 후기 작품은『하나님의 아들』(*Der Sohn Gottes*, 1975)이다. 김세윤은 헹겔의 신학을 전기와 후기로 구분하고, 헹겔을 지지하면서도 후기에 변화된 지혜 개념을 따르지 않고 전기의 지혜 개념을 따른다. 김세윤은 Davies의 견해를 따라서, 유대교 사상에서 메시아와 지혜를 경합했다고 주장한다. 그 근거로 시락 24:8-12를 제시하며 윈디시의 견해를 보완하는 지혜 사상을 제시했다.

해에서 중점이 무엇인지를 단명하게 보여주는 것이다.

　김세윤은 바울 신학의 새 관점 학파에 대해서 비판을 했다. 그러나 메이천의 분류에 의하면 김세윤은 새 관점 학파와 같은 부류에 있다고 볼 수 있다. 김세윤은 바울을 '유대 묵시문학의 신학자' 혹은 '한 선지자'로 보려는 경향이 있기 때문이다. 새 관점 학파는 바울이 유대교를 잘 이해하지 못했다고 평가한다.

　메이천은 '왜 바울이 유대주의가 아닌가'에 대해서 5장에서 세밀하게 제시했다. 그러나 김세윤은 '왜 바울이 유대 묵시신학자인가?'에 대해서는 자세한 기술이 없이 바로 진행했다. 그 이유는 아마도 김세윤이 메이천이 비판했던 진영의 주장을 전제로 수납했기 때문일 것이다. 그래서 본 논문은 브루스가 두 논문을 서로 유사한 공적으로 평가한 것을 부정하고, 메이천과 김세윤의 신학 간에 유사성이나 연관성이 없다고 결론한다.

　본 논문에서는 메이천과 김세윤의 바울 이해가 전혀 다름이 제시되었다. 메이천은 신학과 종교를 동일하게 여기며, 바울이 이해한 예수를 '구속자,' '천상의 구속주'로 보았다. 반면 김세윤은 '계시자'로 보았다. 메이천과 김세윤은 바울이 이해한 예수에 대해서 다른 견해를 갖고 있다. 그러므로 예수 그리스도에 대한 인격과 사역에 대해서도 다른 견해를 갖고 있다.

제 3 장
김세윤의 예수 이해
『그 '사람의 아들' - 하나님의 아들』[1]을 중심으로

고경태 박사

광주 주님의교회 담임목사

1. 서론

본 주제는 '김세윤의 예수 이해'이다. 김세윤은 1981년 『바울 복음의 기원』(The Origin of Paul's Gospel)으로 박사 학위를 취득했다. 김세윤이 제시한 '바울의 복음 이해'는 '예수 이해'가 선결되어야 하였을 것이다. 그래서인지 김세윤은 『그 '사람의 아들' - 하나님의 아들』

---

[1] 김세윤, 『그 '사람의 아들' - 하나님의 아들』(The Son of Man' as the Son of God), 홍성희·정태엽 역(서울: 엠마오, 1992) 김세윤의 저서를 최승근에 의해서 다시 번역하여 두란노 출판사에서 나올 때 추천사는 다음과 같다. "이 책은 예수가 왜 "그 '사람의 아들'"을 자기 칭호로 사용하였는가의 문제를 해결할 수 있을지도 모를 창조적 논지를 제시하고 있다. 이 책은 놀랍게도 박식하고 자극적인 역작으로서 예수의 인격과 사역에 대한 창조적이면서도 보수적인 이해를 위한 밑받침이 될 수 있을 것이다. - I. Howard Marshall, Evangelical Quarterly." "이 책은 인자론(人子論)에 관한 많은 책들보다 얇지만, 지금까지 제시된 그 어떤 연구들보다 더 무게 있는 것으로 판명될지도 모른다. … 이 책은 오늘날 신약학에서 가장 많이 다루어지는 주제들 중 하나에 대해 참으로 창조적인 공헌을 하고 있다. … 교회의 기독론이 예수의 자기 이해에 근거하였음에 틀림없다는 견해를 포기할 수 없다고 보는 사람들은 모두 이 책을 환영할 것이다. - Rainer Riesner, Biblica."

(*The 'Son of Man' as the Son of God*, 1983)을 작성했다. 이 연구는 김세윤이 독일의 튀빙겐대학 훔볼트 연구 교수로서 17개월 연구 기간을 통해 이룬 성과물이다. 김세윤은 헹겔(Martin Hengel)과 스툴막허(Peter Stuhlmacher)가 "그 '사람의 아들'"에 관한 논문을 단념하도록 설득한 것을 뿌리치고 일년을 더 연구하여 성과물을 발표했다.

김세윤의 사상의 시작이며 요체는 『바울 복음의 기원』과 『그 '사람의 아들' - 하나님의 아들』이라 할 수 있다.[2] 김세윤의 초기작인 『구원이란 무엇인가』(성경읽기사, 1981)는 한국 교회에 큰 영향력을 준 저술이다. 신학을 전개하려면 반드시 예수 이해에 근거해야 한다. 김세윤은 자신의 예수 이해를 "그 '사람의 아들'"로서 제시한다.

김세윤은 『바울 복음의 기원』에서 바울이 이해한 복음은 예수의 사상을 계승한 것이라고 주장했다. 그리고 그 예수의 사상을 『그 '사람의 아들' - 하나님의 아들』에서 명확하게 제시하여 준다. 이 두 저술을 이해한다면 김세윤의 기독교 이해에 대해서 명확하게 알 수 있을 것이다.

김세윤은 새 관점 학파(NPP)가 아니기 때문에 바울이 유대교를 바르게 이해했다고 생각한다. 김세윤은 바울을 "묵시문학적 신학자"로 평가했다.[3] 이 논문에서는 『그 '사람의 아들' - 하나님의 아들』을 중심으로 김세윤이 밝힌 예수의 자기 이해인 '인자'(人子, 그 '사람의 아들')에 대한 이해를 추구하면서 문제점을 밝히려고 한다.

---

[2] 김세윤의 『바울 복음의 기원』에 대한 비평은 본서 제2장 "사도 바울에 대한 J. G. Machen과 김세윤의 이해 연구"를 참고하라.

[3] Kim, *The Origin of Paul's Gospel*, 73. "Paul certainly was an apocalyptic theologian, but he was that as a Pharisee." 김세윤은 당시 유대인을 유대적 선교활동을 하는 부류와 이방인에 배타적인 부류로 크게 나누었고, 바울은 후자에 속한 과격한 유대인(샴마이 학파)으로 분류했다.

2. 김세윤의 신학의 기초: 역사성, 동시성, 진정성

신학에는 움직이지 않는 정초(定礎)가 있다. 학문은 확정된 가치를 갖지 않고 객관을 추구한다. 그래서 가정(hypothesis)을 세우고 증명하는 방식을 취하기도 한다.[4] 김세윤도 신학함에 있어서 그러하다. 그런데 그는 저술에서 자신의 정초를 밝히지 않았다. 그러나 그가 성경의 정확무오한 권위에 근거하지는 않음은 확실하다.[5] 필자는 김세윤에게 움직이지 않는 신학의 정초는 '역사성'과 '일관성'이라고 생각했다. 그리고 그는 '만약'이라는 가설을 세우면서 학문을 전개한다.

첫째, 김세윤은 예수가 갖는 '인자' 이해의 근원을 밝히면서 고대 교회까지 연결한다. 즉 먼저 에스겔의 환상과 다니엘의 환상을 연결하면서,[6] 후에 야곱의 환상에[7] 근원을 둔다. 그리고 외경(에녹 37-71장; 제4에스라 13장)의 메타트론(*metatron*)[8] 개념으로 연결한다. 예수와 고대 교회에서 연속으로 동일한 사상이 역사에서 일어났다는 것이다. 이것을 필자는 '역사의 일관성'(consistency)으로 정리한다. 바르트는 불트만에게서 결여된 연속성과 쿨만에게 결여된 불연속성을 포괄하는 구속사의 의미를 밝혀 주었다.[9] 김세윤에게 구속사(Heilsgeschichte)는 창

---

[4] 김세윤, 『그 '사람의 아들' - 하나님의 아들』, 70.

[5] 웨스트민스터 신앙고백서(1646-1648년) 1장, 벨기에 신앙고백서(1561년) 4조와 5조.

[6] 김세윤, 『그 '사람의 아들' - 하나님의 아들』, 33.

[7] 김세윤, 『그 '사람의 아들' - 하나님의 아들』, 145.

[8] 제3에녹서에서 등장하며, 하나님의 보좌를 공유하는 존재로서 신현을 가져오는 자.

[9] 참고. 정미현, "K. 바르트에 있어서 하나님의 계시의 시간성과 역사성 연구," 이화여대 대학원 석사논문, 1988.

세기에서부터 현재까지 언제나 변함없이 진행한다.

그리고 다니엘 7:13의 "그 '사람의 아들'"은 예수일 수도 있지만 아직 오지 않은 마지막에 올 완성자이다. 인자는 구약, 유대교(메르카바 신비주의), 예수, 교회로 연속된 사상으로 신의 현현을 대망하도록 한다. 그리고 마지막 때에 '이스라엘의 하나님같이 됨'(*apotheosis of Israel*)을 희망하면서 진행한다.[10] 예수의 관념은 현재는 하늘에 존재하며 종말에 실현될 것이다.[11] 김세윤은 예수가 이 하나님의 계획을 보고 내포자로서 백성의 조상이 되었고 하나님과 밀접한 관계를 누리도록 하는 것을 목표한 것으로 제시했다.[12]

김세윤은 주장하기를 하나님의 계획이 시간 속에서 환상으로 계시되었고, 충성된 종들(예수도 포함된)에 의해서 이스라엘과 열방에 선포되었다는 것이다. 그리고 마지막 날까지 메르카바(신의 현현)가 계승될 것으로 제안한 것이다.

둘째, 김세윤에게는 '동시성'(Gleichzeitigkeit) 개념이 나타난다.[13] 동시성은 그리스도의 속죄가 후세에 적용될 수 있는 개념이다. 예수의 죽음은 속죄의 성격이 있는데, "대신적 벌받음 사상"이다.[14] 김세윤은 예수의 죽음에 '대표'(representation)라는 용어가 아닌 '대신'

---

10 김세윤, 『그 '사람의 아들' - 하나님의 아들』, 58.

11 김세윤, 『그 '사람의 아들' - 하나님의 아들』, 61.

12 김세윤, 『그 '사람의 아들' - 하나님의 아들』, 61.

13 김영한은 '동시성'을 "신앙의 행위 안에서 우리는 시대적 한계를 넘어 동시성의 범주 안에서 2천 년 전에 사역하시는 역사적 예수의 인격과 만나는 것이다"라고 했다. 김영한, "역사적 예수는 신앙의 예수다," 「한국개혁신학회」 14권(2003년), 권두언.

14 김세윤, 『그 '사람의 아들' - 하나님의 아들』, 100.

(substitution)이라는 용어를 제안했다.[15]

김세윤은 주장하기를 예수가 속죄제물이 되어 자신을 대신적 고난과 죽음에 내어주는 이사야 53장의 '종'으로 이해했다는 것이다.[16] 예수는 이스라엘을 위해 대신(Existenzstellvertretung) 수행한 것이며,[17] 다른 사람을 위해 고난을 대신 당하는 야훼의 종이라는 것이다.[18] 예수가 이상적 이스라엘의 대표자(단 7장)가 되어 자신을 백성의 내포적 대표자(the inclusive representative)로 이해한 것이다.[19]

그래서 예수는 십자가의 죽음에 자기를 내어줌(self-giving)과 자기희생(self-sacrifice)을 스스로 선택한 하나님의 종이다. 죄의 정결 방식은 새 언약의 공동체에서 이루어질 것으로[20] 쿰란 공동체가 죄의 정결을 계속했다.[21]

셋째, 김세윤은 성경의 "진정성"(authenticity)을[22] 말한다. 김세윤이 말하는 성경의 진정성이란 '성경 본문'에 관한 문제가 아니라 '사상'에

---

15 김세윤,『그 '사람의 아들' - 하나님의 아들』, 100-101.
16 김세윤,『그 '사람의 아들' - 하나님의 아들』, 104.
17 김세윤,『그 '사람의 아들' - 하나님의 아들』, 106.
18 김세윤,『그 '사람의 아들' - 하나님의 아들』, 107.
19 김세윤,『그 '사람의 아들' - 하나님의 아들』, 109.
20 김세윤,『그 '사람의 아들' - 하나님의 아들』, 111. 김세윤은 렘 31:31-34에서 '새 언약'을 출애굽의 '옛 언약'과 대조시켰다. 반면 서철원 박사는 '새 언약의 수립'이 제자들과 최후의 만찬에서 이루었고 은혜 언약의 자리에 '첫언약'을 제시했다.
21 김세윤,『그 '사람의 아들' - 하나님의 아들』, 112.
22 진정성(authenticity)을 위키페디아에서 "기원의 진실성, 태도, 약속, 성실, 헌신 그리고 의도"로 제시했다. 진정성은 신뢰성, 확실성, 출처가 분명함, 적실성 등으로 번역하고 있다. 김세윤에게 '진정성'이란 '출처가 분명함'으로 이해할 수 있다. 김세윤은 막 10:45에서 만큼은 "그 '사람의 아들'"을 예수의 이해로 확신한다.

관한 것이다. 진정성의 판단 근거는 사상의 일관성이 있고, 그 일관성에 적합하면 성경이 진정성이 있는 것이다. 김세윤에게 사상의 일관성은 신의 현현을 사람(야곱, 에스겔, 다니엘, 예수, 그리고 예수를 통해서 제자들)이 본 것이다. 그렇기 때문에 성경이 후대에 편집되어 삽입되었더라도 성경의 진정성은 훼손되지 않는다.

그리고 김세윤은 언약을 하나님과 교제를 하며 살도록 하는 구조로 제시했다. 언약을 "성결된 이스라엘을 하나님의 백성으로 새롭게 만드는 약속"이라고[23] 했다. 제자들은 예수의 죽음을 "하나님의 나라를 실현하는 속죄와 언약의 제사"로 해석했고, 예수의 가르침이 정당성을 얻음으로 부활이 확증되었다. 부활은 결국 예수의 죽음에 대한 바른 해석에 불과하다.[24] 그리고 예수의 "속죄와 언약의 제사를 힘입어 그의 백성이 되는 것"이다.[25]

김세윤이 말하는 성경의 진정성의 문제는 여성 안수의 문제에서 일치를 보지 못하는 개념이기도 했다. 김세윤은 고린도전서 14:34-35이 사본학적으로, 또 바울의 남녀관계에 대한 가르침의 전체적 맥락에서 살펴봤을 때, 바울이 쓴 말이 아니고 후대에 쓰여져 현재의 성경에 불안하게 삽입된 것이 확실하다고 했다.[26] 이 문제는 김세윤과 서창원

---

23 김세윤, 『그 '사람의 아들' - 하나님의 아들』, 114.
24 김세윤, 『그 '사람의 아들' - 하나님의 아들』, 127.
25 김세윤, 『그 '사람의 아들' - 하나님의 아들』, 118.
26 김세윤은 2004년 7월 강남교회에서 열린 총신대학교 신학대학원 여동문회에서 이러한 내용의 강연을 하였다. 참고. 최갑종, "여자는 교회에서 잠잠해야 하는가?," 「크리스천투데이」, 2008.05.31.; 최갑종, "사도 바울은 여성의 성직 안수를 정말 금지했을까?," 「크리스천투데이」, 2011.08.30. 최갑종, 김세윤을 비롯해 여러 학자들(J. Weiss, C. K. Barrett, H. Conzelmann, G. D. Fee, J. M. Ross, R. W. Allison, P. B. Payne, R. B. Hays)은 고전 14:34, 35를 후대에 첨가된 비 바울적인 본문이라고 단정한다.

과의 갈등 요인이었다. 서창원은 고린도전서 14:34-35; 디모데전서 2:11-12이 후대 삽입되었다는 주장에[27] 대해서 거부했다.[28] 서철원은 「신학지남」 2005년 봄호 권두언에서 김세윤이 고린도전서 일부가 1세기 추가되었다는 주장에 대해서 자기 스스로 자기해석과 설명이 모순임을 드러낸다고 했다.

김세윤은 '인자'라는 예수의 자기 칭호가 복음서에 많이 있는데, A, B, C 그룹으로 분류한 것을 상례(常例)로 받았다.[29] 김세윤은 퇴트(Tödt)의 견해를 제시하면서 C 그룹은 예수의 직접적인 예수의 자기 인식이고, A와 B 그룹은 부활 이후 초대교회의 후기 산물로 정리했다. 그럼에도 A와 B를 도매금으로 진정성이 있는 것으로 받아드린다고 했다.[30] 서신서 뿐만 아니라 복음서에도 후기 초대교회의 산물이 있고, 성경은 진정성이 있다. 김세윤에게 성경의 진정성이란 웨스트민스터 신앙고백서에서 고백하는 '성경 66권'은 아니다.

---

[27] 김세윤, "성경은 남성과 여성의 관계에 대해 무엇이라고 하나," 「목회와 신학」(2004, 5월); 김세윤, "서창원 목사의 여성 안수 허용 문제에 대한 이의 제기에 답함," 『목회와 신학』(2004, 11월).

[28] 서창원, "여성 안수 허용 문제에 대한 이의 제기," 「목회와 신학」(2004, 10월); 서창원, "여성 안수에 대한 김세윤의 반박에 대한 재반박," 「목회와 신학」(2004, 12월).

[29] 김세윤, 『그 '사람의 아들' - 하나님의 아들』, 21. A 그룹은 인자의 지상 사역에 관한 말씀들, B 그룹은 인자의 수난과 부활에 관한 말씀들, C 그룹은 인자의 미래적 도래에 관한 말씀들이다. E. Schweizer는 A 그룹의 몇 말씀을 진정성으로 보았고, B 그룹은 가능성으로, C 그룹은 진정성이 없는 것으로 보았다. Bultmann과 Bornkamm은 C 그룹 몇 구절만 진정성으로 보았고, A, B 그룹은 배척했다. 현재 신학계에서는 A와 B 그룹을 배척하는 것이 일반적이다.

[30] 김세윤, 『그 '사람의 아들' - 하나님의 아들』, 23-32.

3. 김세윤의 예수 이해

'예수의 자기 이해'(Jesus' Self-Consciousness)는 예수의 정체성(Jesus' Identity)과 관련된 것으로 신약학계에서 논란의 여지가 많다. 김세윤은 예수가 자기를 하나님의 아들이나[31] 메시아로 언급한 적이 없다고 했다.[32] 김세윤이 주장하는 것은 예수의 자기 이해가 있다는 것이다. 예수가 자신을 "그 '사람의 아들'"로 인식하였는데, 그것이 간접적으로 메시아 사역이 되었다. 그리고 김세윤은 메시아를 "하나님의 종말에 구원을 가져오는 자"라고 말한다.[33] 그리고 예수가 메시아인 것은 예수의 독특한 자기 이해를 근거로 확립해야 함을 제안한다.

일단 김세윤에게 예수의 자기 의식은 전통적인 유대교에 확립되지 않는 메시야 개념과 대조되는 것이었다.[34] 예수의 자기 이해는 곧 예수의 소명과 관련한다. 통상 조직신학의 기독론에서는 '예수 그리스도의 인격과 사역'을 연구하는데, 신약학에서 예수 그리스도 연구는 '예수의 자기 이해와 사명'에 대해서 논하는 것처럼 보인다. 그러나 신약학의 문제점은 예수의 생애를 하나님의 뜻에 종속된 사역 정도로만 파악한다는 점이다.

개혁신학에서는 예수의 인격을 성자 하나님의 성육신으로 이해

31　김세윤, 『그 '사람의 아들' - 하나님의 아들』, 18.
32　김세윤, 『그 '사람의 아들' - 하나님의 아들』, 139. 김세윤은 "예수는 스스로를 메시아로 부르지 않았으며, 자신의 메시아됨을 주장하기 위해 어떤 다른 전통적 메시야 칭호를 사용하지도 않았다"고 했다.
33　김세윤, 『그 '사람의 아들' - 하나님의 아들』, 142.
34　김세윤, 『그 '사람의 아들' - 하나님의 아들』, 142.

한다. 그리고 예수의 생애를 적극적 순종(active obedience, 완전한 삶)[35]과 당하신 순종(passive obedience)으로[36] 구분한다.

1) 예수의 자기 이해: "그 '사람의 아들'"로서 이해한 예수

김세윤은 예수가 자신을 "그 '사람의 아들'"로 이해했다는 것을 확증했다. 김세윤은 "그 '사람의 아들'"과 "사람의 아들"을 구분하기 위해서 "그 '사람의 아들'"을 사용했다. 개역개정 성경에서는 구분 없이 '인자'로 번역하여 사용했다. 김세윤은 그 원문의 차이점을 부각시키기 위해서 "그 '사람의 아들'"을 사용했다.

먼저 '인자가 어떻게 하나님의 아들이 되는가?'에 대한 질문으로 논리를 전개했다.[37] 김세윤은 "그 '사람의 아들'"이 사복음서에 나타나 있는데, 공관복음서와 요한복음에 약간 차이가 있다고 한다. 공관복음은 마가가 먼저 인자를 하나님의 아들로 이해했을 가능성을 제시했다.[38] 그리고 마태도 동일하게 반복한다.[39] 그런데 누가는 마가의 확증을 약화시키지만 인자가 하나님의 아들인 것을 마가와 마태보다 더 확실히 나타내고 있다고 했다.[40] 요한도 인자의 선재에 대해서 제시하

---

35 하이델베르크 요리문답 60문; 벨기에 신앙고백서 22항; 웨스트민스터 신앙고백서 8장; 대요리문답 55문, 70문.
36 하이델베르크 요리문답 56문; 벨기에 신앙고백서 21항.
37 김세윤, 『그 '사람의 아들' - 하나님의 아들』, 11.
38 김세윤, 『그 '사람의 아들' - 하나님의 아들』, 14.
39 김세윤, 『그 '사람의 아들' - 하나님의 아들』, 15.
40 김세윤, 『그 '사람의 아들' - 하나님의 아들』, 15-16.

면서 인자가 하나님의 아들과 동일시됨을 피력함으로 제시했다.[41]

김세윤은 인자가 하나님의 아들이 되는 것은 간접적인 특성이며, 예수의 입을 통해 발언되는 인자라는 칭호는 신비롭고 수수께끼 같은 특성이 있다고 했다.[42] 김세윤은 인자(人子)가 예수의 확증적인 자기 칭호이며, 진정성의 근거라고 한다.[43] 복음서 안에 후기 초대교회 산물로 '인자'가 첨가되어 있지만 진정성으로 받아야 한다고 했다.[44]

김세윤은 "케바르 에나쉬"(כבר אנש, 한 사람의 아들 같은 이)가 세 가지 유대 묵시문학서(단 7:13; 제1에녹; 제4에스라)에 등장한다고 했다.[45] 김세윤은 다니엘의 신의 현현(theophany)은 유대 묵시문학의 인간-신화(Anthropos-myth)는 아니지만, 엘(*El*)과 바알(*Baal*)이라는 두 신이라는 주장(Emerton)과 우가릿 본문에서 연속성을 제기하면서(Colpe),[46] 구약과 유대교의 신의 현현 전승에서 추구할 것을 주장한다.[47]

이 견해는 1920년 프록쉬(O. Procksch)가 에스겔 1장의 "사람의 형상"으로 시도하였다. 퓨일렛(A. Feuillet, 겔 1장), 블랙(M. Black, 왕상 22장; 사 6장; 겔 1장; 8장; 10장)은 다니엘 7장의 기원을 탐구했다.

김세윤은 가장 철저한 연구로서 로우랜드(C. C. Rowland)의 캠브리지 학위논문인 『유대교와 초대 기독교 문헌에서의 에스겔 1장의 연

---

41 김세윤, 『그 '사람의 아들' - 하나님의 아들』, 17-18.
42 김세윤, 『그 '사람의 아들' - 하나님의 아들』, 18-19.
43 김세윤, 『그 '사람의 아들' - 하나님의 아들』, 32.
44 김세윤, 『그 '사람의 아들' - 하나님의 아들』, 32.
45 김세윤은 다니엘(정경)과 에녹서, 4에스라서(외경)을 동등한 수준으로, 즉 '유대 묵시문학'으로 놓고 평가하고 있다.
46 김세윤, 『그 '사람의 아들' - 하나님의 아들』, 34.
47 김세윤, 『그 '사람의 아들' - 하나님의 아들』, 34.

구』(1974)를 제시했다.⁴⁸ 에스겔 1장은 결국 창세기 1:26에 연관된다는 것이었다. 그리고 로우랜드는 에스겔 1장이 탄나 자료(Tannaitic souces)의 '어거(御車)보좌 신비주의'(merkabah mysticism)가 영향을 준 것으로 제시했다. 여기에서 '메타트론'(metatron)이 등장하는데, 그 역할은 '신현을 가져오는 자'(Theophanieträger)로서 '지혜/로고스 개념'으로 연결했다.⁴⁹

다니엘 7:13의 '인물'은 인간이 아니라 '하늘의 신적 존재'였지만, 상징적으로 '대표자'로 사용했다.⁵⁰ 김세윤은 예수가 다니엘 7:13을 근거해서 자신을 인식하고 있다고 제시했다. "우리는 그(예수)가 다니엘적 존재(인자)외의 따른 어떤 '사람의 아들'을 의식하고 있었다는 가정을 할 이유가 없다."⁵¹

이와 관련하여 김세윤은 피츠마이어(Fitzmyer)의 견해를 제시하면서 유능한 학자의 연구 발표를 기다린다고 했다. 즉 김세윤의 신학은 '일관성'에 의한 '개방된 신학'으로 볼 수 있다. 김세윤의 연구는 현재까지 완벽한 연구(?)라고 할 수 있고, '더 발전된 이해'가 나올 수 있고 '다른 새로운 이해'도 나올 수 있다. 그리고 다른 새로운 이해 중 하나는 '새 관점학파'(NPP)이기도 하다.

김세윤은 예수가 다니엘 7:13에 근거해서 자신을 내포적 대표자(the inclusive representative)로 인식하였고, 이것이 하나님의 아들로

---

48 김세윤, 『그 '사람의 아들' - 하나님의 아들』, 36.
49 김세윤에게는 '지혜 기독론'이 있다. 지혜 기독론은 아담 기독론과 대조되는 개념으로 예수의 선재를 말하는데, '지혜'로서의 선재(先在)이고 '실체'로서의 선재(先在)는 아니다.
50 김세윤, 『그 '사람의 아들' - 하나님의 아들』, 39.
51 김세윤, 『그 '사람의 아들' - 하나님의 아들』, 41.

제자들에 의해서 일관되게 연속되었다. 김세윤은 이러한 논리를 "사실이라면"이라는 가정하에 "메시야 해석"도 일관성이 있음으로 연결한다.[52] 메시야 후손은 다윗 계열과 관계된 것으로, B.C. 1세기 후반 쿰란 공동체에서 진행한 것으로 제시했다. 이것은 『에녹의 비유』(The Similitudes of Enoch)에서 발전한 모양이 나타난다는 것이다.[53] 그리고 "요셉의 기도문"에서는 유대교의 '어거보좌 신비주의'가 나타난다. 다윗의 후손인 메시야는 이스라엘 민족의 조상(Stammvater)으로서 이스라엘의 내포적 대표자, 야곱(이스라엘)이 된다. 이것은 유대교의 지혜 신학을 반영한 것이다.[54]

이 메르카바(어거보좌) 사상을 교회가 받아 예수 그리스도와 함께 하늘 보좌로 높임 받은 것으로 대치했다는 것이다.[55] 그래서 예수가 스스로 이스라엘의 대표자가 되어 모든 인류를 하나님께로 이끄는 지혜자(metatron) 역할을 하는 것이다.

김세윤은 예수의 자기 칭호로 번역한 '인자'인데, '정관사'에 착안하여 '정관사'의 의미를 부여하여 번역한 "그 '사람의 아들'"을 제시했다. 예수는 자기 역할을 한정적으로 이해한 것이다.[56] 김세윤은 이러한 한

---

52 김세윤, 『그 '사람의 아들' - 하나님의 아들』, 44.
53 김세윤, 『그 '사람의 아들' - 하나님의 아들』, 45.
54 김세윤, 『그 '사람의 아들' - 하나님의 아들』, 53-55.
55 김세윤, 『그 '사람의 아들' - 하나님의 아들』, 57.
56 김세윤은 히 2:6; 계 1:13, 14에서 인자는 정관사가 없이 사용하고 있음을 제시했다. 정관사가 없는 형태도 단 7:13에서 비롯한 것으로 제시했다. 그렇게 사용한 이유는 히브리서와 요한계시록 저자가 이미 한정적 용법을 숙지한 상태라고 해석했다. 즉 신약 성경 중 후기문서라고 할 수 있는 두 문서 당시에 인자가 이미 '신학화가 완료된 상태'라고 제시한 것이다. 김세윤, 『그 '사람의 아들' - 하나님의 아들』, 66.

정적 칭호에 천상적, 신적 존재 주장으로 연결했다.[57]

김세윤은 다니엘 7:13을 "관념적으로 이미 하늘에 존재하고 있는 것"이고, "땅에는 종말에 실현될 하나님의 구원 계획"이라고 했다.[58] 즉 다니엘 7:13이 그리스도의 성육신과 관련시키지 않고, 시간 끝에 구름타고 내려올 '그 사람'으로 보는 것이다.

그런데 벌코프[59]와 박형룡[60]은 다니엘 7:13을 '성자의 성육신'으로 이해했다. 김세윤은 '인자'를 예수 자기 이해의 유일한 가치이고 핵심으로 보았다. 그러나 벌코프나 박형룡 등은 인자를 예수의 다양한 이름(주, 하나님의 아들, 하나님, 임마누엘, 그리스도 등) 중에 하나로 이해했다.

인자가 예수의 자기 의식을 확정적으로 증명한다고 밝힌 것은 김세윤의 학문적인 업적이다. 그러나 마지막 부분에서 언급한 것처럼 "그 '사람의 아들' 말씀들의 주석을 통해서 검증될 것"으로 그 의미를 개방해놓았다. 김세윤은 "인자(人子)만이 확실한 예수의 자기 의식이라는 것"을 증명하여 탁월성을 인정받았다. 그의 주장은 현재 가장 탁월할지도 모르지만 그것이 미래에 변하지 않는다고 단언할 수 없다.

---

57 김세윤, 『그 '사람의 아들' - 하나님의 아들』, 67.

58 김세윤, 『그 '사람의 아들' - 하나님의 아들』, 68.

59 벌코프, 『조직신학(하)』(Systematic Theology), 권수경·이상원 역, (서울: 크리스챤다이제스트, 1994), 542-543.

60 박형룡, 『기독론』(서울: 한국기독교교육연구원, 1977), 49-50. 박형룡 박사는 Vos 등의 신학자들을 첨가하여 '인자'가 '성자의 성육신'임에 대해서 제시했다. "어떤 신학자들은 인자라는 명칭을 예수의 모든 칭호들 가운데 가장 천계적(Most Celesital)이라 칭했다."

2) 예수의 사명: 대리적 속죄 사역으로 마지막 날에 올 "인자 같은 이"를 예비하도록 함

김세윤은 그의 책 제4장에서 최후의 만찬의 말씀은 예수의 사명이 무엇인지를 나타낸다고 설명한다. 김세윤은 마가복음 10:45이[61] 교회의 이차적인 창작물이라는 주장(R. Pesch)을[62] 그림(Grimm)의 견해를 제시하며 거부했다.[63]

김세윤은 최후의 만찬을 새 언약의 제정으로 보았다. 그리고 제자들의 발을 씻기는 행동이 예수가 자신의 구속적 죽음을 통하여 이루어질 자기 백성의 죄용서함을 선취적으로(proleptically)[64] 극화한 것으로 제시했다.[65] 김세윤은 브라운(Brown)을 인용하면서 최후의 만찬이 '새 언약'인데, 요한이 '새 계명'으로 번역했다고 제시했다.[66] 그래서 예수가 '모세의 언약'(옛 언약)과 대조할 수 있는 '더 좋은 언약의 중보자'

---

61 "인자가 온 것은 섬김을 받으려 함이 아니라 도리어 섬기려 하고 자기 목숨을 많은 사람의 대속물로 주려 함이니라"(막 10:45)

62 Persch는 막 9:31의 진정성은 인정한다. 즉 마가복음 전체에서 진정성을 거부하는 것은 아니다. "이는 제자들을 가르치시며 또 인자가 사람들의 손에 넘겨져 죽임을 당하고 죽은 지 삼 일만에 살아나리라는 것을 말씀하셨기 때문이더라"(막 9:31) 김세윤, 『그 '사람의 아들' - 하나님의 아들』, 68.

63 김세윤, 『그 '사람의 아들' - 하나님의 아들』, 71-75.

64 'prolepsis'(예기[豫期])는 수사학(rhetoric)의 한 방법으로 장차 일어날 사건을 현재 시점에서 미리 알려주는 것이다. 현재 일어나지 않는 '칭의'(죄사함)이기 때문에 최덕성 박사는 '유보적 칭의'라고 하였고, '미래적 칭의'등으로 사용한다. 이윤석은 "김세윤의 칭의와 성화에 대한 비판"라는 글에서 김세윤에게 견인 교리가 없는 것으로 이해했다.

65 김세윤, 『그 '사람의 아들' - 하나님의 아들』, 88.

66 김세윤, 『그 '사람의 아들' - 하나님의 아들』, 88.

역할을 하게 된다.[67]

김세윤은 예수가 독창적으로 이사야 43:3과[68] 53:10을[69] 결합하여 자신의 죽음을 대신적 속죄제물(guilt-offering)로 해석했다고 제시했다.[70] 진정성 있는 마가복음 10:45의 '뤼트론 안티'(λύτρον ἀντί)는 예수의 산물이다(Unableitbarkeit, 비유사성의 원리).[71]

김세윤은 "그 '사람의 아들'"의 죽음 또는 넘겨짐에 대해서 언급한다(막 14:21).[72] 마가복음 10:45의 "대속물"은 이사야 53:10의 번역이 아니라, 43:4의 번역이다. 예수는 자신이 이스라엘이 죄사함 받고 구원을 얻도록 하기 위해 이스라엘을 위한 속량물로 바쳐져야 할 열방의 위치를 갖고 있음을 인식했다. '폴론'(πολλων)을 사용하여 예수는 자신이 이스라엘뿐 아니라 모든 백성들을 위한 속량물로 인식하고 내어주는 사명을 감당한 것이다.[73]

---

67 김세윤, 『그 '사람의 아들' - 하나님의 아들』, 89.

68 "나는 여호와 네 하나님이요 이스라엘의 거룩한 자요 네 구원자임이라 내가 애굽을 너의 **속량물로**, 구스와 스바를 너의 대신으로 주었노라"(사 43:3)

69 "여호와께서 그로 상함을 받게 하시기를 원하사 질고를 당케하셨은즉 그 영혼을 속건제물로 드리기에 이르면 그가 그 씨를 보게 되며 그 날은 길 것이요 또 그의 손으로 여호와의 뜻을 성취하리로다"(사 53:10)

70 김세윤, 『그 '사람의 아들' - 하나님의 아들』, 91-92.

71 김세윤, 『그 '사람의 아들' - 하나님의 아들』, 93. Friedrich는 막 10:45이 팔레스타인 유대교와 유사하지 않다(dissimilarity)는 이유로 진정성을 부인했다. 김세윤은 이에 대해서 비유사성은 인정하면서, 막 10:45의 진정성도 주장하는 것이다.

72 김세윤, 『그 '사람의 아들' - 하나님의 아들』, 94.

73 김세윤, 『그 '사람의 아들' - 하나님의 아들』, 96.

김세윤은 여기에서 "예수가 하나님께 보냄받은 자"(the object given up)와 "예수가 (하나님을 대신하여) 주는 자(giver)인 것"을 제시한다.[74] 김세윤은 예수가 자신이 인류를 대신에서 속죄를 이루기 위해서 대신 벌을 받은 것으로 이해했는데, 그 근거를 이사야 43:3로 제시했다.[75] 예수가 이렇게 속죄제물이 되는 것은 이사야 53장의 종(노예)과 관련되었고, 그는 야훼의 종으로서 사역한 것이다.[76]

김세윤은 예수를 "이상적인 이스라엘의 대표자"로 제시했다.[77] 예수는 죽기까지 하나님께 복종하고 죄많은 이스라엘과 열방의 구원의 중보자직을 수행했다. 그래서 김세윤은 예수가 다니엘 7장에 근거하여 자신을 이상적 이스라엘 대표자로 여겼다고 한다.[78] 그리고 "그 '사람의 아들'"로 하나님의 자녀를 모으는 것이 "창조하는 하나님의 아들"인 것을 증명한다고 했다.[79]

김세윤은 예수가 대속물로 죽자, 하나님이 그의 가르침이 옳다고 확증하는 것이 죽은 자 가운데서 일으키는 것이라고 한다.[80] 그의 속죄와 언약의 덕을 입은 자들을 백성으로 받아드리는 것이 하나님 나라의 설립이며 통치이다.[81] 하나님의 아들인 예수가 우리를 그의 아버

74　김세윤, 『그 '사람의 아들' - 하나님의 아들』, 98.
75　김세윤, 『그 '사람의 아들' - 하나님의 아들』, 100.
76　김세윤, 『그 '사람의 아들' - 하나님의 아들』, 104.
77　김세윤, 『그 '사람의 아들' - 하나님의 아들』, 108.
78　김세윤, 『그 '사람의 아들' - 하나님의 아들』, 109.
79　김세윤, 『그 '사람의 아들' - 하나님의 아들』, 110.
80　김세윤, 『그 '사람의 아들' - 하나님의 아들』, 118, 127.
81　김세윤, 『그 '사람의 아들' - 하나님의 아들』, 118.

지의 백성으로 만들었다.[82] 그리고 그 예수 그리스도가 올 것이다.[83]

3) 하나님과 친밀한 예수: *abba* 호칭

김세윤은 제레미아(Jeremias)의 견해를 따라서, '아바'(*abba*) 호칭을 "예수의 하나님과의 관계의 중심"으로 제시한다.[84] 아바는 하나님께 대한 예수의 독특한 호칭으로 예수의 자기 의식을 표현하는 것이다. 예수는 자신이 직접 아바 호칭을 한 뒤에, 이 호칭을 모든 사람에게 나누어 주었다.[85] 호칭과 "그 '사람의 아들'"이란 자기 이해는 모두 독특한데 연구는 많지 않았다. 김세윤의 강조점은 아바에서 제자들에게 호칭을 분여하는 모습을 볼 수 있도록 했다.

그리고 김세윤은 예수의 가르침의 중심 주제를 "하나님의 나라"로 제시한다.[86] 예수는 백성들에게 악과 고난의 통치에서 의와 사랑의 통치로 구원을 선포했다는 것이다.[87] 이 나라는 하나님과 교제하는 나라로 가난한 자들, 불구자들, 죄인들, 세리 등 회개하는 모든 새 백성이 모이는 곳이다. 여기에서 예수가 하나님의 대리자(God's vice regent)로 참여한다.[88] 그리고 예수는 이 왕국이 종말에 실현된다고 가르쳤다는

---

82 김세윤, 『그 '사람의 아들' - 하나님의 아들』, 122.
83 김세윤, 『그 '사람의 아들' - 하나님의 아들』, 122.
84 김세윤, 『그 '사람의 아들' - 하나님의 아들』, 131.
85 김세윤, 『그 '사람의 아들' - 하나님의 아들』, 132.
86 김세윤, 『그 '사람의 아들' - 하나님의 아들』, 134.
87 김세윤, 『그 '사람의 아들' - 하나님의 아들』, 134.
88 김세윤, 『그 '사람의 아들' - 하나님의 아들』, 135.

것이다.[89] 김세윤은 "그 '사람의 아들'"이 교회의 창작물이라면 나라에 대한 가르침과 일관성이 없기 때문에 예수의 자기 의식으로 받아야 한다고 제시했다.[90] 김세윤은 예수가 선포한 나라는 백성들이 하나님을 아바라고 부르는 곳이라고 제시했다.

> 예수의 자기 칭호에 대한 우리의 해석은 예수의 아바 호칭은 물론 예수의 바실레아(basileia) 선포의 내용과도 정확히 일치하므로 이는 두 가지 모두에 의해 확증된다고 볼 수 있을 것이다[91]

김세윤은 간접 기독론을 주장한다.[92] 김세윤은 "그 '사람의 아들'"에서 메시아, 하나님의 아들 등의 모든 사상이 비롯되었다고 주장한다. 즉 예수의 직접 주장이 없다는 것이다. 이러한 결과를 위해서는 그는 먼저 복음서 본문이 순수한 본문이 아니라 여러 자료가 신학화된 결과로 본 것이다. 그리고 후기 초대교회의 산물로 까지 확장한다. 김세윤은 원천 자료를 Q로 보고, 마가복음을 첫 복음으로 보았다. 그리고 Q와 마가복음을 마태와 누가가 신학적으로 활용하면서 발전했다는 것이다. 그래서 자연스럽게 간접 기독론이 가능하다.

---

89 김세윤, 『그 '사람의 아들' - 하나님의 아들』, 135.
90 김세윤, 『그 '사람의 아들' - 하나님의 아들』, 137-138.
91 김세윤, 『그 '사람의 아들' - 하나님의 아들』, 139.
92 김세윤은 『바울 신학』(강의안 녹취록) 14강에서 간접 기독론을 피력한다. 예수는 당시 유행하던 메시아적 칭호를 꺼렸고 다른 유행하던 칭호들 사용도 꺼렸다. 그리고 "그 '사람의 아들'"을 사용했다는 것이다. 이러한 간접 기독론은 Howard Marshall의 *The Origins of New Testament*에 자세히 기록되었다. 김세윤의 『신약 신학』(강의안 녹취록)을 보면, 김세윤도 간접 기독론을 주장한다.

첫째, 예수는 자기를 메시아로 말하지 않았다.

둘째, 예수는 자기를 하나님의 아들과 동일하게 놓지 않았다.

이러한 것은 후기 교회가 신학화한 것인데, 김세윤은 초기 예수의 "그 '사람의 아들'"에 대한 이해와 일관성이 있다고 주장하는 것이다. 그러나 그 이해도 간접 기독론이다.

4. 결론

김세윤의 『그 '사람의 아들' - 하나님의 아들』에 대한 찬사의 글이 그 책의 후기에 있다. 마샬(Marshall)은 김세윤의 박식(博識)함을 격찬하며 "예수의 인격과 사역에 대한 창조적이면서도 보수적인 이해를 위한 밑받침"이라 했다. 리스너(Rainer Riesner)는 "교회의 기독론이 예수의 자기 이해에 근거하였음에 틀림없다는 견해를 포기할 수 없다고 보는 사람들"에게 지지를 받을 것이라고 했다. 마샬의 찬사에 논리적인 모순이 있는데, "창조적이면서 보수적일 수 있다"는 것이다. 리스너의 찬사가 정확한 표현으로 볼 수 있다.

김세윤의 『그 '사람의 아들' - 하나님의 아들』은 신약학 분야에서 '인자'와 관련에서 박식하고 창조적인 공헌을 했다. 그리고 그의 책은 당대의 린더(Linder)의 『예수, 사람의 아들』(*Jesus Son of Man*, 1983)에 필적한 명작이다.

그런데 김세윤이 이해하는 예수 이해는 '인자'만이고, 하나님의 아들, 주(主), 메시아 등은 예수의 자기 이해에서 직접 드러나지 않는다.

인자에 관한 연구는 다양하다. 벌콥은 다니엘의 인자에 대해서 성육신을 지시한다고 했다. 그런데 김세윤은 '인자가 예수의 자기 이해임'을 밝히는데 매진하였고, '그렇다'고 했다.

마샬의 견해대로 인자를 예수의 자기 이해로 확증하는 수준, 성경의 진정성을 강조하는 자세가 보수적일 것이다. 그러한 마샬이 말하는 '보수'는 자기의 세계의 보수이다. 준용(準用, muntatis mutandis)을 인정하는 자세는 보수라고 할 수 없을 것이다.

김세윤이 이해한 예수는 "그 '사람의 아들'"이라는 독특한 자기 의식이 있는 인물이다. 이 이해는 유럽의 신학계에서 보수적인 견해이다. 그것은 유럽 신학계에서 예수에게 어떤 확정성도 주지 않기 때문이다. 그럼에도 김세윤도 말한 것처럼 그는 탁월한 연구자의 더 확실한 혹은 다른 확실한 연구가 있을 것을 기대하며 문을 개방해두었다.

자기 의식이 있는 예수는 야훼의 종으로서, 이스라엘의 대표자로서 자신을 열방의 대속물로 내어주고 만인을 하나님의 자녀로 초대하는 역할을 감당한다. 그리고 마지막 날에 올 천상의 인물인 예수 그리스도가 있다.

김세윤의 예수 이해는 정통 기독교의 이해 방식과 전혀 다르다. 정통 기독교는 성육신하신 하나님, 주 예수 그리스도를 믿는다. 김세윤에게 성육신하신 하나님이 없고, 예수 그리스도를 믿음의 대상으로 보는 것도 없다. 그에게 예수는 단지 사람(정확히 명시하지는 않았지만)으로서, 독특한 자기 의식(야웨의 종)을 갖는 유일한 인간(그 '사람의 아들')이다.

필자는 김세윤이 추구하는 신학 구도는 예수의 자기 이해인 "그 '사람의 아들'"을 중심으로 구약과 현재까지 연결하고, "그 '사람의 아들'"이 대속물로 하나님과 친밀한 관계로 초대하는 주(主)가 되었다는 구조라고 생각한다. 김세윤은 예수가 많은 백성을 위해 대속물이 되었고 만인을 초대한다고 말할 뿐, 예수가 '스스로 주(主)가 되려는 의도가 있고 없음'까지 밝히지 않았다.

김세윤이 인자를 통해서 예수의 자기 의식을 탐구하면서, 기독교의 죄사함의 도식, 성화, 칭의에 대한 원천을 마련했다. 그는 주장하기를 죄사함은 대리적 속죄 방식으로, 성화는 하나님과 친밀한 관계로, 칭의는 마지막에 실현될 것이라고 했다.

기독교 안에는 '예수를 믿는 무리'와 '예수를 만드는 무리'가 있다. 사도 바울은 교회 안에 '복음'과 '다른 복음'으로 대조했다. 김세윤에게 예수는 꾸준히 이해되어지는 과정 속에 있다. 그는 복음서에는 후기 교회의 삽입이 있다고 주장하지만, 마가복음 10:45의 기록이 예수의 자기 이해라고 확증하여 보수적이라고 평가받았다. 그러나 그는 삼위일체, 성자의 성육신을 믿지 않으며, 성경 66권으로 신학하는 방법과 믿음은 거부한다.

제 4 장
김세윤 신학에 대한 비평적 이해[1]

임진남 목사
김제 예본교회 담임

    기독교 신앙의 정체성은 바른 계시관의 정립에서 출발한다. 이것은 '믿음은 들음에서 나오고 들음의 내용은 그리스도의 말씀'(롬 10:17)이라는 성경 말씀에 철저히 근거를 삼고 있다. 이처럼 기독교는 계시 의존적인 종교이다. 성경은 하나님의 계시이다. 인간이 기록하였지만 성령의 영감으로 계시된 하나님의 말씀이다.

    신학의 전제는 바로 성경이 하나님의 말씀이라고 하는 출발에서만 가능하다. 그러나 자유주의와 현대 신학에서는 결코 성경 전체가 하나님의 말씀이 아니다. 인간들에게 유익이 있을 때만 하나님의 말씀이 된다. 그렇기 때문에 성경에서 계시된 삼위일체 하나님도 인간에 의해 새로운 하나님으로 만들어진다.

    인간이 학문이라고 하는 지평을 세우고, 연구하고, 나름대로의 학

---

1 임진남 목사는 김세윤의 신학저술을 독서하면서 인터넷신문 「바른믿음」(http://www.good-faith.net)에 비평적 의견을 제시했다. 김세윤 신학을 비평적으로 이해하는 공유점에서 공동 집필을 시도했다. 함께 묶어 효과적으로 김세윤 신학을 이해할 수 있는 계기가 될 수 있기를 기대한다(편집자 주).

문적 발전을 이룬다고 해도 성경이 하나님의 말씀이라고 하는 것을 부인할 수 없다. 그러나 인간의 교만은 성경이 하나님의 말씀이 되지 않는다고 하는 것을 더 좋아 한다. 그리고 그것은 사탄의 계략이다. 과거와 현재, 그리고 앞으로 다가오는 미래에도 여전히 성경이 하나님의 말씀인지, 아닌지에 대한 논의는 학문에서 계속 될 것이다.

이러한 인간의 도전을 하나님께서 알고 계셨기 때문에 성경이 하나님의 말씀이라고 하는 것을 성경은 스스로 자증한다. 또한 우리가 가지고 있는 성경 66권이 인간에 의해 결정되지 않게 하시기 위해 신앙의 역사 속에서 교회를 통해 이미 받게 하셨다. 인간이 성경을 기록하고 결정하였지만 그것은 하나님께서 성경에 대한 모든 주권을 가지시고 이끈 것이다.

그러므로 성경에서 말씀하는 구원이란 하나님께서 행하시는 일이다. 인간은 그 어떤 것도 자신의 구원을 위해 할 수 있는 일이 없다. 성경은 결코 보편 구원론적 관점을 허락하지 않는다. 하나님의 백성들만 구원하시는 제한 속죄를 가르치고 있다. 하나님께서 자신의 아들을 세상에 보내실 때 그 이름을 예수라고 하신 이유가 여기에 있다. 성육신의 방식으로 세상에 오신 하나님의 본체가 되시는 분이 예수시다.

그렇다면 성경의 모든 계시의 핵심은 예수 그리스도이시다. 그리스도로 말미암는 하나님의 구원 계획이 성경의 말씀 전체를 이루고 있다. 사도바울이 다메섹에서 예수 그리스도를 만났지만 이미 예수님은 창세전부터 계신 분이셨다. **사도바울의 복음이 다메섹에서 만난 복음으로만 한정하는 신학은 기독교를 역사 가운데 한 시점에서 발생한 것으로 한정시키려고 한다.** 그러나 기독교는 이미 창세전에 하나님의 작정 가운데 있었고, 성경 계시를 통해 인간에게 증거되고 있다.

사도들과 속사도, 그리고 교부들과 종교개혁가들을 통해 가르쳐진 성경의 교의는 오직 예수 그리스도가 하나님의 영원한 아들이시며, 성경 말씀은 정확무오한 하나님의 말씀이라는 것이다. 중세시대 교회가 성경에서 벗어남으로 인해 타락했다는 것을 안다면, 오늘날도 성경에서 벗어난 신학과 교회는 거짓밖에 없다는 것을 알아야 한다.

사도 바울은 고린도 교인들에게 기록된 말씀 안에서 성도들을 가르치고 전했다고 한다. 성경을 하나님의 말씀으로 받지 않는 신학과 신앙은 구원과 상관 없는 인간의 유희만을 주는 것밖에 없다. 육체의 쾌락은 불신 세상에만 있는 것이 아니라 교회와 신학 안에도 있다는 것을 인정하자.

1. 김세윤은 '예수는 세례 요한의 제자'라고 주장한다

만약 어떤 신학자나 목회자가 예수가 세례 요한의 제자였다고 하는 주장을 한다면 어떻게 생각해야 할까?

> 세례 요한이 펼친 하나님의 나라 운동보다 세례 요한의 제자였던 예수가 가지고 있었던 하나님의 나라 운동의 개념이 더 뛰어났기 때문에 세례 요한의 제자들도 결국 예수의 하나님의 나라 운동에 동참했다.

이렇게 주장하는 신학자나 목사가 있다면 당신은 그 사람을 어떻게 판단하는가?

이렇게 주장하는 사람이 있다. 그 사람이 바로 김세윤이다. 김세윤은『주기도문 강해』에서 이렇게 주장한다.

> 원래 예수와 예수의 제자들은 세례 요한이 이끄는 운동에 동참한 사람들이었습니다. 우리는 사복음서에서 모두 그 흔적을 볼 수 있는데, 특별히 요한복음 1:19-51까지 본문이 그것을 잘 암시해 주고 있습니다. **예수는 원래 세례 요한의 제자**였고, 때문에 요한의 부흥 운동에 동참했습니다. 그러다가 요한에게 세례를 받은 이후 요한의 운동으로부터 점차 독립하여 하나님 나라 운동을 새롭게 시작한 것으로 사복음서들은 모두 그리고 있습니다. 사복음서 모두 예수가 세례 요한에게서 세례를 받았다고 밝히고 있습니다(마 3:13-17; 막 1:9-11; 눅 3:21-22; 요 1:29-34). 여기에서 우리는 세례 요한과 예수의 관계에 대해 주목해야 할 것이 있습니다. 예수는 세례 요한의 운동에 동참한 분으로, 일단 세례 요한이 선포한 회개하고 하나님의 나라 도래를 준비하라는 메시지를 이어 받았습니다. 회개하고 하나님의 통치에 스스로를 헌신해야 한다는 하나님 나라에 대한 세례 요한의 가르침을 이어받습니다.[2]

김세윤은 '예수가 세례 요한의 제자'였다고 하는 주장을 하는 근거로 요한복음 1:19-51의 말씀을 인용하고 있는데 이것은 너무나 사변적이며, 그 어떤 신학적이고 역사적 근거도 없는 주장이다. 오히려 성

---

2 김세윤,『주기도문 강해』(서울: 두란노, 2011), 16.

경의 말씀을 자신의 생각대로 마구잡이로 해석하는 것이다.

우리는 예수가 세례 요한의 제자라고 하는 주장을 성경에서 그 흔적을 찾을 수 없다. 그런데 김세윤은 예수가 세례 요한의 제자였다고 하는 성경적 근거를 예수가 세례 요한으로부터 세례를 받고 자신의 독특한 하나님 나라 운동을 한 것으로 본다. 김세윤은 예수가 원래 세례 요한의 제자였다고 하는 것을 가정하고 세례 요한으로부터 받은 세례를 본격적인 예수의 하나님 나라 운동으로 본다.

하지만 김세윤는 성경에서 예수가 세례 요한의 제자여서 세례를 받고 하나님 나라 운동을 했다고 하는 것은 한 구절도 없다. 오히려 세례 요한은 하나님의 아들로 예수를 보았고 믿었으며 증언했다(요 1:34).

우리가 예수가 세례 요한의 제자가 아니라고 하는 증거를 성경에서 찾으려고 한다면 쉽게 찾을 수가 있다.

첫째, 세례 요한과 예수의 나이는 차이가 나지 않는다. 거의 동년배이다. 물론 스승과 제자는 나이로 만들어 지는 것이 아니다. 나이가 어린 사람에게도 노인이 제자가 되어 배울 수 있다. 하지만 일반적으로 스승과 제자는 거의 많은 나이가 나는 법이다.

둘째, 성경에서 스승과 제자 관계인 이들의 모습은 전혀 나타나지 않는다. 함께 생활하고 어떻게 배웠는지도 말씀도 없다. 오히려 예수님과 세례 요한은 다른 곳에서 살았다고 증거하고 있다.

셋째, 확실한 성경의 증거는 세례 요한의 진짜 제자였던 안드레, 시몬, 요한이 예수에 대해서 몰랐다는 것이다. 이들이 예수를 안 것은 오히려 세례 요한이 자신들의 제자들에게 예수가 누구인지를 말해주는 것을 통해서 처음으로 알게 된 것이다. 예수가 세례 요한의 제자였다면 세례 요한의 제자들이 예수가 누군지 모를 리가 없다.

김세윤은 이렇게 예수가 세례 요한의 제자였다고 하는 것은 자신의 신학이 아니다. 이미 예수 탐구를 시작한 모든 신학자들의 공통된 주장이다. 성경비평과 예수의 역사적 탐구 비평을 하고 있는 모든 신학자들이 예수를 세례 요한의 제자로 또는 인간 예수로만 가르치고 있다.

실례로 존 도미닉 크로산(J. D. Crossan)은 로마 가톨릭 사제 출신이지만 사제를 사임하고 결혼, 재혼한 자유로운 로마 가톨릭의 신학 교수이다. 그는 자신이 찾은 예수에 대하여 기술한 내용을 여러 권의 책으로 출판하였다. 그 가운데『역사적 예수』라고 하는 책에서 예수는 유대의 농부였으며 문맹자였고, 세례 요한의 제자라고 기술했다.

> 예수는 도시생활의 죄악을 피해, 그리고 회개와 금식과 기도를 위해 처음에는 그의 스승 세례 요한을 따라 광야로 갔다. 세례 요한의 추종자로서 예수는 금욕주의자가 되었을 테지만 얼마 후 요한이 제시한 선택들을 거부했다.[3]

이것은 김세윤이 주장하는 것과 같다는 것을 알 수 있다 이렇게 김세윤은 예수가 세례 요한의 제자였다고 하는 것을 주장하는 그의 신학적 배경에는 역사적 비평이라고 하는 학문이 자리하고 있다는 것을 알아야 한다.

---

3 존 도미닉 크로산,『예수는 누구인가』(*Who Is Jesus? Answers to Your Questions about the Historical Jesus*), 한인철 역(서울: 한국기독교연구소, 1998), 60-70.

2. 김세윤의 신학의 전제는 성경에 대한 역사적 비평이다

에타 린네만이[4] 루돌프 불트만으로부터 신학을 처음 배울 때 불트만은 학생들에게 "마치 하나님이 계시지 않는 것처럼, 우리의 믿음을 접어두고 신약과 과학 연구에 임해야 한다"고 가르쳤다는 것을 회상한다.

불트만은 20세기 성경 비평을 통해 교회역사 전체를 흔들고 있는 인물이라고 해도 과언이 아니다. 그러나 에타 린네만은 자신이 배운 신학이 얼마나 잘못된 것인가를 자신의 책 『성경 비평학은 과학인가 의견인가』와 『성경 비평학은 과학인가 조작인가』에서 분명하게 언급했다.

에타 린네만은 불트만의 성경 비평학을 성경이 역사적 하나님의 계시의 말씀인 것을 부인할 뿐만 아니라 모든 기독교 역사를 왜곡시키는 사탄의 하수인 역할을 하는 도구라고 고발했다. 에타 린네만은 성경비평학이 어떻게 성경을 왜곡시켰는지 불트만의 신학 전제를 비판했다.

그녀가 자신의 스승이였던 불트만의 신학 전제를 다음과 같이 진술한다.

> 하나님이 존재한다는 사실을 완전히 배제해야 한다.
> … 진리의 척도는 하나님 말씀이 아니라 과학성의 법칙이다.

---

[4] Eta Linnemann(1926.10.19 - 2009.5.9): 루돌프 불트만의 여 제자. 철저한 성경 역사 비평학자였으며, 대학에서 예수는 인간 메시아라고 하는 것을 가르쳤으며 성경에 대하여 철저하게 역사 비평을 전개했다. 그러나 51세에 예수 그리스도를 자신의 구주로 믿고 회심하고 선교사로 떠났다.

… 과학적 신학의 전제는 성경과 기독교 신앙을 다른 종교들의 경전과 동일선상에 놓고 비교를 하는 것이다. … 성경은 종교사에서 발생한 하나의 산물로 상대화 된다. … 성경을 다루되 하나님 말씀으로 존중하지 않는다. … 구약 학자나 신약 학자에게 통용되는 하나의 원칙이 있다. 성경에 있는 것은 그대로 받아들일 수 있는 것이 하나도 없다. … 역사 비평 신학에서는 비판적 이성이 성경 내용 중에서 무엇이 사실이고 무엇이 사실이 아닌지를 결정한다.[5]

에타 린네만은 저술에서 더 많은 불트만의 신학 전제를 자세하게 설명하고 있다. 종합하면 불트만의 신학이란 기독교와 상관없는 것이며 오히려 기독교를 파괴시키는 학문이라고 규정했다.

지금까지 에타 린네만을 통해 불트만의 신학을 드러낸 것은 김세윤의 신학을 말하기 위함이다. 한스 콘첼만, 예레미아스, 보른캄 등등 많은 후기 불트만 학자들의 영향을 받은 사람이 바로 김세윤이다. 물론 후기 불트만 학파는 자신들의 스승인 불트만의 신학에 반대했다. 불트만은 역사적 예수와 그리스도 신앙의 연속성을 부인하였지만 콘첼만 등은 역사적 예수와 사도들의 신앙운동을 연속적으로 보아야 한다면서 불트만의 신학을 거부했다. 그러나 옛말에 도긴개긴이라고 하였던가?

후기 불트만 학파의 신학도 결국 예수를 인간 수준으로만 보는 '간접 기독론'을 주장하고 있다. 김세윤은 자신의 신학을 '간접 기독론'이

---

5 에타 린네만, 『성경비평학은 과학인가 의견인가』(*Wissenschaft oder Meinung?*), 송다니엘 역(서울: 부흥과개혁사, 2010), 125-130.

라고 말했다. 독자들을 위해 김세윤이 주장하는 간접 기독론을 간략하게 말하자면 이렇다.

예수님께서 하나님을 아빠라고 부르는 것을 통해 예수님 자신이 구원자라고 하는 주장이 간접적으로 들어 있고, 자신의 종말의 구원자 되심의 주장이 내포되어 있다는 것을 간접 기독론이라고 한다. 예수를 믿음의 대상으로 보지 않고 하나님의 계시를 바로 이해하신 분으로 가르친다. 사도들 또한 예수를 믿음의 대상으로 보지 않았으며 하나님의 계시를 바로 이해한 분으로 알았다.

다시 말해 예수는 하나님이 아니며, 하나님께서 구원의 통로로 부르신 도구에 지나지 않는다. 그러므로 예수는 자신이 누구인지에 대해서 세례 요한이 자신에게 세례를 베풀 때 그때 하나님의 아들이라고 하는 것을 인식했다고 보는 것이다.

'하나님의 영원한 아들'이 아니라 '영원한 하나님의 아들'이라고 보는 기독론이다. 이런 의미에서 예수가 하나님의 독특한 아들이 된다고 김세윤은 주장한다. 그렇다면 김세윤은 불트만의 아류일 뿐이다.

성경을 역사적으로 비평하는 학문으로는 성경의 그 어떤 진리도 발견하지 못한다. 오늘날 현대 신학은 성경비평학을 통해 성경을 조작하고 있으며, 마치 자신들만의 리그를 만들어 그 속에서 최고라는 칭호를 주고 있다.

좀 더 예수에 대한 역사적 탐구, 또는 역사적 비평신학에 대하여 우리는 알 필요가 있다. 왜냐하면 김세윤 신학의 아버지를 알아야 그를 알 수 있기 때문이다. 예수 탐구에 대하여 모든 학문적 지평을 펼친 사람은 20세기의 아돌프 폰 하르낙이다. 하지만 그 이전에도 18세기 헤르만 라이마루스는 이미 인간의 자유 이성이 성경에서 증거된 내용들에 대하여 비판적으로 의심하며 역사적 예수를 탐구해야 한다고 하는 시발점을 제공했다. 이미 르네상스와 이성주의, 그리고 인간 계몽운동은 정통 기독교 신학과 신앙을 인간 중심 안으로 이끌고 있었다.

이런 배경 하에서 헤르만 라이마루스는 예수가 자신이 가르친 가르침과 예수의 제자들이 가르친 것은 구별해야 하며, 기독교 신앙은 의도적인 허구와 속임수 위에 세워졌다고 결론을 내렸다. 이러한 신학과 철학 위에 하르낙이 인간 예수의 탐구를 역사 안에서 해석하고 연구한 것이다.

노벨 평화상의 인물로 일반에게 알려진 알버트 슈바이처는 자유주의가 예수를 도덕적 탁월함을 지닌 인간이라고 주장하는 것에 반대하고, 예수는 종말론적 사상을 강조했다고 제안했다. 슈바이처는 그 동안 시행되었던 예수 탐구에 종지부를 찍었다. 하지만 여전히 인간 예수만 존재하는 예수 탐구는 진행되었다.

루돌프 불트만도 과거의 예수보다 실존적인 현재의 예수를 선호하여 옛 탐구를 통한 예수 인식을 부정했다. 불트만은 역사적 예수에 대하여 예수는 케리그마를 통해 존재한다는 입장을 견지했다. 그렇기 때문에 그는 오늘날 현대인들이 예수에 관하여 기록된 성경의 모든 내용들을 믿어서는 안 되며, 전통적인 교회와 신학과 신앙은 현대인들에게 가르쳐져서는 안 되는 것으로 판단하여 예수 그리스도에 대한 모든 비신화 작업을 시도한 것이다.

불트만은 자신의 제자들에게 성경이 하나님의 말씀이라고 믿어서는 안 된다고 하는 것으로 신학을 하게 했다. 하지만 불트만의 제자들 가운데 에른스트 케제만은 자기 선생인 불트만과 다르게 생각했다. 케제만은 구원사건의 중요성, 세상 가운데 오신 하나님의 성육신, 그리고 예수와 우리의 연속성을 주장했다.

　케제만은 자신의 논문『역사적 예수의 문제』(*The Problem of the Historical Jesus*, 1954)에서 역사적 예수의 탐구가 필요하고, 유용하다고 주장하면서 그 세 가지 이유를 제시하였는데, 당시 유럽과 독일의 많은 신학자들이 이 새로운 탐구에 참여했다. 대표적인 신학자들로 콘첼만, 예레미아스 등이 있다. 그러나 역사적 예수의 탐구에서 부활의 사실성을 수립할 수 없었다. 왜냐하면 케리그마의 본질적 내용은 예수의 부활이었기 때문이다.

　지금까지 간략하게 예수의 역사적 탐구의 시작과 과정에 대하여 살펴보았다. 이제 김세윤 신학이 어떻게 형성되었는지 우리는 알 수 있다. 콘 젤만, 예레미아스와 같은 후기 불트만 학파에 영향을 받아 간접 기독론이라고 하는 신학을 말하고 있지만 결국 인간 예수만 남게 된 것이다. 역사적 예수 탐구와 신학 비평은 성경의 모든 증인들을 부인한다. 뿐만 아니라 예수가 단지 한 인간이라고 가르친다.

　이들에게서 과연 하나님이 창조주 하나님, 구속주 하나님이라고 하는 신적 인식이 있는지 물을 수가 있는가?

　분명히 없다. 왜냐하면 하나님은 자신의 아들을 통해 우리에게 계시하시기 때문이다.

　예수를 하나님의 영원한 아들로, 영원한 하나님으로 믿지 않고 신학을 하는 사람들이 어떻게 예수를 통해 하나님을 믿을 수가 있겠는가?

　결론적으로 말하면 김세윤의 신학에서 성경은 하나님의 말씀이 아니다. 또한 예수는 한 인간이며 제자들에 의해 메시아로 인정받은 것밖에 없다. 창세전부터 하나님의 영원한 아들로 하나님과 동등하신 하나님이 아닌 것이다. 초대교회 당시 영지주의의가 태동하여 예수를 구원의 수단으로만 본 것처럼, 이후 아리우스가 또한 예수를 구원의 수단으로만 보고, 인간 예수로 한정한 것처럼, 역사적 예수 탐구를 통해 신학을 변론하는 자들은 예수를 하나님의 도구로만, 그리고 인간으로만 제시할 뿐이다.

3. 예수의 광야 시험은 단지 환상이다

김세윤의 신학의 전제는 역사적 비평이다. 후기 불트만 학파의 역사적 비평신학을 계속 발전시켜왔다. 그러나 불트만뿐만 아니라 이미 예수의 역사적 탐구를 시행하였던 슈바이처나 그 이전의 사람들도 예수 탐구를 시작하여 예수가 단지 하나의 인간으로만 제시한다. 이들의 모든 특징은 예수는 특별하고 선택된 하나님의 아들이지만 고난을 받기 위해 세워진 인간 예수라는 것이다.

그리고 이들의 또 다른 특징은 성경에 대해 비평적으로 신학을 한다. 성경은 하나님의 영감으로 기록된 말씀이 아니라고 주장한다. 인간이 개입하여 자신들의 주관적인 생각과 당시 문화적인 상황을 재석하였을 뿐이다. 그러므로 성경은 정확 무오한 것이 아니다. 그렇기 때문에 김세윤은 성경의 모든 내용들을 역사적 비평과, 문자적 비평으로 재해석하고 있다. 지금부터 김세윤은 성경을 왜곡하는 그 증거를 그의 책에서 찾아 독자들에게 알린다.

김세윤은 예수가 세례 요한의 제자라고 하는 주장을 하고 있다. 또한 그는 예수가 하나님의 아들로 선포된 이후 광야에서 자기의 메시아적 과업에 대해 묵상을 하며 준비 할 때 환상 중에 체험한 사탄의 시험을 극화하여 이야기를 하고 있다고 주장한다. 예수의 광야 시험은 예수의 실제 경험과는 아무 관계가 없는 것으로 본다. 단지 환상 중에 사탄의 시험을 당한 것이다. 이러한 주장은 바로 불트만의 제자인 예레미아스가 하는 주장이다.

김세윤은 주장하기를 사탄이 예수에게 보여준 세계만국을 볼 수 있는 높은 산으로 예수를 이끌고 갔지만 실제로 세상을 다 볼 수 있는 높은 산이 존재하지 않기 때문에, 설령 그런 산이 존재한다고 해도 '순식간에' 나라들을 보여줄 수 없었다고 한다. 그렇기 때문에 예수가 당한 시험은 예수의 실제적인 경험과는 아무 관계가 없는 단지 환상의 체험이라고 한다.

> 많은 학자들은 예수가 자기 제자들에게 들려준 자기 체험에 근거한다고 본다. 그러나 이 시험 기사가 문자 그대로 일어난 사건에 대한 기록이라기보다는, 예수가 하나님의 아들로 선포된 후 광야에서 자기의 메시아적 과업에 대해 묵상하며 준비할 때 환상 중에 한 체험을 극화하여 이야기한 결과일 것이다. … 예수가 하나님의 아들로서 자신의 소명에 대해 묵상하고 그 사역을 준비 할 때 이 환상의 체험과 같이 사탄이 제시하는 길을 가도록 유혹을 받았는데 그것을 물리치고 하나님께 전적으로 의지하고 순종하여 자기의 메시아적 사명을 완수하려 결심하였음을 엿볼 수 있다.[6]

---

6 김세윤, 『예수와 바울』(서울: 두란노, 2001), 42.

그렇다면 김세윤의 주장처럼 과연 예수가 광야 시험에서 사탄으로부터 환상 중에 시험을 받은 것인가?

그의 주장처럼 예수가 환상 중에 시험을 받았다면 예수의 시험은 실제적인 것이 아니라 허구이다. 그리고 자신의 체험을 극화하여(이야기 형식으로 드라마틱하게 전개하는) 제자들에게 이야기한 것이므로 사탄의 시험은 아무런 의미가 없다. 단지 예수의 묵상에 대한 결과일 뿐이다.

김세윤의 주장은 결국 예수가 두 번째 아담으로 자신의 백성들을 구원하시기 위해 창세 전에 아버지와 맺은 은혜 언약을 부인하는 것이다. 첫 번째 아담의 실낙원도 결국은 허구이며, 극화시킨 이야기일 뿐이다. 사탄의 실제적인 시험을 부정할 뿐 아니라 영적인 존재도 인정하지 않는다.

알프레드 에더스하임은 『메시아』(*The Life and Times of Jesus the Messiah*, 1883)에서 예수 그리스도께서 사탄의 시험을 받은 사건에 대한 진정성을 훼손하는 자들이 그 당시에도 많이 있었다고 진술하고 있다. 그리고 김세윤처럼 다만 '환상'이라고 하는 학자들의 주장은 터무니없는 거짓일 뿐임을 제시했다. 개혁신학은 예수님께서 사탄으로부터 시험을 당할 때 그것은 외부에서 오는 내적인 시험으로 이해한다.

반면 예수님께서 시험받으신 것을 단지 '환상'으로 치부하는 자들의 특징은 결국 예수 그리스도의 신인양성을 부인으로 귀결한다. 하나님이 사탄에게 시험을 받는다는 것을 인정할 수 없다는 매우 경건한 주장을 한다. 그런데 예수를 하나님이 아니고 단지 선택받은 독특하고 탁월한 인간으로서 제시한다. 예수께서 '참 하나님'이심을 부인하는 것이다. 김세윤은 예수께서 받으신 사탄의 시험을 예수가 자신의 제자들에게 자기 존재에 대해 극(劇)으로 설명하기 위해서 만들어낸 이야기로 치부한다.

광야 시험을 사실적으로 이해하지 않고, 환상 경험을 극화한 이야기로 자기 존재를 드러낸다는 김세윤의 주장은 매우 위험하다.

4. 예수는 하나님의 '계시의 중계자'인가? '구원의 중보자'인가?

김세윤 신학의 특징 가운데 또 다른 하나는 정통 신학에서 사용하는 신학적인 용어들을 파괴시키는 것이다. 김세윤은 '예수'를 "그 '사람의 아들'"이라고 한다. 또한 예수가 창조 때 하나님의 일을 시행하는 시행자로 활동했다고 하며, 칭의에 대해서는 예수 믿는 믿음으로만 의롭다고 여기는 것이 아니라 최종적으로 의롭다고 칭함 받는 것은 유보되었다고 말한다. 그래서 구원이 유보되어 있다고 한다.

그리고 예수가 중보자가 아닌 중계자라고 말한다.

그렇다면 김세윤이 말하는 중계자는 무엇인가?

김세윤에게 있어 예수가 중계자라고 하는 것은 그가 예수에 대한 이해를 어떻게 하고 있는지 알 수 있다. 한마디로 말해 중계자란 '중간에서 받아 이어주는 사람' 이라는 뜻이다. 영어에서 'mediator'가 중재인, 중재자라는 뜻을 포함하고 있지만 이 단어가 중보자라는 뜻을 의미할 때는 단순히 하나님과 인간 사이를 중재해주는 의미만을 함의하는 것은 아니다. 중보의 의미는 중재 또는 중계의 의미보다 더 포괄적이다. 기독교의 중보자 개념은 하나님과 인간 사이의 관계를 화해시키는 차원을 뛰어넘어 자신의 백성들을 보호하여 살펴주시며 함께

해주시는 것이다. 그리고 중보자 개념 속에 신인양성의 진리가 포함되어 있다.

개혁주의 신앙고백서인 웨스트민스터 대요리문답 제36문을 보면 중보자에 대한 정의가 가장 잘 표현되어 있다.

> 제36문: 은혜 언약의 중보자는 누구입니까?
> 답: 은혜 언약의 유일한 중보자는 주 예수 그리스도입니다. 그는 성부와 동일한 본질이시고 동등하신 하나님의 영원한 아들로서 때가 차매 인간이 되었습니다. 또한 완전히 구별된 한 인격과 두 본성을 가진 하나님과 인간이었고, 또한 영원히 계속 그러합니다.

개혁주의 신앙고백을 통해 중보자이신 예수께서 성부 하나님과 동일본질이시며, 동등하신 하나님이라고 하는 것을 알 수 있다. 뿐만 아니라 신인양성을 가지고 계신다고 하는 것을 중보자에 대한 가르침을 통해 증거 하고 있다는 것을 알 수 있다.

그러나 김세윤은 예수가 중계자라고 하는 것을 이해시키기 위해 유대 문학에서 지혜는 하나님의 한 속성으로 말한다. 그리고 이 지혜가 하나님의 실행자로 점차 실체화하고 인격화했다고 한다.[7] 바로 예수가 이렇게 하나님의 지혜로 중계자 역할을 한다고 하는 것이다.

하지만 정통 신학에서 말하는 중보자는 오직 하나님과 인간 사이에 화해자이시며 자신의 백성들을 보호하여 주시는 분이 바로 중보자인

---

7 김세윤, 『예수와 바울』, 355.

것이다. 김세윤이 말하는 중계자는 단지 도구일 뿐이다. 그러나 중보자는 하나님의 아들이신 예수께서 자신의 택자들을 끝까지 보호하여 주신다.

중계자는 하나님의 자녀들을 위해 천상에서 무엇을 하는지 김세윤은 과연 말할 수 있는가?

지금도 중보자는 천상에서 자신의 백성들을 위해 성령을 보내주시고, 구원을 주신다. 또한 중보자로 계속 쉬지 않고, 주무시지도 않으시며, 항상 동행하여 주신다.

유대 묵시문학에서 말하는 하나님의 속성의 하나인 지혜가 실체화된 것을 사도 바울이 예수로 인식했다고 김세윤은 주장한다.[8] 유대 문학에서 지혜는 하나님의 딸이다. 특히 히브리어에서나 헬라어에서 지혜는 여성으로 많은 다른 사상들을 표현할 수 있지만 예수가 남성이었기 때문에 사도 바울은 예수가 하나님의 아들이라는 초대교회의 신앙고백을 더 심오하게 했다고 한다. 김세윤은 사도 바울이 유대문학에서 예수가 하나님의 아들이라고 하는 심오한 신앙고백을 만들었다고 보는 것이다.

그렇다면 하나님의 아들인 예수는 본래 하나님의 아들이 아니다. 창조 전부터 성부 하나님에게서 나시지 않고 단지 성부의 사역을 실행하는 중계자로 택함 받은 아들이다.

> 구약과 유대의 묵시문학에서는 하나님이 나타나심에 대한 환상들이 하나님을 사람의 형상으로 본 것으로 자주 기술되어

---

8 김세윤, 『예수와 바울』, 355.

있다. 선자자들이나 묵시가들은 하나님께서 인간 같이, 인간의 형상으로 나타나는 것을 본다. 이스라엘 백성들은 하나님의 출현사건이 일어날 때 보이는 것이 하나님 자신이 아니라 하나님의 임재하심을 중계하는 그의 실행자, 곧 하나님의 계시의 중계자인 것을 깨달았다.[9]

유대인들은 이렇게 하나님의 계시가 중계자를 통해 나타난다고 하는 것으로 생각했다고 한다. 그래서 유대인들은 하나님의 계시의 중계자들을 '하나님의 형상' 또는 '하나님의 아들(딸)'이라고 불렀다고 김세윤은 주장한다.[10] 그래서 바울이 다메섹에서 만난 예수를 하나님의 아들이라고 신앙고백하게 한 것이다.

이런 배경에 비추어 우리는 다메섹 도상에서의 그리스도의 출현 때 바울이 높임 받은 예수 그리스도를 '하나님의 형상'으로 그리고 '하나님의 아들'로 나타남을 보았으리라고 **추측할 수 있다**. 왜냐하면 그때 예수 그리스도는 바울에게 밝은 빛살들로 둘러싸여 아주 영광된 모습으로 나타났기 때문이다. 바울은 그리스도가 하나님과 같이, 또는 하나님의 형상을 입고 나타나는 것을 보았다.[11]

---

9 김세윤, 『예수와 바울』, 357.

10 김세윤, 『예수와 바울』, 349.

11 김세윤, 『예수와 바울』, 349-363.

김세윤은 사도 바울이 예수가 하나님의 형상이라고 하는 것을 말할 때 그것은 하나님의 중계자로 나타나는 것이라고 말한다. 구약과 유대 문학에서 천사도 하나님의 중계자이다. 그러므로 예수는 하나님이 아니다. 단지 천사와 같이 또는 특별하게 하나님의 계시를 나타내는 인간일 뿐이다.

또한 김세윤은 사도 바울이 다메섹에서 환상을 통해 예수를 만났다고 한다.[12] 그리고 사도 바울 복음의 기원은 다메섹 도상에서 계시이지 다른 무엇도 아니라고 말한다.[13]

사도 바울의 복음이 과연 다메섹에서 만난 예수의 계시라고 하는 주장에는 심각한 독소가 숨어 있다. 그것은 신약과 구약 성경의 통일성을 부인하는 것이다. 사도 바울은 자신이 가지고 있었던 유대 율법주의 사상이 이스라엘 백성들에게 주신 하나님의 계시와는 다른 것이었다는 것을 깨닫고 구약에서부터 줄곧 하나님께서 자신의 조상들에게 고난 받는 그리스도를 말씀하셨다고 가르쳤다는 것이다.

사도행전에서 사도 바울이 유대인의 회당에 들어가 성경을 가지고 강론한 내용들이 무엇이었나?

그것은 바로 구약 성경에서 이미 예수 그리스도가 고난 받고 죽은 자들 가운데 다시 살아나신 다고 하신 하나님의 계시의 말씀이었다. **사도 바울의 복음은 다메섹 도상에서의 계시가 아니라 이미 구약 성경 전체에서 계시하시는 하나님의 복음이었다.**

---

12 김세윤, 『예수와 바울』, 353.

13 김세윤, 『예수와 바울』, 360.

또한 사도 바울은 유대 묵시문학에 영향을 받아 예수를 이해하지 않았다. 사도 바울은 다메섹에서 천상의 구속주를 만난 이후 구약에서 계시된 메시아를 바르게 이해하게 된 것이다. 유대인인 사도 바울이 회당에서 유대인들에게 구약 성경을 가지고 강론한 이유가 바로 여기에 있다.

우리는 성경을 통해 구약 성경에서 이미 예수가 그리스도이심을 믿을 수 있는 신앙이 확립되어 있다는 것을 알 수 있다. 그 대표적인 예가 사도행전 18장에서 고린도에 간 박사 아볼로가 브리스길라와 아굴라 부부를 만나 구약 성경에서 말씀으로 요한의 세례가 아니라 성령세례를 바르게 배웠다. 그래서 세례 요한의 세례만 알았던 아볼로는 예수가 그리스도이심을 명확하게 선포하게 되었다.

대부분의 사람들은 신약 성경을 통해서 구약을 해석하고, 구약이 무엇을 말씀하였는지를 알 수 있다고 한다. 그렇지만 아볼로가 브리스길라와 아굴라 부부를 만났을 당시는 신약 성경이 기록되지 않았던 상황이었다. 그렇다면 구약 성경만으로도 충분히 예수가 그리스도였다고 하는 것을 이들이 배울 수 있었고, 계속 가르쳤다고 하는 것을 알 수 있다.

그러므로 사도 바울의 복음은 이미 구약에서 계신하신 하나님의 복음이었다는 것을 알 수 있다. 구약과 신약의 관계는 기독교를 이해하는데 매우 중요한 요소이다.

그러나 김세윤은 유대 묵시문학에서 예수와 바울을 연결시킨다. 김세윤의 신학에서 예수는 하나님의 형상으로 오신 선지자이다. 영원 전부터 하나님의 품속에 독생하신 하나님은 결코 아니다. 오직 '인간 예수'이며, "그 '사람의 아들'"이다.

5. 김세윤은 정통 삼위일체를 인정하는가?

"**예수가 하나님과 같다**"라고 하는 김세윤의 주장은[14] 정통 교회가 세운 삼위일체 교리와 다르다. 김세윤은 "예수가 하나님과 같다"라는 표현을 씀으로 인해 독자들에게 마치 예수가 하나님이라고 하는 착각을 불러일으킨다. 일반적으로 김세윤이 제시한 "예수가 하나님과 같다"라는 글을 읽을 때, 독자가 김세윤이 '예수를 하나님이라고 주장한다'고 이해 한다면 큰 오산이다.

김세윤이 언급한 "예수가 하나님과 같다"라고 하는 표현은 **계시자인 하나님이 계시되는 자인 예수와 같다는 의미**이다. 쉽게 말하자면 계시자만이 하나님이다. 그런데 이 계시를 받아 전하는 자가 하나님이라고 하는 것이다. 왜냐하면 계시되는 예수가 계시자(하나님)를 보여주기 때문이다. 이런 의미에서 예수가 하나님과 같다고 하는 것이다.

> 셈족 문화에서 보냄을 받은 이는 보낸 이와 같다. 유대 미쉬나 법에도 그렇게 규정되어 있다. … 가령 아브라함이 이삭의 아내를 구하기 위해 종을 고향으로 보내는데, 그 종이 아브라함의 전권 대사로서 아브라함과 같은 자가 되는 것이다.[15]

김세윤은 예수를 유대 미쉬나 법에서 언급하는 일개 선지자로 본다. 미쉬나에서 보낸 이와 보냄 받는 이(선지자)가 일치한다는 개념

---

14 김세윤, 『요한복음 강해』(서울: 두란노, 2011). 54.

15 김세윤, 『요한복음 강해』, 138-139.

을 김세윤이 인용하고 있다. 그러므로 김세윤의 삼위일체 하나님 개념은 왕의 계시를 왕이 대사를 보내 자신의 계시를 전하는 것과 같은 개념이다.

대사가 왕과 같다고 하는 것은 왕의 글을 전달하는 대사와 일치하는 한도에서 같은 것이다. 대사는 왕의 전달자에서만 왕이 된다. 결국 예수도 계시전달자에서만 하나님과 일치한다. 대사는 실질적으로 왕이 아니다. 다만 전달 내용에 국한에서 왕과 같은 것이다. 이런 의미에서 하나님은 예수를 보냈다. 보냄 받은 예수가 하나님의 계시를 바르게 전달하면 하나님의 내용에 일치한다. 이것이 김세윤이 제시하는 삼위일체 개념이다.

또한 김세윤에게는 성부 하나님만이 초월자이시다. 김세윤은 성자와 성령은 내재하는 존재라고 주장한다. 이렇게 성자와 성령이 내재하는 이유는 성부께서 초월자로 계시기 때문에 자신을 내재하는 하나님으로 계시하기 위해 성자와 성령을 보냈다고 주장한다. 불트만은 역사적 계시로 예수를 부인하였지만 김세윤은 예수를 역사적 계시자로 인정한다. 그러나 김세윤에게 있어서 예수가 역사적 사건의 인물로 십자가에서 죽고 부활했다고 해도 여전히 인간 예수만 존재하는 것이다.

정통 신학은 예수는 창세전에 아버지에게서 나신 하나님의 아들, 독생자이신 한 분, 빛에서 나오신 빛이시요, 참 하나님에게서 나오신 참 하나님이시오, 나셨으며 창조되지 않으셨고, 만물을 창조하신 아버지와 동질이심을 믿는다고 고백하고, 이 고백위에 구원이 있다는 것을 가르쳤다.

그러나 김세윤은 아버지에게서 나셨다(독생자)고 하는 이 표현을 거부하기 위해 '독종자'(獨種子)라고 주장한다. 여기서 말하는 '독종자'는 '피조된 하나의 종'이라고 하는 의미이다. 그러므로 김세윤은 예수를 하나님의 아들로 인식하는 것이 삼위일체 시작이라고 한다. 여기에서 하나님의 아들로 인식하는 것은 하나님의 아들로 믿는 것과 다르다. 인식은 깨달음이다. 예수가 하나님의 아들이라고 하는 것을 깨달아야 올바른 삼위일체 신앙이라고 주장하지만 우리는 예수가 하나님의 영원한 아들이며 하나님이라고 믿는다. 예수는 하나님과 같은 것이 아니라 예수는 하나님이시다. 이것이 우리의 신앙 고백이다.

결론적으로, 김세윤은 아리우스적으로 예수를 이해하는 것 같다. 2000년 동안 교회는 성경과 사도들과 교부들에 의해 확립된 신앙의 진리를 계속 고수하고 발전시켰다. 그런데 김세윤은 인간 예수가 하나님의 아들이라고 하는 인식이 바울과 제자들이 가르쳤던 기독교라고 주장한다.

지금까지 김세윤은 자신의 책을 통해 말하고자 한 것이 바로 '예수는 인간이다'라는 것이다. **과연 김세윤 신학에서 정통 삼위일체 하나님이 고백되는지 의문이다.** 누구든지 우리는 신학자들의 신학을 비판할 수 있다. 아무리 뛰어난 사람이라고 할지라도 성경과 교리에 벗어나면 비판의 대상이 된다. 우리가 개혁주의 신학을 지향하고 연구하는 것은 딱 한 가지다. 그것은 성경을 바르게 해석하고 진리를 바르게 증거하기 위해 도움을 얻기 때문이다. 과연 김세윤의 신학이 성경을 바르게 해석하거나 진리를 전하는데 도움이 되는지 의문이다. 모든 목회자들은 김세윤의 신학을 잘 분별해야 할 것이다.

6. 김세윤의 구원은 '하나님과 같이 되는 것'이다

이사야 선지자는 다음과 같이 말했다.

> 그의 앞에는 모든 열방이 아무것도 아니라 그는 그들을 없는 것 같이, 빈 것 같이 여기시느니라(사 40:17).

> 나는 하나님이라 나 외에 다른 이가 없느니라 나는 하나님이라 나 같은 이가 없느니라 내가 시초부터 종말을 알리며 아직 이루지 아니한 일을 옛적부터 보이고 이르기를 나의 뜻이 설 것이니 내가 나의 모든 기뻐하는 것을 이루리라(사 46:9-10).

하나님은 만물이 필요하셨기 때문에 창조하신 것이 아니다. 다만 하나님이 만물을 지으시고 그 피조물들이 하나님을 찬양하는 것을 기뻐하셨기 때문에 만물을 창조하셨다. 그래서 만물은 하나님의 뜻대로, 즉 하나님의 선하시고 기쁘신 뜻대로 존재하게 된다. 사도 바울은 아테네 사람들에게 전도하면서 이렇게 선포했다.

> 우주와 그 가운데 있는 만물을 지으신 하나님께서는 천지의 주재시니 손으로 지은 전에 계시지 아니하시고 또 무엇이 부족한 것처럼 사람의 손으로 섬김을 받으시는 것이 아니니 이는 만민에게 생명과 호흡과 만물을 친히 주시는 이심이라(행17:24-25).

어떤 피조물이 완전하고 온전하게 된다고 해도 하나님과 같이 될 수는 없다. 인간이 구원에 이른다고 하여 하나님과 같이 될 수 있는 것은 아니다. 그러나 김세윤은 예수께서 가져오는 온전한 구원이란 바로 인간이 하나님과 같이 되는 것이라고 했다. 다음은 김세윤이 한 말이다.

> 인간의 피조물적 한계성을 극복하고 무한하고 영원한 하나님 세계에 참여하는 것, 신성을 입어 하나님과 같이 되는 것, 예수께서는 그러한 온전한 구원을 가져오는 메시아이다.[16]

> 아포데오시스(*apotheosis*) 즉 인간이 참으로 하나님 같이 됨을 뜻하는데 그런 구원을 예수는 '하나님 나라'라는 말로 표현한 것입니다.[17]

김세윤 신학에서 인간의 구원은 하나님과 같이 되는 것이다. 인간이 하나님과 같이 되는 것을 위해 예수가 메시아로 하나님 나라 운동을 전개한 것이다.

과연 피조물이 완전성을 회복하고 구원을 얻는다고 해서 하나님과 같이 될 수 있을까?

그럴 수 없다는 것은 너무도 자명한 성경적 진리이다.

그럼에도 불구하고 김세윤이 이렇게 주장하는 이유는 무엇인가?

---

16 김세윤, 『요한복음 강해』, 54.
17 김세윤, 『주기도문 강해』, 118.

그 이유는 **김세윤 신학에서 탕자는 아담**[18]이기 때문이다. 이 아담은 '결핍의 존재'이다. 그렇기 때문에 예수가 메시아로 하나님 나라 운동을 전개하여 아담의 결핍을 완전하게 채워서 회복한 것이다. 그는 구원이 하나님의 충만하심이라고 주장한다.

그러므로 이 하나님의 충만(플레로마)은 곧 하나님의 무한으로 이루어지는 삶으로 나간다. 이것이 바로 성경에서 의미하는 영생이라고 본다. 김세윤은 인간이 하나님과 같이 되는 것이 구원이라고 보는 이유는 아담의 결핍이 하나님의 충만으로 채워지면 아담이 하나님과 같이 된다고 보고 있기 때문이다. 그러므로 인간이 하나님과 같이 되는 것이 김세윤이 주장하는 구원이다.

정통 신학에서 인간은 결핍의 존재가 아니다. 인간은 죄로 타락한 부패한 존재이다. 인간이 하나님과의 언약을 파괴하는 죄를 범하여 타락한 것이다. 이 죄로 인해 모든 고난들이 왔다. 모든 책임은 인간에게 있다. 그러나 김세윤은 결핍으로부터 모든 고난들이 온다고 한다. 결핍의 책임은 인간에게 있는 것이 아니다. 그것은 창조주에게 있다. 타락한 인간은 여전히 모든 책임을 창조주에게 전가 시키려고 한다. 김세윤의 신학은 무엇인가 독특하다. 그러나 독특하다고 해서 바른 신학과 신앙이 되는 것이 아니다. 오히려 자신만의 독특함이 모든 교회와 성도들에게 해를 가하는 독이 될 수 있다.

구원받은 성도가 마지막 말에 천상에서 주님과 함께 있다고 해도 여전히 성도는 피조물이다. 삼위일체 한 분 하나님을 경배하고 예배

---

18 새 관점 학파에서 '탕자'는 바빌론에서 돌아왔지만 아직 회복하지 못한 상태로 이해한다. 김세윤은 '아담적 실존의 회복'을 주장하지만, 톰 라이트는 '유대 회복'을 주장하는 것이다(편집자 주).

하는 하나님 나라의 백성들로 존재한다. 처음부터 하나님께서 창조하신 피조물이다. 아무리 뛰어난 신적 능력을 가진다고 해도 여전히 피조물이다.

이런 피조물이 어떻게 신성을 입어 하나님과 같이 될 수 있는가?

7. 김세윤은 성경의 무오성과 완정성을 부인한다

웨스트민스터 신앙고백서에서 '성경'에 대하여 가장 먼저 언급한 이유는 개혁신학자들이 성경에 대한 바른 이해가 없으면 결코 바른 신 지식에 이를 수 없다는 것을 실감하였기 때문이다.

그런데 선지자의 예언처럼 유럽과 세계 기독교는 성경 권위를 불신하고 자의적으로 해체했다. 자유주의와 현대 신학에서 성경 본문이 사본학적으로 불일치하다고 주장하며, 후대 교회가 삽입하면서 성경 본문이 완성되었다고 주장한다. 이러한 주장은 결국 성경은 인간이 조합해낸 순수 인간 작품 수준에 불과하다. 이러한 성경 본문 이해는 성경 본문 중에서 더 복음적이고, 덜 복음적인 부분들이 있다고 본문 비평을 한다. 우리가 알고 있는 김세윤도 그러한 학자 중 한 사람이다.

김세윤은 이렇게 성경에 대하여 불완전한 사본학적인 주장을 하므로 '여자는 남자에게 순종해야 한다'는 말씀에 대한 부분을 잘못 해석하고 있다.

> 갈라디아서 3:28과 고린도전서 14:34-35 중 어느 구절이 그리스도의 복음에 더 정확한 표현인지를 생각해야 합니다.

우리가 그리스도 안에서 이루어진 새 창조의 복음과 질서를 더 존중해야 하겠습니까?
아니면 고린도전서 11:2-16의 바울이 논지를 펴다가 마는 옛 창조의 질서에 더 강조점을 두어야겠습니까?
고린도전서 11장에서 바울이 임시적으로 펴는 옛 창조 질서에 대한 호소를 더 존중해야 합니까?[19]

김세윤의 주장은 성경의 무오성과 완전성 그리고 충족성을 인정하지 않는 것이다. 모든 성경은 하나님의 말씀이다. 그리고 각각의 성경이 가르치는 것이 다른 부분보다 더 뛰어나고 덜하지 않는다. 갈라디아서와 고린도전서에서 바울은 각각 그 가르치는 바가 다르다.

하지만 김세윤은 탁월한 언어 능력으로 성경 본문을 파헤쳐 바울이 서로 다르게 이야기 하고 있다고 주장한다. 그래서 성경에서 예수님께서 가르치는 복음에 더 적합한 가르침이 독자들에게 있어 좋은 가르침을 선택해야 한다고 주장한다. 그리고 자신의 학문의 세계를 이끌고 나가기 위해서 자신의 신학에 맞는 성경 구절만이 하나님의 말씀이 되고 복음이 되는 것이다. 이것이 바로 김세윤의 신학세계이다.

여자들에게 교회 공예배에서 기도하고 설교하도록 허락한 것을 보면(고전 11장), 교회 내에서 여자의 리더십을 인정한 것입니다(고전 14:34-36은 사본학적으로 불안한 부분으로서 나중에 삽입되었을 가능성이 높음). 갈라디아서 3:28에 나타난 대로 그리스

---

19 김세윤, 『신학세계』(서울: 이레서원, 2009), 210.

도 안에서 이미 실현되기 시작한 종말의 새 창조 속에서는, 옛 창조의 대표적인 구분들이 무의미하게 만들었습니다. 유대인들이나 헬라인들이나, 남자나 여자나, 성전이나 종의 구별이 없어진다는 것입니다. 이것이 교회의 현실이 되어야 합니다.[20]

뿐만 아니라 김세윤은 성경을 자의적으로 해석했다. 사도 바울이 갈라디아서 3장에서 무엇을 말하려고 하는지를 전혀 이해하지 못하고 있는 것이다. 갈라디아서 3장은 남녀의 평등사상을 말하는 것이 아니라 복음이 모든 사람들, 즉 인종과 지역과 신분을 뛰어넘어 구원이 이루어진다고 하는 것이다. 또한 고린도 교회에게 바울이 공예배 가운데 여자에게 기도하고 설교하라고 하는 말씀이 없음에도 불구하고 마치 사도 바울이 공예배 가운데 여자가 기도하고 설교하게 했다고 거짓을 주장한다.

김세윤의 주장대로라면 '구약은 신약보다 덜 복음적인가?'라고 반문할 수 있다. 하지만 그렇지 않다. 인간이 하나님과의 언약을 배반하고 버린 즉시 하나님은 인간에게 은혜의 언약을 맺으셨다. 구약에 나타난 은혜 언약의 다양한 방식은 구약 백성들이 구원받고 하나님을 믿는 그 신앙에 있어서 전혀 부족하지 않았다. 비록 그림자로 주셨지만 신약 백성들이 하나님의 아들이신 예수를 믿고 구원받는 그 신앙에 비교하여 부족한 것이 아니었다.

그러므로 모든 성경은 하나님의 말씀이다. 그리고 각각의 말씀이 서로 진리를 드러내기 위해 보완하여주고 보충하여 준다. 어떤 말씀

---

20 김세윤, 『신학세계』, 317.

은 덜 복음적이고 더 복음적이지 않다. 동일한 복음의 말씀이다. 만일 성경의 말씀이 서로 상대적이라면, 복음에 대한 진리를 다르게 나타내고 있다면 우리는 성경이 하나님의 말씀이라고 믿지 않아도 된다.

성경은 모든 과거나 현재나 앞으로 다가오는 미래에 대하여 상황과 환경이 바뀐다고 할지라도 원리를 제공한다. 하나님의 말씀은 항상 그 시대에 말씀하시는 것이다. 과거에 그렇게 말씀하셨다면, 오늘날에도 동일하게 말씀하시는 것이다. 이것이 살아계신 하나님의 말씀이고, 불변하신 하나님의 속성이라고 하는 것을 알 수 있다.

성경이 사본학적으로 후대와 편집되었다고 하는 것을 추측하여 말하는 것(구체적이고 역사적인 사실과는 전혀 상관없이 그저 학문적인 추측 논리로 말한다)은 마치 진화론자들이 우주 탄생의 기원에 대하여 가설로 말하는 것을 믿는 것과 같은 것이다. 김세윤의 사본학적 이해는 탁월한 학문은 될지 몰라도 바른 믿음을 추구하는 것이 아니다. 김세윤의 신학은 하나님께서 예레미야에게 말씀하신 선한 길, 즉 옛적 길(복음의 길)을 파괴하고 "곁길 곧 닦지 아니한 길"(렘 18:15)을 만들고 있는 사람이 분명하다.

8. 김세윤은 여성 안수 주장을 위해 정통 성경 해석을 부인한다

20세기 최고 신학자로 칼 바르트를 일컫는다. 바르트가 최고가 된 것은 영향력 때문이다. 2,000년 동안 지켜온 기독교의 순수한 교리를 자신의 신학으로 재구성하여 제시했는데, 추종하는 신학자들과 교회가 너무나 많다. 그가 사용하는 신학적 언어가 정통 신학의 언어와 유사하여도 전제와 내용은 전혀 다르다. 바르트의 신학을 언급하는 이 유는, 성경의 무오성(無誤, inerrancy)을 거부하고 성경의 무류성(無謬, infallibility)을 주장하기 때문이다.

성경에 대한 바르트의 태도는 하나님의 말씀은 성경 이외의 다른 근원을 통해서 사람에게 올 수 있으며, 기타의 종교적 문헌과 전혀 종교적이 아닌 문헌도 하나님의 말씀의 근원이 될 수 있기 때문에 그 위험성을 내포하고 있는 것이다.[21] 이점에 관해서 라인홀드 니버가 교회의 직분에 있어서 여자들의 지위에 관해 다음과 같이 말했다.

> 어떤 근본주의 신학자들은 성경 본문을 인용하면서 여자에게 온당한 지위를 주지 않으려고 한다. 만일 교회가 기독교적 근거에 기초해서 그런 논쟁을 중단하고 종교 속에 숭고한 높음이 있듯이 일반 세속적인 관념에도 알려지지 않은 원시적 깊음이 있다는 것을 솔직히 인정하려면, 아마도 교회는 보다 과감하게 기독교 이하적인 표준들을 마땅히 극복해야 할 것이다. 그렇다고 해서 우리가 세속주의자가 되라고 설득시키는 것은 아니다. 다만 우리는 기꺼이 세속적인 관념주의가 이따금씩 경우에 따라 하나님의 말씀을 말할 수 있도록 해야 한다.[22]

이 같은 말을 바꾸어 말한다면 니버에게 있어서는 세속적인 관념주의가 성경이 우리에게 말해 주는 것보다도 더 잘 하나님의 말씀을 말해

---

21 프란시스 A. 쉐퍼, 『오늘날 교회의 사명』(*The Church Before the Watching World*), 권혁봉 역 (서울: 생명의말씀사, 1996), 184.
22 프란시스 A. 쉐퍼, 『오늘날 교회의 사명』, 184.

줄 수 있는 때가 있다는 것이다. 프란시스 쉐퍼가 지적하고 있는 것처럼, 이제 우리가 살고 있는 시대는 이미 하나님의 말씀과 성경은 일치할 수도 있으나 그렇지 않을 수도 있다고 주장하는 시대가 되었다.

최근 김세윤도 성경 가운데 일부는 불안정한 사본이라고 말함으로 성경을 왜곡시키는 발언을 서슴지 않았다.[23] 그는 이미 2004년도에 목회와 신학에서 자신의 위험스러운 성경 해석을 한국 교회에 보여주었다. 김세윤의 신학적 주장은 여성이 교회 내에서 가르치고, 가르치지 않는 문제가 아니라 성경관의 문제라고 보아야 한다. 다시 말해 성경 해석에 있어서 성경을 무오한 하나님의 말씀으로 보는 것인지, 그렇지 않는 것인지에 대한 문제인 것이다.

여기에 대해서 개혁신학은 우리에게 분명히 말해 주고 있다. 성경은 무오한 하나님의 말씀이며 앞으로 다가올 시대, 즉 문화가 쉽게 변화하는 시대에 대하여 불변하는 진리임을 천명하고 있다. 따라서 우리는 성경이 정확 무오한 하나님의 말씀이며, 특히 여성이 교회 내에서 가져야 할 위치가 무엇인지 성경을 통해 배워야 할 것이다.

아래는 교회 안에서 여성 리더십에 대한 개혁파 신학자들의 성경 해석 견해이다.

---

23 김세윤, "성경은 남성과 여성에게 무엇을 말하고 있나,"「목회와 신학」, 2004년 5월호, 66.

1) 교회 내 여성 리더십에 대한 개혁된 신학자들의 성경 해석

(1) 칼빈[24]

> 또 이와 같이 여자들도 아담한 옷을 입으며 염치와 정절로 자기를 단장하고 땋은 머리와 금이나 진주나 값진 옷으로 하지 말고 오직 선행으로 하기를 원하라 이것이 하나님을 공경한다 하는 자들에게 마땅한 것이니라 여자는 일절 순종함으로 종용히 배우라 여자의 가르치는 것과 남자를 주관하는 것을 허락지 아니하노니 오직 종용할찌니라 이는 아담이 먼저 지음을 받고 이와가 그 후며 아담이 꾀임을 보지 아니하고 여자가 꾀임을 보아 죄에 빠졌음이니라 그러나 여자들이 만일 정절로써 믿음과 사랑과 거룩함에 거하면 그 해산함으로 구원을 얻으리라(딤전 2:9-15).

칼빈은 이 말씀에서 여성은 바울의 가르침대로 종용하게 배울 것을 당부하고 있는데, 이 종용이란 침묵을 의미한다. 곧 그들이 공적인 장소에서 이야기하려고 나서지 말아야 한다는 뜻으로, 그는 당장 그들에게 가르치는 것을 금함으로써 이 점을 더욱 더 명백하게 하고 있다.

계속해서 칼빈은 바울이 여자에게서 자신의 가족들을 가르치는 임무를 빼앗고 있는 것이 아니라, 하나님께서 전적으로 남자에게 맡겨 주신 가르치는 직분에서 그들을 제외시키고 있는 것이라고 한다.

---

[24] 존 칼빈, 『디모데전서 주석』(서울: 성서원, 1999).

혹 어떤 사람이 드보라와 그밖에 하나님께서 구약에서 백성을 다스리도록 지명하신 여자들의 경우를 들면서 이 원칙에 도전한다면 거기에 대한 답변은, 곧 하나님의 비상한 행위가 여자들을 그대로 두고자 하는 일상적인 원칙을 없애버리는 것이 아니라는 점을 말한다.

따라서 과거에 여자들이 선지자와 교사의 직무를 맡고 하나님의 영에 의해서 그렇게 하도록 이끌림을 받았다 하더라도 그것은 모든 법을 초월하는 하나님께서 하실 수 있는 일이요, 그것은 특이한 경우이므로 지속적이요, 습관적인 원칙에 위배되는 것이 아니다.

지금 바울은 가르치는 직분과 밀접하게 관련되는 것을 말한다. 곧 남자를 주관하는 문제에 대해서 이야기하고 있는 것이다. 여자들이 가르치는 일에서 배제되는 이유는 여자가 먼저 타락했다고 성경은 말하고 있기 때문이다. 이 말은 여자가 남자보다 부족하거나 어리석기 때문이 아니다. 단지 하나님께서 창조하신 법도와 법을 먼저 어기고 타락하였기 때문에 처벌형식으로 금하고 있다는 말씀이다.

결국 사도 바울은 교회 내에서 여성은 잠잠하고 종용히 배워야 한다는 것을 하나님의 창조 질서를 통해서 정해놓으신 원칙이라고 우리들에게 가르쳐 주고 있다.

(2) 윌리엄 핸드릭슨

디모데전서 2:11-15에서 사도는 지식을 얻는 것과 나누는 일(배우는 일과 가르치는 일)에 대하여 몇 가지 지침들을 준다.

> 여자는 일체 순종함으로 조용히 배우라 여자가 가르치는 것과 남자를 주관하는 것을 허락하지 아니하노니 오직 조용할

지니라 이는 아담이 먼저 지음을 받고 하와가 그 후며 아담이 속은 것이 아니고 여자가 속아 죄에 빠졌음이라 그러나 여자들이 만일 정숙함으로써 믿음과 사랑과 거룩함에 거하면 그의 해산함으로 구원을 얻으리라(딤전 2:11-15).

핸드릭슨은 더 분명하고 확실하게 위 본문의 말씀을 다음과 같이 해석하고 있다.

> 말씀들이 의미하는 바는, 하나님께서 여자를 창조하신 바로 그 목적에 비추어서 적합하지 않은 활동의 영역을 여자가 침범하지 말라는 것이다. 이는 마치 새가 물 밑에 둥우리를 지으려고 해서는 안 되는 것과 같으며, 또한 물고기가 육지에서 살려고 하지 말아야 하는 것과 같다. 여자는 공중예배에서 남자를 가르침으로 하여 남자를 주관하려고 해서는 안 된다. 여자 자신이나 교회의 영적 복리를 위하여 신적 권위를 거룩하지 않게 함부로 사용하려는 일을 금하는 것이다 … 여자도 하나님의 모든 구원의 축복들에 참여함에 있어서 남자들과 영적으로 완전히 동등하다(갈 3:28. "남자나 여자가 있을 수 없다").

김세윤은 이 구절의 해석을 신분뿐 아니라 기능까지도 하나라고 해석하고 있다. 이러한 해석은 자의적인 해석으로 성경을 완전히 왜곡하는 것이다.[25]

---

[25] 김세윤, "성경은 남성과 여성에게 무엇을 말하고 있나,"「목회와 신학」, 2004년 5월호, 59.

그러나 이 사실은 여자로서의 그녀의 본질에 있어서 어떤 변화가 있는 것을 함의하거나 여자로서 행하도록 되어 있는 직무에 어떤 변화가 있음을 함의 하지 않는다. 여자는 여자이어야 한다. 그 외의 어떤 것도 바울은 허락할 수가 없는 것이다. 하나님의 거룩한 율법이 그것을 허락하지 않기 때문에 바울은 그것을 허락할 수가 없다(고전 14:34). 그 하나님의 율법은 오경에 명시된 대로 하나님의 의지이다.

이로써 가르치는 것, 즉 공적으로 설교하는 것 그리고 공중 예배시 말씀을 선포함으로 해서 남자를 주관하는 것, 통치하는 것은 여자에게 옳지 못하다. 여자는 선생의 역할을 떠맡아서는 안 된다.

계속해서 핸드릭슨은 하나님의 창조 질서를 통해 여자가 남자에게 순종하는 역할이 주어졌다고 말하고 있고, 인간의 범죄에 대하여서도 여자가 선도자이었고, 남자는 추종자이었음을 말한다. 하나님의 정해준 순서를 뒤바꿔서는 안 되며 그녀를 위해서 의도하지 않은 역할을 맡아서는 안 된다고 주장하고 있다.

뿐만 아니라 하와의 딸들은 가르치거나 다스리거나 지도하지 말고, 오직 배우고 순복하고, 앞장서지 말아야 한다고 언급한다.[26]

(3) 로버트 L. 레이몬드[27]

바울은 여자들이 남자들에게 가르치거나 권위를 행사하는 것을 분명하게 금하고 있으며, 교회에서 조용히 하라고 한다(딤전 2:12; 고전 14:33-36). 장로들이 바로 그 기능을 수행하는 것이므로 여자들은

---

26 윌리엄 헨드릭슨,『목회서신』, 나용화 역 (서울: 아가페출판사, 1989), 154.
27 로버트 L. 레이몬드,『바울의 생애와 신학』, 원광연 역 (서울: 크리스천 다이제스트, 2003, 619-620.

자연히 이 직분을 취하는 것이 금지 되는 것이다. 또한 디모데전서 3:2-7과 디도서 1:6-9의 장로의 자격 요건들은 장로들이 남자들이라는 것을 전제로 하고 있다. 장로는 '한 여자를 두는 남자'로서 '자기 집을 잘 다스려 자녀들로 모든 공손함으로 복종하게 하는 자'여야 한다.

특별한 예외가 있기는 하지만(예컨대 드브라와 훌다), 일반적인 상황에서는 하나님의 백성 가운데 남자가 지도력을 취하는 것이 성경 전체의 일관된 패턴이다. 예수님께서도 남자들만을 제자로 지명하셨다. 김세윤은 예수님께서 남자들만을 제자로 지명한 것은 그 시대의 문화에 적응을 하기 위한 목적이었다고 한다.[28] 하지만 이러한 주장 또한 사변적인 것이다.

그렇다면 예수님께서 남자로 성육신한 것도 사회적인 문화에 적응하기 위함인가?

여자를 장로로 임직시키는 교회는 성경의 일관성 있는 증언과 사실과 교회사 전체를 통틀어서 나타나는 교회의 한결같은 질서를 무시하는 것이다.

(4) 결론

우리는 더 많은 개혁주의 신학자들이 이 점에 있어서 한결 같은 주장을 하고 있다는 것을 알 수 있으나, 지면 관계상 자제하기로 한다. 오늘날 자유주의 신학자들과 성경비평학자들은 개혁주의 신학에 대하여 아주 폄하하고 있다. 그들은 개혁주의는 그 시대의 산물이라고 말한다. 그러나 개혁주의 신학을 공부하고 개혁신학자들의 신학을 연

---

28 김세윤, "성경은 남성과 여성에게 무엇을 말하고 있나," 「목회와 신학」, 2004년 5월호, 63.

구하는 것은 오직 성경을 바르게 해석하기 위한 도구이기 때문이다. 아무리 훌륭하고 위대한 신학이라도 성경을 바르게 해석해주지 않거나 왜곡하는 것은 쓰레기나 다름없는 것이다.

우리가 이처럼 개혁주의 신학자들의 성경 해석을 살펴본 이유는 오직 성경이 어떻게 말씀하고 있는가를 확인하기 위함이다. 성경 해석을 사변으로 하면 결국 성경은 하나님의 말씀이 아니라 인간의 저작물에 지나지 않는다. 따라서 수많은 개혁주의 신학자들의 주장대로 교회 안에서 여자는 가르치는 일과 주관하는 일을 해서는 안 된다.

김세윤은 "구약의 의식법이 더 이상 그리스도인들에게 구속력이 없다"고 한 칼빈을 인용하지만,[29] 칼빈은 이 부분에 있어서 가장 중요한 구원과 관련해서 구약의 의식법이 효력이 없다는 것이지, 성경이 주장하는 남녀의 기능과 역할을 무효하게 하는 것으로 해석하지 않는다.

김세윤의 성경 해석은 너무나 사변적이라는 것을 알 수 있다. 성경의 문맥적인 의미를 파악하지 않고 단지 문자적으로만 시대와 상황을 해석하는 것은 결국 성경을 왜곡하는 것이다.

9. 칭의에 대하여 개혁교회가 이미 배격한 사상을 주장하고 있다

과거나 현재나 여전히 뜨거운 논쟁의 대상 가운데 하나가 바로 죄인이 의인되는 신학적 논의다. 정통 신학은 죄인이 믿음으로 의롭게 된다고 하는 이신칭의가 종교개혁의 시작이라고 본다. 그렇다면 이

---

[29] 김세윤, "성경은 남성과 여성에게 무엇을 말하고 있나," 「목회와 신학」, 2004년 5월호, 69.

신칭의가 종교개혁의 산물인지, 아니면 사도 바울이 믿음으로 구원을 얻는다고 하는 이 주장을 후대의 신학자들이 잘못 이해하고 받아들였는지 한번쯤 다시 뒤돌아 볼 필요가 반드시 있다.

오늘날 현대 신학은 정통 교회의 이신칭의를 거부하고 있다. 그 이유로 주장되는 것은 교회가(성도들이) 거룩한 삶을 살지 못한다는 것이다.

그렇다면 칭의와 성도의 삶은 어떤 관계가 있는가?

현대 신학이 칭의를 논하면서 루터와 칼빈의 칭의론이 바울이 가르쳤던 칭의와 다르다고 말한다. 그 대표자가 김세윤이다. 그는 자신의 책 『복음이란 무엇인가』에서 이렇게 주장하고 있다.

> 오늘날의 교회도 신약 성경의 모범을 따라 복음을 다양하게 그리고 포괄적으로 선포하여야 합니다. 복음을 다양하게 선포하는 것은 교회가 처한 시대와 장소의 구체적 적합성을 잘 나타낼 수 있습니다. 복음을 포괄적으로 선포하는 것은 균형 있고 건전한 신앙생활을 유발시키는 것입니다. 성경에 무식하고 신학적 통찰력이 부족한 가운데 오로지 '보수'만을 외치는 그리스도인들은 복음을 시대와 처지를 물론하고 오로지 종교개혁가들식으로만, 그러니까 바울의 '의인됨'의 범주로만, 그것도 포괄적으로 옳게 이해된 '의인됨'이 아니라 오직 '무죄 선언됨'의 측면으로만 이해된 '의인됨'의 범주로만 선포해야 한다고 주장하기도 합니다. 그들은 그렇게 함으로써 역설적으로 그들이 '보수'한다는 성경의 많은 가르침을 무시해 버리는 우를 범할 뿐 아니라, 복음을 심각하게 왜곡하고 그리

> 하여 복음이 가져다주는 구원이 일어나지 못하게 하는 큰 오
> 류를 범하는 것입니다. 한국의 성도들의 성경과 신학에 대한
> 이해도 이제는 좀 더 성숙해져야 합니다. 그리하여 그리스도
> 의 복음이 포괄적으로, 그러면서도 삶의 정황에 적합하게 선
> 포되어야 하고, 그럼으로써 복음이 가져오는 구원이 개인과
> 사회의 삶에 첫 열매의 형태로나마 구체화되어 나타나게 해
> 야 합니다.[30]

김세윤은 정통 교회가 단지 무죄 선언됨의 측면에서만 칭의를 주장하고 있다고 말한다. 다시 말해 법정적 칭의는 오류를 포함한 칭의론이라고 하는 것이다.

과연 김세윤의 주장처럼 정통 교회가 무죄 선언의 측면에서만 이신칭의를 말하는 것인가?

하지만 오히려 김세윤은 자신의 신학이 정당하다는 것을 주장하기 위해 성경을 왜곡하고 있다.

왜 한국 교회가 김세윤 신학을 비판하지 않는가?

어마어마한 직함을 가지고 있는 사람이라 할지라도 성경을 왜곡하면 거짓 교사가 될 뿐이다. 지금부터 김세윤 신학이 성경을 왜곡한다는 것을 밝히고자 한다. **복음(칭의)은 그 시대의 상황과 환경에 의해 변하지 않는다.** 김세윤은 복음을 다양하게 선포함으로 교회가 처한 시대와 장소의 구체적 적합성을 잘 나타내야 한다고 주장한다. 그렇기 때문에 무죄 선언됨의 측면으로만 칭의를 이해해서는 안 된다는 것이다.

---

30 김세윤, 『복음이란 무엇인가』, 210.

그러나 복음은 인간의 상황과 환경에 의해 변하지 않는다. 복음이 담고 있는 모든 내용은 오로지 인간이 죄인이라고 하는 진리이다. 모든 사람이 하나님의 의에 이르지 못한다. 이 세상에 의인은 없다. 죄인이 믿음으로 의인이 된다고 하는 것은 성경의 가르침이다. 율법과 인간의 행위로 의를 취득하지 못한다. 오직 하나님의 선언만이 죄인이 의인이 된다. 죄인이 의인이 되는 것은 믿음으로 된다.

하지만 이것도 하나님께서 죄인을 선택하여 자기 백성으로 삼으시려고 하는 선택보다 앞서지 못한다. 따라서 택자는 믿음을 선물로 받아 의롭다고 여김을 받는다. 여기에서도 인간이 할 수 있는 것은 아무것도 없다.

그런데 김세윤 신학은 인간이 최선의 노력으로 거룩하게 살아가면서 하나님이 주시는 의를 취득하는 것을 말한다. 하나님이 죄인을 의롭게 한다고 하는 것을 믿어도 마지막 심판의 자리에 이르러서 선언하시는 그 선언만이 의인이 되는 것으로 가르친다. 마지막 심판의 자리에서 하나님께서 의롭다고 하시는 의인이 되기 위해서는 삶속에서 거룩함이 나타나야 한다는 것이다.

김세윤에 의하면 의롭다고 선언 받아도 거룩하게 살지 못하면 죄인이 의인이 되는 것이 아니다. 예수를 믿어 의롭게 되어도 아직은 의인이 아니고 최종 심판의 자리에서 결정이 되기까지 유보된다고 하는 것이다. 이러한 그의 가르침은 정통 교회의 법정적 칭의는 반쪽짜리 칭의로 여기는 것이다.

이렇게 김세윤은 일명 유보적 칭의를 주장하는 이유는 법정적 칭의의 개념을 바르게 이해하지 못한 결과이다. 그는 법정적 칭의가 무죄 선언만 하는 칭의라고 본다.

그러나 법정적 칭의는 죄인이 의롭다고 하는 무죄 선언으로만 되는 것을 말하지 않는다. 존 칼빈은 성경에서 말하는 구원의 은혜는 이중 은혜라고 주장한다. 칭의와 성화가 동시에 일어나는 의인됨을 말했다. 죄인이 법정에서 일방적인 은혜로 죄가 있음에도 불구하고 무죄판결을 받으면 죄인의 내면에서는 자신이 다시 죄를 지으면 안 된다고 하는 내면의 변화가 일어나고 의롭게 살려고 하는 모습이 나타나는 것이다.

김세윤은 성경에서 가르쳐주는 칭의를 종교개혁가들이 무죄 선언만 하는 칭의로 가르쳤다고 하는데, 그것은 김세윤은 종교개혁가들의 책과 글들을 전혀 읽지 않고 말하는 무식한 말이다.

성경에서 예수를 믿으면 무죄하다고 가르친 곳이 어디에 있는가?

종교개혁가들이 예수를 믿으면 죄가 없다고 그렇게 가르치지 않았다. 성경은 예수를 구주로 믿어도 여전히 죄인이라고 가르친다. 바울도, 어거스틴도, 그리고 루터와 칼빈도 그렇게 가르쳤다. 김세윤의 주장대로라면 오늘날 종교개혁에서 가르치는 칭의는 마치 구원파가 가르치는 칭의와 같다.

성경에서 말씀하여 주시는 칭의는 우리가 하나님의 아들을 믿으면 그 아들의 피가 우리의 죄를 씻어주시는 것이 아니라 죄를 덮어 주시는 칭의이다. 구약에서부터 모형으로 계시된 어린 양의 피 제사가 바로 그것이었고, 신약에서 어린 양이신 예수께서 자신의 피를 흘리시므로 누구든지 아들을 믿으면 하나님이 그 피를 자기 백성들에게 뿌려주시는 것이라고 말씀하여 주시는 것이다. 한마디로 말해 예수를 믿으면 예수의 피가 그 사람에게 뿌려지는 것이다. 결국 죄를 덮어주신다. 시온좌에 동물의 피를 뿌려 덮어주시는 것과 같다.

법정적 칭의 개념이 바로 이것이다. 그런데 김세윤은 이 칭의를 바울이 말한 칭의가 아니라고 한다. 여기에서 김세윤의 잘못된 신학이 나타나는 것이다. 그는 예수 그리스도의 구속의 사건과 칭의를 연관시켜 이해하지 못하고 있다. 성도는 법정적으로 의롭다고 일컬음을 받아도 여전히 죄인이다. 그래서 성도는 날마다 그리스도께로 나간다. 자신에게 의로운 것이 없다는 것을 알기에 예수 그리스도께로 나가서 죄 용서를 구하고 사죄의 은총을 받아 기쁨을 누린다.

그 과정에서 성화가 계속 점진적으로 어떤 사람은 빨리, 또 어떤 사람은 느리게 나타나는 것이다. 그렇다고 해서 성화가 어떤 물질적인 것이 아니기 때문에 성화를 표준으로 만들 수 없는 것이다. 성화되었다고 해도 계속 성화되어 가는 것이 의롭다고 칭함 받은 성도의 삶인 것이다.

그러므로 칭의는 인간의 환경에 의해 변화되거나 상황 때문에 바뀌는 것이 아니다. 언제나 하나님께서 자신의 아들의 피를 믿는 자들에게 의롭다고 선언하여 주시는 은혜인 것이다. 이 사죄의 확신으로 성도는 오늘 그 자리에서 자신이 주 예수를 믿어 자신의 죄를 용서 받고 구원받았다고 하는 확신으로 산다.

김세윤이 말하는 칭의는 구원의 확신을 성도에게서 빼앗고 거룩한 삶을 살지 못하게 하는 왜곡된 칭의론이다. 뿐만 아니라 예수 그리스도께서 자신의 피로 이루신 구속의 사건을 완전히 인정하지 못하게 하는 거짓 가르침이다.

최근에 김세윤은 한 언론 매체에 한국 교회의 칭의론에 대하여 새로운 칭의론 정립을 주장했다. '칭의와 성화를 병행'하는 칭의를 말했으나 사실 이것은 그의 독창적인 주장이 아니다. 이미 칼빈은 이중칭의를 통해 칭의와 성화를 함께 말하였고, 개혁교회가 그것을 가르쳤기 때문이다.

그러나 김세윤이 말하는 칭의는 결국 성화가 없으면 의인이 될 수 없다고 하는 성화중심의 칭의이다. 인간의 행위가 하나님의 칭의를 이끌어내기 때문에 오히려 하나님의 주권을 상실하게 하는 것이다. 하나님의 주권은 오직 하나님의 영원한 아들이신 예수 그리스도를 통해서 선포되고 이루어지고 있다. 죄인이 의롭다고 일컬음을 받는 길은 사람의 행위로 말미암지 않고 오직 예수 그리스도를 믿음으로 말미암아 이루어진다고 성경은 말씀한다.

'의인은 믿음으로 말마암아 산다'는 이 말씀의 바른 해석은 '믿음으로 의롭게 된 자는 산다'이다. 성령께서 믿음으로 의롭게 된다고 하는 것을 말씀하여 주시고 있고, 의롭게 된 자는 믿음 안에서 계속 자신을 부인하며 거룩하게 사는 것이다. 이것이 바울이과 종교개혁가들이 가르쳐준 칭의다.

10. 김세윤은 종교개혁의 칭의의 의미를 이해하지 못하고 있다

김세윤은 자신의 책에서, 그리고 인터넷 매체에서 성도의 구원이 종말에 유보 되었다고 하는 것을 주장하는 신학자들이 자신의 책을 읽지 않고 바르게 이해하지 못한 수준에서 비판하고 있다고 주장했다.[31] 또

---

[31] "특별 인터뷰: 칭의론 논쟁, 김세윤 교수에게 듣는다," 〈코람데오닷컴〉, 2016.06.17. 〈http://www.kscoramdeo.com/news/articleView.html?idxno=9835〉 (2016.12.8 - 접속날짜).

한 자신을 비판하는 사람들에 대하여 인격적으로 비하를 모습도 볼 수 있다. 오히려 학자로서 자신이 무례한 행동을 보인 것이다.

김세윤은 자신의 유보적 종말론을 독자들에게 이해시키기 위해 "유보"(留保)라는 말을 "예약"(豫約)이라는 용어로 이해하면 된다고 말했다. '유보'와 '예약'이 영어에서 같은 말로 사용한다고 말했다.

그러나 과연 유보와 예약이 영어로 'reservation'이기 때문에 이 둘은 같은 의미가 되는가?

이것은 한국어에 대한 바른 의미를 잘 모르는 주장이다.

어떻게 유보와 예약이 같은 의미인가?

영어 'reservation'을 한국어로 번역하면 '예약'과 '유보'가 될 수 있는데, 단어가 사용되는 문맥에서는 '다른 의미'로 사용한다. 예를 들어 'take reservation'이라고 하면 '예약을 받는다'이지만 'reserve the right to make changes later'라고 하면 '권리를 행사하는 것을 미루었다'라는 의미가 된다. 김세윤은 성도가 의롭다고 하는 것이 종말에 유보되었다고 한다. 그 말은 하나님께서 의롭다고 하는 것을 선언하는 그 주권을 미루었다고 하는 것이다.

그런데 김세윤이 이렇게 유보와 예약을 같은 의미로 말하는 것을 보면서 황망함을 느낀다. 어떻게 이런 사람이 세계적인 신학자라는 지위를 가졌는지 다시 한 번 의심이 든다. 결국 매니지먼트를 통해 만들어진 사람이란 생각까지 들 정도이다.

또 김세윤은 인터뷰에서 종교개혁가들이 바울을 바르게 이해하지 못했다고 한다. 그런데 정작 김세윤은 자신은 종교개혁가들의 칭의론을 자세히 공부하지 않았다고 인터뷰 가운데 말하고 있다("종교개혁가들의 칭의론을 자세히 공부한 것은 아니지만" - 인터뷰 내용).

그런데 어떻게 종교개혁가들이 바울을 바르게 이해하지 못했다고 말할 수 있는가?

이런 모습은 학자의 모습이 아니다. 종교개혁가들의 칭의론을 공부하지 않는 김세윤은 더더욱 종교개혁가들의 칭의론을 비판해서는 안된다.

자세히 공부도 안한 사람이 어떻게 종교개혁가들의 신학을 비판할 수 있는가?

어불성설이다. 타인이 자신의 신학을 비판하면 책도 안 읽은 자들이라고 하면서 인격적인 폄하를 하면서, 정작 김세윤 자신은 종교개혁가들의 신학을 제대로 이해하지 않고 비판한 것이다.

신학자로서 기본이 되어 있지 않은 사람이 과연 신학을 말할 수 있을까?

혹자는 이렇게 물을 수 있다.

그렇다면 당신은 김세윤의 책을 읽고 이렇게 김세윤를 비판하고 있는가?

그렇다. 김세윤이 쓴 책을 거의 다 읽고 비판하고 있으며, 지금도 김세윤의 책을 읽고 있다. 바르게 이해했는지는 저자가 판단하겠지만 독서한 본문에 근거해서 비판하고 필자의 견해를 밝히고 있다. 책으로 출판한 순간 비록 지적소유권은 있지만 저술은 공공 자산이다. 아무리 소자의 견해라 할지라도 성심껏 읽고 최선을 다한 제시를 묵과시키면서, 정작 당사자는 비판하는 신학에 대해서 읽지 않았다는 것이 이해하기 어렵다.

김세윤의 칭의는 현재 확신할 수 없는 수준이다. 칭의가 종말까지 유보되어 성취되는 구조이기 때문이다. 이것을 주장하기 위해 독특한 수사학적인 표현을 한다.

그러나 성경은 아주 명료하고 확실하게 말한다. 모든 인간은 죄인이라고 말씀한다. 의인은 아무도 없다. 그러므로 죄인이 하나님 앞에 설 수 있게 유일한 방법이 '칭의된 성도'이다. 어떤 탁월한 윤리로도 그리스도의 십자가의 공로가 빠진 인간의 업적으로 하나님 앞에 설 수 없다. 거룩하신 하나님의 공의는 죄를 전혀 용납하지 않기 때문이다. 그 죄를 독생자의 구속 제사로 씻고 의롭다함을 받아 하나님 앞에 선다.

그런데 김세윤은 예수의 죽음의 의미를 깨닫고 하나님과 올바른 관계에 돌입하여 종말에 칭의가 되는 구조이다. 즉 칭의와 성화는 하나님과 올바른 관계에 있다는 것에 동의어이다.

그렇다면 "하나님의 진노의 날에" 구원을 얻게 해줄 수 있는 것은 무엇인가?

그것은 오직 '칭의'이다. 예수가 열어 놓은 하나님과 올바른 관계 맺는 길을 따라서 윤리적 결단을 하면서 살고, 마지막 때에 행한 대로 의롭다 함을 받는다. 이러한 구도에서도 김세윤은 자기 이론이 '행위 구원'이란 비판을 인정하지 않는다. 하나님의 큰 은혜를 말하기 때문이라고 한다. 하나님의 은혜와 윤리적 판단이 함께 있으면 행위 구원(반-펠라기우스적)이 되는 것을 진정 모르는지 궁금하기까지 하다. 하나님의 은혜를 말하면서 칭의된 자가 이탈될 수 있다고 하는 두 주장을 함께 하는 것도 모순된다.

죄인이 주 예수를 자신의 구주로 믿는 순간부터 신분이 변화되어 의인으로 살고 의인으로 죽는다. 이것이 종교개혁가들의 칭의이다. 단순하게 구원파식 칭의 이해가 아니다.

종교개혁의 칭의에는 그리스도의 구속(죄사함)의 은혜가 충만하다. 성령의 감동과 감화로 그리스도와 연합하여 십자가를 지며 자기를 부정할 것을 강조한다.

그러나 김세윤은 종교개혁의 칭의론을 모르는 것이 맞는 것 같다. 왜냐하면 십자가를 지는 삶, 자기부정에 대해서는 언급하지 않고 윤리적 선택과 차별철폐를 통한 평등주의를 강조하기 때문이다.

김세윤은 종교개혁의 칭의를 알지 못한 상태에서 종교개혁가들이 바울의 칭의를 잘못 이해했다고 비판한 것이다.

제 5 장
김세윤의 『칭의와 성화』 비평적 독서

고경태 박사
광주 주님의교회 담임목사

최덕성은 2015년 김세윤의 칭의 이해를 '유보적 칭의론'으로 규정했다. 그리고 이러한 개념은 종교개혁의 칭의 이해를 배격하며 거부한 이론으로 규정했다. 최덕성은 김세윤의 『칭의와 성화』의 저술을 중심으로 비평했다.

『칭의와 성화』는 김세윤의 체계적인 신학 저술은 아니다. 김세윤의 많은 저술들은 강연을 통해서 발표한 것을 두란노출판사와 함께 체계적으로 정리해서 출판한 저술들이 많다.

이러한 저술은 학문적으로 높은 가치를 주기는 어렵다. 김세윤은 세계적으로 명성이 있는 학자이겠지만, 한국에서 출판한 많은 저술들은 한국용이라고 볼 수 있다. 탁월한 강의이지만 학자의 저술에는 미치지 못할 것이다. 그런 강의 형식의 신학 도서는 독자들이 저자의 핵심 사상에 쉽게 접근할 수 있는 용이성이 있다. 심오한 신학 세계를 표현하지 않았기 때문에 더욱 그럴 것이다.

그러나 신학은 핵심 구조체가 중요하고, 변형이나 삭제가 가능한 내용들은 큰 의미가 없다. 필자는 『칭의와 성화』에서 저자의 핵심 사상이 있다고 평가했다. 김세윤의 신학을 잘 이해하는 것은 한국 교회의 영적 기상도(흐름)를 이해하는 중요한 과제이다.

김세윤의 사상은 한국 교회에서 많은 영향력을 행사하고 있다. 새 관점 학파인 톰 라이트의 저술이 범람하고 있지만 김세윤의 영향력은 감소하지 않는다.

한국 교회가 김세윤의 신학과 새 관점의 신학을 잘 구분하지 않고 혼용해서 취하고 있는 상황이라는 것을 알 수 있다. 두 신학이 모두 종교개혁의 이신칭의에 대해서 동일하게 대항하지만, 김세윤의 신학과 새 관점 학파의 견해도 세밀한 부분에서 일치하지 않는다. 새 관점 학파의 샌더스가 유대인의 이해에 코페르니쿠스적 전환(언약적 신율주의)을 이루었기 때문이다.

한국 교회는 1세기 유대 지역에 대한 학문적 정보가 취약하기 때문에 두 신학자의 견해를 세밀하게 구분하지 못한다. 신약학계의 연구자들도 명료하게 구분하는 학적 정보를 제공하지 않고 있다.

여기에서는 김세윤의 저서 『칭의와 성화』를 독서를 중심으로 김세윤의 신학을 제한해서 이해하는 것을 시도한다. 김세윤의 신학 구도를 명확하게 이해함으로 새 관점 학파의 차이점도 구분할 수 있는 계기가 되기를 기대한다.

1. 김세윤은 전통적 칭의 개념을 수정하는 것을 목적한다

먼저 김세윤은 전통적인 칭의론을 형벌을 수반한 대신적 속죄 행위(penal substitutionary theory of atonement)로 제시하며,[1] 바울 신학에 '새로운 칭의론'을 전개하려고 한다. 종교개혁의 칭의(이신칭의)에 대해서 트렌트 회의, 자유주의, 그 후 신학들이 모두 도전했다. 한국 교회에 이신칭의를 사랑하고 지지하는 많은 학도들이 있는 것은 종교개혁의 신앙을 한국 교회가 보수하고 증진하는 큰 사명이 있음을 알 수 있다.

김세윤은 기존 유대교에 대한 이해를 전환시키며 칭의 개념을 새롭게 한 새 관점에 대해서 비판했다. 『칭의와 성화』에서 김세윤은 자기 견해가 새 관점 학파와 같지 않음을 제시했다. 그렇기 때문에 일단은 김세윤 신학과 새 관점 학파(톰 라이트)는 다른 신학인 것을 인식해야 한다. 두 신학 진영이 모두 종교개혁 신학과 상관없는 신학을 전개하고 있음은 분명하며, 두 신학이 같지 않음도 분명하다.

김세윤은 '법정적 칭의'(크랜필드)[2] 개념에서 '관계적 칭의'(케제만)로 칭의 개념을 전환할 것을 제시했다. 김세윤은 그리스도의 속죄가 하나님과 올바른 관계로 회복하는 그림 언어로 제시했다. 그림언어는 칭의, 화해, 입양, 성화 등으로 제시했다. '그림언어'는 '은유'(隱喩, metaphor)에 대한 우리말이다.

---

[1] 김세윤, 『칭의와 성화』(서울: 두란노, 2013), 15.
[2] 크랜필드는 법정적 칭의를 창안한 학자는 아니다. 법정적 칭의를 누가 처음 제시했는지에 대해서는 명확하게 드러나지 않았다. 루터나 칼빈도 법정적 칭의 개념을 사용하지 않았다. '이신칭의'와 '법정적 칭의'가 동일한 사상으로 보지만, 동시에 발생한 것은 아니다.

엄밀하게 말해 김세윤에게 '칭의와 성화'가 그림언어이기 때문에 실체는 없고 단지 '구원'만 있을 뿐이다. 구원은 '창조주 하나님과 올바른 관계로 회복하여 하나님의 무한한 에너지로 충만에 참여하게 됨'이다.[3] 그리고 '구원의 결국'을 '하나님과 같이 됨'을 목표로 제시했다.[4] 하나님의 형상을 회복함, 하나님의 영광이 아닌 '[아포]데오시스'([apo]theosis)라고 했다. 김세윤은 신화(神化)에 대한 단어를 'deification'이란 단어 대신에 '[apo]theosis'를 사용한다. 'Deification'은 동방교회에서 사용하는 개념이고, '[apo]theosis'는 로마 황제가 사후(死後)에 신격화되는 과정이다. 그런데 김세윤은 그리스도인의 신화(神化)에 대해서 '아포데오시스'를 사용하는 독특한 면이 있다.

김세윤의 『칭의와 성화』에서는 칭의와 성화에 대해서 설명하는 것보다 '법정적 칭의'에 대한 문제점을 지적하고 대안을 제시하는 것에 중점을 두고 있다. 김세윤의 칭의 개념은 『구원이란 무엇인가』에서부터 변함없이 '관계적 칭의'를 견지하고 있다. 이 해석의 근거는 케제만(Ernst Käsemann, 1906-1998)의 견해를 따른 것이다. 관계적 칭의는 간접 기독론에 근거한 구원 이해이다. 법정적 칭의는 칼케돈 신경에 근거한 그리스도 이해에 근거한 것이다. 두 기독론이 다르듯이 관계적 칭의와 법정적 칭의도 다르다.

김세윤은 『칭의와 성화』에서 법정적 칭의를 전적으로 부정하지 않는 태도를 취하기 때문에 독자들이 명확하게 이해하는 데 혼선이

---

3 김세윤, 『칭의와 성화』, 57.

4 김세윤, 『칭의와 성화』, 58.

있다.[5] 김세윤에게 칭의는 법정적 칭의도 한 해석의 범주로 인정하는 듯하지만, 결국 관계적 칭의는 더 우세한 범주에 놓고 있어 법정적 칭의를 거부한다고 볼 수 있다. 법정적 칭의와 관계적 칭의가 병존할 수 없기 때문이다.[6] 필자는 김세윤이 관계론적 칭의로 문제를 해결하는 것이 아니라, 더 새로운 문제를 교회에 안겨주고 있다고 생각한다.

김세윤은 주장하기를 바른 칭의 이해는 "칭의가 종말론적으로 유보된 것"이라고 했다.[7] 이에 대해서 최덕성은 김세윤의 칭의 이해를 '유보적 칭의론'이라고 제시했다. 그럼에도 김세윤을 옹호하는 연구자들은 최 박사가 단정적으로 제시했다고 비난한다. 칭의가 종말에 유보되었다는 것은 김세윤 자신의 표현이다. 종말에 유보된 칭의 개념이 관계적 칭의에는 매우 부합하지만, 법정적 칭의와 전혀 부합되지 않는다.

그럼에도 김세윤은 법정적 칭의에 대해서 판단을 유보하는 회의적 자세가 있다. 법정적 칭의와 관계적 칭의는 한 사상 체계에서 공존할 수 있는 이해가 아니다. 김세윤은 예정과 함께 구원에서 탈락 가능성을 제시하는 구도도 갖고 있다. 마지막 부분에서 다룰 것이다.

앞에서 법정적 칭의에 대한 일말의 여지를 남겨둔 것[8]에 대해 이해하기 어렵다. 그럼에도 법정적 의미와 관계론적 의미에서 칭의가 종

---

5 김세윤, 『칭의와 성화』, 69.

6 '두 논리가 한 체계에 있을 가능성'에 대해서 톰 라이트는 두 개의 심장에 한 두뇌를 가진 '샴 쌍둥이'로 비유했다. '샴 쌍둥이'는 기형이지 일반이거나 이상적인 형태가 아니다. 다음의 책을 참고하라. 톰 라이트, 『칭의를 말하다』(*Justification: God's Plan and Paul's Vision*), 최현만 역 (서울: 에클레시아북스, 2012), 157.

7 김세윤, 『칭의와 성화』, 78.

8 김세윤, 『칭의와 성화』, 69.

말론적으로 유보되었다고 정의했다.[9] 그리고 그리스도의 대속의 죽음과 부활의 복음을 믿는 자들에게 구원의 사건이 효력이 발생한다고 했다.[10] 그래서 최후의 심판에서 칭의가 완성되어 의인으로 확인되고 하나님의 영광과 영생을 얻게 된다고 했다.[11] 김세윤은 칭의의 시작이란 개념보다는 하나님과 관계에 들어가는 것에서 완성으로 가는 구조다. 칭의의 시작이 매우 모호하다.

종말에 완성될 칭의 만을 강조하는 구도는 종교개혁의 법정적 칭의와 연관된 '의인이면서 죄인'(*simul justus et peccator*)이라는 도식에 부합되지 않는다. 법정적 칭의 후에 여전히 남은 죄에 대한 성화가 시작하는 구도이다. 그런데 김세윤의 칭의는 '죄인이지만 하나님과 관계를 회복하면서 의인이 될 칭의'이다.

그렇게 되었을 때 '종말의 날이 이르기 전, 심판 전에 죽은 사람의 상태'에 대해서 명확하게 제시하지 않았다. 김세윤은 종교개혁의 칭의, 법정적 칭의에 대해 슈바이처가 비판한 '윤리를 낳지 못함'을 동의하며 제시했다.[12]

김세윤은 자기 칭의 이해가 자유주의의 도덕적 칭의를 넘어선 새로운 칭의 개념으로 관계적 칭의라고 했다. 관계적 칭의는 김세윤의 창안 개념이 아니고 후기 불트만학파의 칭의 이해이다. 김세윤이 제시하는 관계적 칭의를 들으면서, 후기 불트만학파의 견해에 대해서 모르는 학도는 김세윤의 자기만의 독특한 신학 개념으로 오해할 수

---

9 김세윤, 『칭의와 성화』, 84.
10 김세윤, 『칭의와 성화』, 84.
11 김세윤, 『칭의와 성화』, 84.
12 김세윤, 『칭의와 성화』, 88.

있다. 김세윤이 따르는 후기 불트만파 진영의 공통된 개념을 반복한 것이다.

김세윤의 눈에 한국 교회의 칭의 이해 수준은 종교개혁의 칭의를 첫째로 비판한 자유주의의 도덕적 칭의에도 이르지 못한 상태에 불과하다.[13]

김세윤의 주장들은 한국 교회에 다음과 같은 촉구를 하는 것과 같다.

자유주의에게 비판받는 법정적 칭의를 고수할 것인가?

보다 완전한 칭의 개념을 수용할 것인가?

종교개혁 이후 개신 교회에 칭의 개념은 법정적 칭의, 도덕적 칭의, 후기 불트만 학파의 칭의 개념(관계적 칭의)과 새 관점의 칭의 개념(미래적 칭의)이 있다. 김세윤은 한국 교회가 보다 더 새롭게 진보한 칭의 개념을 수용할 것을 제안한 것이다. 그렇다면 관계적 칭의보다 더 최신 견해인 새 관점 학파의 견해로 전이되어야 합리적 진행이 될 것이다. 김세윤은 보다 더 새로운 칭의 개념인 '미래적 칭의'에 대해서 비판적으로 수용하는 자세를 취하고 있다. 그리고 자기의 핵심 신학 견해에 대해서는 포기하지 않는다. 관계적 칭의를 유지하며 종말에 완성될 칭의, 유보된 칭의를 고수하는 것이다.

종교개혁에서 확립하려고 했던 것이 '법정적 칭의' 개념은 아니었다. 즉 '칭의를 누가 하는가?'에 있었다. 톰 라이트는 루터주의와 칼빈주의를 구분해서 칭의 이해를 전개했다. 라이트는 칼빈이 전개한

---

13 김세윤, 『칭의와 성화』, 88.

칭의를 '그리스도 안에 있음'의 구도로 제시했다.[14] 종교개혁은 교회의 백성에게 의롭다 칭하는 주체가 사제라고 가르치는 로마 교황주의에 대해서 바른 칭의 주체를 회복시킨 개혁이었다. 구원을 결정하는 주체가 교회가 아니라 그리스도께 있다고 고백한 것이다.

구원을 이루는 방식은 교회가 결정하는 것이 아니다. 구원을 받는 방법은 처음에는 믿음으로 시작했다가 믿는 과정에 있어서 협력적 은혜로 인하여 결국 행위로 구원 받는 것도 아니다. 시종일관 은혜의 방식이 성경에 부합된 가르침이라고 고백했다.

종교개혁 신학이 체계화되면서 튜레틴(Francis Turretin)이 '법정적 칭의' 개념을 확립했다. 종교개혁 신학을 논하려면 구원의 주체와 효력의 방법에 대해서 논하는 것이 더 적당하다. 법정적 칭의는 천상의 주께서 택자에게 의인을 선언하는 방식으로 의인이 되는 것이며, 의인에게 변하지 않게 은혜를 베푸셔 영생에 이르게 하다는 것이다.

김세윤은 구원의 주체에 대한 이해보다 구원을 이루는 방안을 논의한다. 천주교(로마 가톨릭)의 방식인 세례와 견신례 후에 고해성사를 진행하며 종말을 기다리는 방식과 유사하다. 종교개혁은 구원의 주체에 대한 고백을 추구한다. 필자는 김세윤은 구원의 주체를 '일신론 창조주 하나님의 예정'이라고 말한다고 이해하고 있다.

필자가 고백하는 것은 "나는 주 예수 그리스도를 믿습니다"이다. 구원은 영원하신 삼위일체 하나님의 구원협약(*pactum salutis*)이다. 예수는 우리의 구원을 위해 이 땅에 오셔서 성육신 하신 하나님으로서 고난의 삶을 사시고, 십자가에서 죽으시고, 부활하시고, 승천하셔서 성

---

14 톰 라이트, 『칭의를 말하다』, 95-96.

령을 보내어 만유를 다스리며 마지막 날에 심판하기 위해서 다시 오신다(*Maranatha*). 주와 구주이신 예수는 창조-중보자이며 구속-중보자이시다.

김세윤 신학에는 중보 개념은 있어도 중보자 개념이 없다. 김세윤에게는 지금 택자를 위해서 중보하시는 구주 개념이 없기 때문이다.

2. '칭의와 성화가 동의어'라는 것은 '칭의와 성화가 없는 것'이다

강의에서 '독단'은 용납되지만, 학술지에서 '독단'은 합당하지 않다. 김세윤의 『칭의와 성화』는 강의를 저술로 만든 형태이다. 그렇지만 신학 저술로 베스트셀러의 위용을 자랑한다. '명쾌한 신학 강의'임이 여실하다. 학문은 다양한 의견이 있기 때문에 명쾌할 수 없다. 명쾌한 것은 자기주장이 명료한 연설에서 가능하다.

그러나 기독교 정통 신학에서는 진리 체계를 확고한 문장(신앙고백 형식)으로 정립했다. 그 문장은 간단하지만 인간 이성으로 이해한 문장이 아니라 믿음 고백 문장이다.

그러나 김세윤은 자기 학문, 유럽 신학을 답습하여 자기 언어로 명료하게 강연한 것이다. 누구나 쉽게 질문할 수 없는 명제를 제시한 뒤에 자기 결론을 유도하는 방식이다.

『칭의와 성화』는 독자의 눈높이에 맞춰 전개하며 독단을 허용한 강의를 출판한 학술 저술이다. 저자의 독단을 기쁘게 수용하면 명쾌한 내용이 될 것이고, 저자의 독단에 의심과 거부가 발생하면 답답하고 무서운 저술이 될 것이다. 학문의 설득은 웅변에 있지 않고 논리에 있다. 학도는 웅변에 설득되기보다 논리에 의해서 설득되어야 한다. 다만 다수의 견해 인지인지, 고대 교회 신경 문서에 의한 것인지 등을 명확하게 밝혀주는 것이 객관적 진술 방법이다.

김세윤의 견해는 현재 범람하고 있는 새 관점 학파의 파도에 묻혔다. 그럼에도 한국에서 우수 신학자이기 때문에 영향력은 지대하다. 그러나 청년 그리스도인 지성들은 새 관점의 견해를 많이 독서하고 있다. 다만 한국 학자들이 김세윤의 신학과 새 관점 학파의 견해를 구분하는 것은 거의 없다. 아무리 기독 지성인이라 할지라도 김세윤과 새 관점 학파를 분별하는 것은 거의 불가능하다고 보아야 한다.

그 이유는 자기 신학이 없기 때문이다. 자기의 명확한 신학 이해가 없기 때문에 김세윤의 신학을 이해하지 못한 것이다. 그렇다면 후대에 나온 새 관점 학파 진술은 더 이해할 수 없을 것이다. 세 가지 신학 진술을 이해하지 못하기 때문에 결국 어떤 신학을 이해해서 좋다거나 유익이 있다거나 하는 평가는 허구에 불과하다.

그래서 필자는 신학 훈련 과정에서 가장 중요한 것을 '자기 신학의 확립'이라고 생각한다. 그리스도인의 신학은 예수 그리스도의 은혜로 시작했고 세워지고 있는 신학이다. 2,000년 기독교 역사에서 두 신학이 격돌하는 것이 아니라, 변함없는 정통 신학에[15] 대항해서 다른 여러 신학이 격돌하고 있다. '정통 신학'과 '다른 신학'이 격돌하지만, '다른 신학'과 '또 다른 신학'도 변호와 논쟁을 한다.

---

15 '정통 신학'은 5세기까지 신학이고, '개혁 신학'은 16세기에 정통 신학을 부흥시킨 신학이다. 개혁신학이란 곧 새로운 신학을 창출하는 것이 아니라 정통 신학, 예수께서 예루살렘 교회에 맡긴 복음을 확립하고 선포하는 것이다. 정통 신학은 바른 믿음의 대상을 확립한 것이었다면, 개혁신학은 바른 믿음의 대상을 선포하는 것까지 체계화했다(목사 제도 확립).

김세윤의 신학과 새 관점 학파의 신학은 변호와 논쟁을 한다. 정통 신학을 거부하는 다양한 견해는 더 발전한 신학 개념이 아니라 '또 다른 신학'의 한 지류를 만들어 진리를 이해할 수 없도록 혼란을 가중시키는 것이다.

『칭의와 성화』 3장 "예수의 하나님 나라 복음의 구원론적 표현으로서의 칭의론"에서 김세윤의 명료한 단어 개념이 등장한다. 『구원이란 무엇인가』의 내용을 변함없이 반복한다. 30년 전 내용을 반복하기 때문에 독자의 귀에 너무나 익숙할 것이다. '익숙함'에서는 '지루함'과 '편안함' 둘 중 하나의 방향으로 간다. 김세윤은 오랜 학문 진행에서 자기 처음 지식을 더 확실하게 세웠다고 볼 수 있다.

김세윤이 제시한 개념은 "바울의 칭의의 복음은 예수의 하나님 나라 복음은 구원론적 표현"이다.[16]

"주(主), 하나님의 주권을 대행하시는 분이 예수 그리스도이다."[17]

"땅 위에서의 역사적 예수는 자신의 하나님의 아들됨을 간접적으로 은근히 시사했지만, 부활하신 예수는 이제 당당히 하나님의 아들로 선포된 것입니다."[18]

또한 그는 예수의 부활은 D-Day(노르망디 상륙)이고, 예수의 부활은

---

16 김세윤, 『칭의와 성화』, 94.

17 김세윤, 『칭의와 성화』, 98.

18 김세윤, 『칭의와 성화』, 102-103. 이 문장은 국어 문법으로 이해하기 쉽지 않다. 주어는 '역사적 예수'이고, 중간에 " ,"로 분리하면서 '부활하신 예수'가 주어로 사용하는 중문인데, 수동형 문장이다. 수동을 시킨 주체를 제시해주어야 한다. '부활하신 예수를 하나님의 아들로 선포하는' 역할은 제자들이기 때문에 '제자들에 의해서'라는 것을 삽입해야 한다. '부활하신 예수는 제자들에 의해서 당당히 하나님의 아들들로 선포된 것입니다'라고 해야 쉽게 이해할 수 있다.

V-Day(독일 항복)이라고 표현한다.[19]

김세윤에게 칭의와 성화는 동의어이다. 전자는 기독론적 복음이고 후자는 구원론적 복음으로 동의어이다.[20] "예수의 하나님 나라 선포는 하나님의 왕국과 사탄의 세력과의 우주적 영역에서의 투쟁이라는 묵시적 틀"[21]이다.

"바울의 칭의의 복음은 하나님 나라와 사탄 나라의 대결인 묵시문학적 틀 안에서 이루어지는 구원에 관한 것으로서, 하나님 나라 복음의 한 구원론적 표현"이다.[22]

김세윤에게 구원은 하나님의 아들의 나라로의 전이인데, 그것을 성경에서 구속, 죄사함, 칭의 등으로 표현했다고 제시한다. 죄사함은 칭의 부정적 표현이고,[23] 통치를 받는 삶은 긍정적 표현이다.[24] 즉 김세윤에게 '칭의와 성화는 없고,' '하나님의 나라로 전이'라는 개념이 있다.

---

19 김세윤, 『칭의와 성화』, 106.
20 김세윤, 『칭의와 성화』, 125.
21 김세윤과 새 관점학파의 동일한 것은 중간기에 기독교의 기원이 있다고 생각하는 것이고, 다른점은 김세윤은 중간기 유대인의 묵시문학에서 기원을 찾고, 새 관점학파는 유대교 본류가 언약적 신율주의로 재해석하였고, 기독교도 그 연장선에 있다고 주장하는 것이다.
22 김세윤, 『칭의와 성화』, 111. 김세윤은 복음이 하나님의 나라와 사탄 나라의 대결 구도에서 승리로 본다. 패배의 원인은 아담의 실존을 반복하기 때문으로 제시한다. 승리하는 방법으로는 아담의 실존(자력으로 살려는 것)을 버리고 무한한 자원인 하나님의 자원을 사용하는 것이다.
23 김세윤, 『칭의와 성화』, 112.
24 김세윤, 『칭의와 성화』, 113.

3. 법정적 칭의는 종교개혁(기독교)의 핵심사상

김세윤에게 '칭의와 성화'는 동의어라고 앞에서 제시했다. 김세윤에게 예수는 하나님 나라를 가르치는 의의 교사로서 기독론적 복음이고, 바울은 예수가 이룬 구원의 세계를 선포한 구원론적 복음이다. 창조주 하나님이 관계를 회복하는 동일한 과정으로 성화와 칭의이다. 바울의 칭의의 복음은 예수의 하나님 나라 복음으로 동일한 것이다.

법정적 칭의는 택자를 구주께서 의롭다고 선언하여 의인의 삶이 시작되는 선(線)이다. 그런데 김세윤은 법정적 칭의를 형벌적 범주에서 대신적 속죄 행위로 주장했다.[25] 김세윤은 예수의 하나님 나라 복음과 바울의 칭의의 복음이 동일한 것으로 주장한다.[26] 양자가 동일할 때에 복음에 풍성한 의미가 있다고 하겠지만, 한쪽이 빠져도 의미를 밝히는 것에 부족함이 없을 것이다.

예수와 바울의 관계는 메이천이 『바울 종교의 기원』(The Origin of Paul's Religion, 1921)에서 자유주의 견해를 제시하면서 명백하게 밝혔다. 김세윤도 예수와 바울을 동일하게 이해했지만, 깨달은 사상이 동일하다는 것일 뿐이다. 예수가 먼저 깨달은 것을 바울도 깨달은 것이다. 그러나 메이천은 예수가 이룬 구속을 바울이 믿는 방식에서 동일한 것이다.

---

[25] 김세윤, 『칭의와 성화』, 15.
[26] 김세윤, 『칭의와 성화』, 94.

김세윤의 예수의 하나님 나라 복음과 바울의 칭의의 복음은 유대 묵시문학의 가르침과 연속하는 사상이 있다. 김세윤은 케제만의 칭의 개념인 '주권적 전이'을 반복했다.[27] 칭의는 창조주 하나님과 올바른 관계로 회복하는 것이다.[28] 김세윤은 슈바이처의 견해를 따라서 법정적 칭의로만 이해하면 윤리를 낳지 못한다 비판을 반복했다.[29]

그런데 김세윤은 법정적 칭의와 관계론적 칭의를 융합하려는지[30] 이해하기 힘들다. 김세윤은 칭의가 예수의 십자가에서 포괄적으로 이루어진 것으로 보고, 마지막 때가 유보된 것으로 주장한다. 그리고 법정적 칭의 개념을 고수하는 것으로 한국 교회를 제시하며, 구원파적 복음을 견지하고 있다고 제시했다.[31]

한국 교회 강단이 기복 설교가 다수인 것이 문제지만 구원파적 죄사함의 도식(한 번 죄사함으로 완성되는 구조)은 아니다. 김세윤은 한국 교회의 칭의 이해를 법정적 칭의로 규정하며, 구원파적 복음으로 비교하였는데, 전혀 비교할 수 없는 사상 체계이다. 김세윤은 칭의가 종말까지 유보된 것을 간과한 왜곡된 복음이 비극을 초래한다고 제시

---

27 김세윤, 『칭의와 성화』, 85.
28 김세윤, 『칭의와 성화』, 87.
29 김세윤, 『칭의와 성화』, 88. 라이트는 새 관점이 기존 이해인 탈유대교에 대한 이해에서 유대교적 이해로 전환이라고 제시했다. 그 시작이 슈바이처, 무어, 브레테, 데이비드 등으로 제시했다(참고. 톰 라이트, 『칭의를 말하다』, 263).
30 김세윤, 『칭의와 성화』, 78.
31 김세윤, 『칭의와 성화』, 80.

했다.[32] 한국 교회는 유보된 칭의 개념을 모르기 때문에 문제가 있다는 것이다.

그러나 한국 교회는 법정적 칭의의 바른 이해가 없이 기복 설교가 많으며 복음에 입각한 삶이 없는 것도 문제이다. 김세윤이 주장처럼 법정적 칭의와 관계론적 칭의의 융합도 불가능하고, 법정적 칭의와 구원파적 복음도 동일하지 않다.

한국 교회는 법정적 칭의도 잘 이해하지 못하고 있고, 관계론적 칭의도 잘 이해하지 못하고 있고, 새 관점 학파도 잘 이해하지 못하고 있다. 교회 사역자가 전문적인 신학 체계를 이해하는 것은 쉽지 않다. 관계론적 칭의는 간접 기독론에 근거한 윤리 준수(이중 사랑 계명)를 주장한다. 법정적 칭의는 예수 그리스도께서 이룬 구속의 근거로서 선언하는 아버지의 자비와 아들의 은혜와 성령의 사역으로 선언한 것이다.

김세윤은 로마서 1:3-4을 근거하여 바울이 예루살렘 교회의 복음을 인용했다고 제시했다.[33] 예루살렘 교회의 복음과 바울의 칭의 복음의 동일성을 강조한 것이지만, 바울의 복음은 예루살렘 교회의 복음을 계속한 것이 아니지만 동일한 것이다(갈 1:12, 17). 김세윤의 이러한 주장은 역사적 예수의 가르침을 반복하는 바울의 모습을 제시하기 위해 의도적으로 배치한 것이다. 기독론적 복음(성화)과 구원론적 복음(칭의)의 동일 논리를 세우기 위해서 갈라디아서에서 제시한 바울 복음의 독특성을 약화시켰다.

---

32   김세윤, 『칭의와 성화』, 80.
33   김세윤, 『칭의와 성화』, 95, 97.

김세윤은 "역사적 예수가 자신이 하나님 아들됨을 간접적으로 은근히 시사했는데, 부활한 예수는 당당히 하나님의 아들로 선포되었다"고 제시했다.[34] 이 문장은 모호한 문장이다. 역사적 예수가 간접 혹은 암묵적으로 제시한 것을 제자들이 깨달아서 밝힌 것이 간접 기독론인데, "은근히"라는 형용사를 첨가해서 간접 기독론으로 바로 이해하지 못하게 한다.

그리고 '부활하신 예수는 이제 당당히 하나님의 아들로 선포했다'라는 능동형이 아닌 '아들로 선포된 것'으로 수동형을 사용했다. 문장 이해가 마치 부활한 예수가 스스로 선포한 것처럼 느낄 수 있는데, 정작 부활한 예수가 선포한 것이 아니고 제자들이 예수가 부활했다고 선포한 것이다. 간접 기독론의 전형적인 문장이다. 예수의 가르침을 비로소 깨달은 제자들의 신학화로 예수가 메시아이고 하나님의 아들이 된 것이다.

간접 기독론과 관계적 칭의론이 동일한 신학 체계이고, 전통적 삼위일체, 구원협약과 법정적 칭의론이 동일한 신학 체계이다. 간접 기독론과 삼위일체 교리가 함께할 수 없는 것처럼, 관계적 칭의와 법정적 칭의가 함께할 수 없다.

김세윤은 하나님 나라 선포를 하나님 왕국과 사탄의 세력과 우주적 영역에서 투쟁하는 묵시적 틀이라고 제시했다.[35] 하나님 왕국과 사탄의 세력의 쟁투가 실제인지 허구인지를 구분하기 어렵지만, 문장으로 보면 문학이기 때문에 허구의 세계이다. 김세윤에게 바울은 하나님

---

34 김세윤, 『칭의와 성화』, 102-103.

35 김세윤, 『칭의와 성화』, 111.

나라와 사탄 나라의 대결인 묵시문학적 틀을[36] 사용하는 '묵시문학적 선지자'이다. 또한 예수도 하나님 나라가 사탄의 나라와 대결에서 이긴다는 확신을 가져다주는 역할을 하는 것으로 제시하기 때문에, 바울과 동일하게 유대 묵시문학적 선지자이다.

김세윤은 십자가에서 칭의가 시작(포괄적)했고, 완성은 재림 때에 이루어진다고 주장한다. 재림 때에 칭의가 완성되기 때문에 재림 사이인 현재는 칭의가 유보된 것이다. 다만 그리스도가 확립한 바른 길을 배우며 하나님과 올바른 관계를 세워 종말까지 윤리적인 삶(이중 사랑 계명)을 진행할 것을 주장한다.

김세윤의 주장을 따르면 현재 그리스도인의 칭의는 1세기 그리스도의 십자가와 부활에서 시작된 것이다. 법정적 칭의가 시작하는 것은 한 사람이 태어나 어느 시점에서 시작한 것이다. 그렇기 때문에 법정적 칭의와 관계론적 칭의는 융합될 수 없다.

관계론적 칭의에서는 현재 천상의 주 하나님(성자 하나님)께서 정한 때에 택자를 효과적으로 부르는 구원 사역이 없다. 1세기에 칭의가 시작되었다는 김세윤의 칭의 이해(포괄적 방식)는 복음 전도하는 방식에서는 오히려 구원파적이다. 그러나 김세윤의 칭의와 성화에서는 복음 전도 개념은 거의 없다. 신자가 윤리적 의무(이중 사랑 계명)을 준수하여 유보가 마친 마지막 때에 완전한 칭의를 이룰 때까지 진행해야 한다는 것이다.

필자는 김세윤이 칭의와 성화를 동의어로 보며, 한국 교회의 법정적 칭의를 계속 공격하는 것을 결국 나무 가지를 흔들어 뿌리를 죽이

---

36 김세윤, 『칭의와 성화』, 111.

려는 행동이라 생각한다. 또한 칭의와 성화를 강조하는 것은 자기 신학의 목적을 감추고 있다는 의심이 든다.

그리고 '창조주 하나님이 칭의한다'는 사상은 삼위일체 하나님이 없는 신학 구조이다. 김세윤은 '윤리 없는 칭의'를 구원파적 복음, 바리새파적 복음, 소극적인 복음으로 비판했다. 김세윤은 '윤리 없는 칭의'가 있다고 생각한 것 같다. 그리고 '성화와 윤리'를 동의어로 보는 것으로도 보인다. 윤리를 행하는 것을 적극적인 복음이라고 하는 것은 윤리와 복음, 육과 영을 혼합시키는 것처럼 보인다.

한국 교회가 불법과 과도한 행동이 많지만 바른 믿음으로 회복해야 할 주의 몸된 교회이지, 다른 신학 체제로 대체해야 할 몹쓸 기관은 아니다. 고린도 교회를 사랑했던 바울처럼 한국 교회를 향해서 무한한 사랑과 관심을 가져야 한다. 바울은 고린도 교회를 배교자, 배도자라고 외치지 않고 오히려 회복할 수 있도록 가르치며 오래 참았고 온유하며 시기하지 않고 친절했다.

김세윤이 1980년대에 집필한 『구원이란 무엇인가』는 한국 교회 그리스도인 지성들에게 기본 필수 도서였다. 김세윤의 많은 저서들이 베스트셀러로 교회와 지성인들에게 유통되며 범람하고 있다.

30년 이상을 한국 교회에서 김세윤 신학이 범람했는데, 왜 한국 교회는 계속 침몰하는가?

말썽부리고 우는 아이에게 막대로 때리는 것이 아니라 막대사탕 하나를 주는 것이 오히려 회복과 교정에 도움이 될 수 있다. 가지를 흔들면 과일만 떨어지는 것이 아니라 뿌리까지 말라버릴 수 있다.

나무를 세우는 방법은 지지대를 세우고 거름과 물을 주고 가지를 잘라 주는 것이지 흔드는 것이 아니다. 잘라내야 할 문제가 있으면 자를 부분을 제시하라. 김세윤이 제시한 구원파적 복음이 한국 교회에 범람한다는 지적은 옳지 않다고 했다. 바른 진단을 하지 못했기 때문에 효과적인 치료를 기대할 수 없다.

김세윤은 노예 해방과 여성 해방 부분에서 여성 안수를 주지 않는 교단에 대해서 비판한다. 부디 나무를 살리기 위해서 나무목을 잘라야 한다고 주장하지 않기를 기대한다. 나무를 살리기 위해서 나무를 흔들어 뿌리를 말리지 않기를 기대한다. 이신칭의는 종교개혁교회(개신교)의 필수 조항이다(articulus stantis et cadentis ecclesiae).

4. 김세윤은 원죄와 피의 속죄를 부정한다

김세윤은 로마서 1장에서 '두 개의 복음' 정의가 있다고 제시했다. 로마서 1:2-4과 1:16-17이다.[37]

전자는 '하나님의 복음 곧 기독론적 복음'으로서 예루살렘 교회의 신앙고백(다윗의 씨)이라고 제시했다.[38] 김세윤은 주장하기를 바울이 예수가 '하나님의 주권을 대행하는 자'로서 이해한 기독론을 제시했다고 한다.[39] 후자는 '구원론적 복음'이다.[40] 구원론적 복음은 이방인 교회의 신앙고백이 된다.

---

37 김세윤, 『칭의와 성화』, 95.
38 김세윤, 『칭의와 성화』, 97.
39 김세윤, 『칭의와 성화』, 98.
40 김세윤, 『칭의와 성화』, 103.

김세윤은 로마서 1:2-4을 고린도전서 15:23-28; 로마서 8:31-39에서 다시 반복한다. 그러면서 김세윤의 논리는 사도 바울이 하나님 나라의 복음을 구원론적으로 설명한 칭의로서 제시했다는 것이 된다.

하나님의 복음과 바울의 칭의 이해가 '동일'하다는 주장은 김세윤 신학에서 중요 개념 중 하나이다. 유대 묵시문학 사상을 예수가 주장했고 바울이 반복해서 주장한다는 동일성 원칙은 21세기까지 변함없이 유지된다. 21세기에도 여전히 묵시문학적 틀에서 나온 사상으로 하나님의 통치(가난과 억압이 없는)를 실현하는 것을 목표로 한다.

동일성 원칙에서는 원죄 개념이 없다. 아담 원죄를 말하기는 하지만 정통 기독교 신학의 원죄 개념은 아니다. 원죄 개념은 5세기 펠라기우스가 아담을 모방한 죄의 방식을 제안하자, 아우구스티누스가 변호하여 교회에 확립한 것이다. 그러나 김세윤이 제시하는 '아담적 실존'은 '죄 없는 아담이 반역한 것'이 아니라, '인간 원형'이다.

김세윤은 '악의 세력,' '사탄의 세력'을 제시한다.[41] 사탄의 세력은 주 예수 그리스도의 재림 때에 하나님이 최후의 심판을 할 때 소멸되고 칭의가 완성된다.[42] 동일성의 원칙에 의해서 인류는 사탄의 세력 아래에 있었다. 예수는 사탄의 통치에 대항해서 십자가에서 승리를 선언했다(D-day). 그리고 마지막 때에 승리를 실현할 것이다(V-day). 김세윤은 '현재'를 사탄의 세력에서 하나님 왕국으로 주권이 전이되는 과정에 있는 묵시적 틀을 제안했다.

---

41 김세윤,『칭의와 성화』, 108.

42 김세윤,『칭의와 성화』, 109.

김세윤은 예수를 주권 전이에서 죄용서와 회복하는 길을 가르친 '선지자'로, 바울을 하나님과 사탄의 대결 구도에서 믿음으로 승리하는 길을 가르친 '선지자'로 보았다.[43] 정통 신학은 사탄은 하나님께 반역한 종으로 본다. 사탄이 하나님께 반항 불순종하는 구도이지, 대결하는 구도는 상상할 수 없다.

그렇다면 김세윤에게 죄는 무엇인가?

『칭의와 성화』에서는 명확하게 제시하지 않는다. 『구원이란 무엇인가』에서 인류가 죽음의 병에 걸린 상태로 제시했고 죽음의 원인을 죄라고 했다. 죄는 '하나님에 대한 옳지 않은 태도'로 제시했다. 죄는 자기주장인데 스스로 하나님처럼 스스로 되려는 것이다.[44]

김세윤은 인간이 하나님을 의존해서 하나님처럼 되어야 한다고 주장했다(아담적 실존). 김세윤은 『칭의와 성화』에서 죄를 사탄을 섬긴 행동으로 제시했다.[45] 서철원은 죄를 '하나님을 반역함'이라고 규정했다.[46] 웨스트민스터 신앙고백서 소요리문답 14문에서 죄는 하나님의 법을 순종함에 부족한 것이나 어기는 것으로 제시했다. 신학에서 죄는 실체가 없는 것인데 김세윤의 신학에서는 실체가 있는 것처럼 이해하도록 되어 있다.

김세윤은 사탄의 나라에서 하나님의 아들의 나라로의 전이를 구속, 죄사함/칭의로 제시했다. 구속은 사탄의 속박으로부터 해방시키는 것

---

43 김세윤,『칭의와 성화』, 111.
44 김세윤,『구원이란 무엇인가』(서울: 두란노, 2011), 12-22.
45 김세윤,『칭의와 성화』, 113.
46 서철원,『인간: 하나님의 형상』(서울: 총신대학교출판부, 2008), 263.

이라고 한다. 죄사함은 칭의의 부정적 표현이고,[47] 하나님의 통치를 받는 삶은 칭의의 긍정적 표현이라는 것이다.[48] 그래서 구원은 죄용서를 받고 하나님과 올바른 관계에 회복되는 것이고, 이것이 창조주 하나님 나라가 사탄의 나라를 멸망시키는 묵시적 틀이라는 것이다.[49]

  죄인의 회복은 창조주 하나님의 무한한 자원을 끌어 쓰는 것이고 그것이 영생이라고 주장한다. 하나님의 통치를 받으라는 요구를 따라서 백성답게 사는 것이 제자도라고 한다.[50] 그것은 이중 사랑 계명에 의한 윤리적 삶이고 의의 열매를 맺는 것이다.[51] 이중 사랑 계명은 그리스도의 법이고, 바울은 그리스도를 하나님이 보냈고(보냄의 형식) 통치로 넘겨준(넘겨줌의 형식) 것으로 제시했다.[52] 김세윤에게 지금은 하나님의 통치가 있지만 완전하지 않으며, 칭의를 볼 수 있는 시대가 시작된 것이다. 부활/승천을 통해서 칭의가 완성으로 가고 있다.[53] 김세윤의 유보적 칭의 이해는 결국 칭의 시점이 십자가에서 시작해서 종말에 완성된다는 개념으로 이해할 수 있다(선취적과 포괄적 이해 방식). 개인 칭의의 시작을 세례의 시점으로 제시하기도 한다.

  김세윤에게 죄에서 전이시킨 구속은 하나님의 아들이 옮긴 것이다. 이런 구도는 묵시문학적 틀로 이해할 수 있다고 했다. 그런데 『구원이

---

47 김세윤, 『칭의와 성화』, 112.
48 김세윤, 『칭의와 성화』, 113.
49 김세윤, 『칭의와 성화』, 115.
50 김세윤, 『칭의와 성화』, 117.
51 김세윤, 『칭의와 성화』, 118.
52 김세윤, 『칭의와 성화』, 120-121.
53 김세윤, 『칭의와 성화』, 124.

란 무엇인가』에서는 그리스도의 십자가의 죽음으로 제시한다. 제사, 화해 등을 그림언어로 설명했다.[54] 그림언어는 몽학선생 기능과 관련 없다. 그림언어는 깨닫게 하는 방식이고, 몽학선생은 메시아를 기다려 믿도록 하는 방식이다. 김세윤은 십자가의 죽음을 '내'가 사탄의 통치에서 하나님의 통치로 주권이 전이되는 사건(복음)으로 깨닫고 수용하면 된다. 김세윤에게 '믿음'은 듣는 자가 자발적으로 결정하는 자기 의식이다.

김세윤의 『칭의와 성화』는 『구원이란 무엇인가』를 전제하고 쓴 것으로 보인다. 사상의 일관성이 명확하게 드러난다. 김세윤의 주권 전이 사상에서 문제점은 '원죄' 교리를 부정하는 것이다.

묵시문학의 틀에서 등장하는 사탄의 통치가 실제적인지도 의문이다. 문학과 실제를 자유롭게 왕래한다. 문학 작품의 감화력이 실제에 영향력을 주기는 하지만 성경의 감동과 비교할 수 없다. 문학은 저자, 사상가의 상상력이지만, 실체인 예수에 의한 복음은 실제이고 진리이다. 김세윤은 1970년대 자유주의 후에 확립된 현대 신학 기반인 유럽에서 신학을 했다. 자유주의와 현대 신학 기반을 전혀 부정하지 않고 편승한 것으로 보인다.

한국 교회 신학 수준은 유럽에 비교해서 매우 보수적이다. 보수적이란 것은 하나님의 성육신, 성경의 축자영감, 무오 등을 정확하게 믿는 것이다. 독일에서 하나님의 성육신을 인정하지 않는 칼 바르트 신학을 꼴통 보수라고 평가한다고 한다. 한국에서 바르트 사상에 대해서 논쟁 하면 한국 수준이 후진이고 미숙하다고 평가하기도 한다. 세

---

54 김세윤, 『구원이란 무엇인가』, 54-58.

계 신학계는 1970년대를 지나면서 새 관점 학파까지(예수 제3탐구/현자 예수) 나갔지만 한국은 아직 김세윤 신학(구 관점, 예수 제2탐구/인자 예수)도 이해하지 못한다. 김세윤 신학을 이해하지 못하면서 새 관점 학파의 산물이 범람하고 있다.

한국 신학교에서 칼 바르트 신학을 거의 수용하였고 허용하면서 김세윤의 신학도 대세로 정착하고 있다. 김세윤 신학은 칼 바르트 신학을 매우 쉽게 접근하도록 하는 앞잡이일 것이다. 바르트는 현대 철학에 근거해서 신학을 했는데, 새 관점 학파는 B.C. 2세기와 A.D. 1세기 문헌을 근거로 신학 한다고 주장한다. 김세윤 신학을 따르면 바르트 신학에 잘 접근할 수 있고 결국 새 관점 학파로 전이될 것이다. 새 관점 학파는 좀 더 과격하게 기독교를 탈기독교화해서 유대교로 옮기고 있다.

현대 신학은 한국 교회에 너무 생소한 학문 지식이다. 한국 신학계가 유럽과 미국에서 전개한 신진 신학에 대해서 무비판적으로 선망하는 것 같다. 그러나 계몽철학과 실존철학으로 유럽 교회가 파괴되었고, 새 관점 학파의 환경에서 더욱 심한 지경에 있다.

윤리 운동을 주장하던 신학에서 교회는 무수히 무너졌다. 그리고 신비주의 운동으로 무너짐의 지경이 더 심각해지고 있다. 오순절주의와 신사도 운동이 마치 교회 성장의 유일한 방안으로 논의되기도 한다. 윤리 회복을 주장하기도 한다. 교회를 회복하기 위한 방편으로는 적합하지 않다. 교회는 교회 설립자의 명령에 순종해야하기 때문이다(마 5-7장; 고전 3장; 고전 9:24-27; 빌 2:12-14).

김세윤의 신학은 예수의 계명을 윤리 운동으로 평가하고 그 결과를 의의 열매라고 한다. 하나님의 주권 전이를 윤리적으로 세울 수 있도록 투쟁까지 제안한다. 윤리 운동으로 교회를 파괴한 역사는 있지만 세운 역사는 없다. 지구상에 가장 발달한 윤리 공동체는 유럽이지만 한국 교회가 선교사를 파송해야 할 지경이다. 그런 패배한 유럽 신학을 한국에 주입시키려는 것은 바람직하지 않다.

김세윤에게 여성 안수를 반대하는 한국 일부 교회는 악(사탄)의 세력으로 평가할 것이다. 그런데 '그 교회'는 아담의 원죄를 믿고 죄인됨을 고백하며, 제2의 아담 예수께서 하나님의 어린 양으로 십자가에서 죽으시고 부활, 승천하여 하나님의 보좌 우편에서 죄인을 의인으로 택한 사람을 부르는 것을 칭의로 이해한다.

그렇다면 김세윤이 이해하는 사탄의 가르침은 무엇인가?

'하나님을 의존하지 않고 스스로 하나님처럼 되려는 것'이라고 했다. '구원은 하나님을 의존해서 하나님의 자원으로 하나님처럼 되는 것'(아포데이시스)이다. 김세윤이 '악의 세력으로 규정한 기관'에서는 예수 그리스도의 십자가 구속과 하늘보좌 우편의 중보 그리고 택자를 부름과 성령의 감동과 감화에 대해서 진지하게 고백하고 가르치고 있다.

5. 김세윤의 데살로니가전서 탁월한 칭의 이해(?) 그러나 죄사함의 복음은 없다

한국 교회에 새 관점 학파인 톰 라이트의 저술은 거의 번역되었다. IVP에서 많이 번역하였고, 몇 출판사에서 톰 라이트 저술을 번역했다.

김세윤의 저술은 기존에 저술들까지 모두 두란노에서 출판하고 있다. 과거에 발표했던 에세이들도 모두 묶어 책으로 출판했다. 김세윤과 톰 라이트의 책은 한국 교회에서 큰 인기를 끌고 있다. 그 이유는 독자들이 저자의 신학 전개가 사변적이지 않고 실제적으로 느꼈기 때문일 것이다.

톰 라이트의 저술은 이야기를 읽는 것 같은 느낌이 있을 정도다. 많고 흥미로운 에피소드로 전개하는 톰 라이트의 전개 방식은 기존의 신학 전개 방식과 전혀 다르게 때문에 신선하고 즐거울 수 있다. 그래서 쉽게 이해할 수 있는 것 같지만 그것을 읽는 독자는 미로로 들어가는 입문서를 만난 것이다.

톰 라이트가 어떤 답을 내었는지 독자들은 명확하게 이해하기 힘들 수 있다. 한국에서 이승구와 박영돈이 비평적 읽기를 제시했지만 중도적 입장으로 제시했기 때문에 결국 톰 라이트의 신학의 정곡을 찌르지 못했다. 결국 톰 라이트의 거대한 물줄기에 편승하는 분위기로까지 읽혀진다.

필자는 한국 독자들에게 김세윤과 톰 라이트 사상을 잘 구분할 것을 제안하고 있다. 두 신학자는 예수를 인간 예수로 견지하는 것과 종교개혁 신학에 대한 수정을 목표로 하는 큰 틀에서는 동일하다.

그러나 두 사상은 같지 않기 때문에 세밀하게 구분하는 방식을 추구해야 학문적 독서라고 할 수 있다. 왜냐하면 학문을 하는 것은 연구자의 견해를 세밀하게 분석하는 과정이 필요하기 때문이다.

지금은 김세윤의 『칭의와 성화』를 살펴보고 있는데, 김세윤은 저술에서 새 관점 학파와 분명한 상이점을 수시로 제시한다. 『칭의와 성화』에서 보면 김세윤도 새 관점 학파의 대세를 막지 못한 것으로 보인다.[55] 그렇지만 김세윤은 유럽의 신학자와 함께 새 관점 학파 톰 라이트와 다른 견해를 피력하면서 자기 이해를 제시한다. 그렇기 때문에 독자는 저자의 의도를 잘 이해해서 구분해야 한다.

첫째, 김세윤은 갈라디아서 초기저작설을 거부하고 데살로니가전서 초기저작설을 견지한다.[56] 김세윤은 F. F. 브루스도 갈라디아서의 초기저작설을 지지했고, "꽤 많은 소수"가[57] 지지하고 있다고 했다. 갈라디아서가 바울의 후기 서신이고 칭의 논쟁이 있는 대표적 서신서이고, 초기 서신인 데살로니가전서에서 칭의 논쟁을 바울 신학 전반에서 일관되게 칭의 이해가 있는 것으로 제시했다.[58]

그런데 김세윤은 말하기를 새 관점 학파들이 데살로니가전서를 초기 서신으로 보았는데, 본문에서 칭의 논쟁이 없었던 것으로 제시했다고 한다. 즉 새 관점 학파는 칭의 논쟁이 바울 신학 후기에 등장한 것으로 주장한다는 것이다. 그러나 김세윤은 데살로니가전서에서 칭의 개념이 명확하게 있다고 했다(살전 1:5-10).

---

55 김세윤, 『칭의와 성화』, 283.

56 김세윤, 『칭의와 성화』, 132.

57 '꽤 많은 소수'라는 표현은 좀 당황스럽다. '매우 적은 소수'라는 것은 적당하지만 '많은 소수'라는 표현을 했는데, 저자의 것인지 편집의 실수인지 혼돈이 있다. 만약 저자가 '꽤 많은 소수'라는 표현을 했다면 갈라디아서 저술이 초기라고 주장하는 학자가 소수자이지만 매우 강력하게 주장이 있는 것으로 이해할 수 있다. 김세윤은 갈라디아서 후기설을 주장하기 때문에 그 다른 신학 견해는 곧 논리 전개 내용도 전혀 다르게 나올 것이 분명하나. 신학 독서를 하면서 사기 신학적 건시(point)를 냉확하게 세워야 한다. 갈라디아서 초기설을 믿는 독자라면 이런 장에서 김세윤의 주장은 초기 문서인 갈라디아서를 제외한 부당한 내용이 된다. 갈라디아서는 칭의 이해를 가진 대표 서신이기 때문이다. 김세윤은 초기에서 후기까지 칭의 이해가 있다고 주장하는 것이고, 새 관점 학파는 초기에는 없다가 후기에 칭의 이해가 발생했다고 주장하는 것이다.

58 김세윤, 『칭의와 성화』, 133.

김세윤은 캠브리지 후커(Hooker)의 해석을 원자주의적 해석이라고 비평했다.[59] 지나친 원자주의적 해석으로 데살로니가전서의 의미를 잘 밝히지 못함을 피력했다.[60]

김세윤은 복음의 핵심을 "그리스도가 우리를 위해서 죽고 부활했다는 것"이라 한다. 그리고 그것은 "그리스도의 사건 또는 구원의 사건"이라고 한다. 메시아/그리스도는 종말의 구원자이며 그가 이룬 구원 사건이라는 것이다.

김세윤은 강조점을 '일으키심'에 두었다. 김세윤은 복음에 두 요소, 죽음과 부활(일으키심)으로 말했고, 강조점을 '일으키심'에 두었다.[61] 김세윤은 복음의 요소를 파편적이고 상대적으로 본 것이다. 김세윤은 복음의 두 요소에 경중(輕重)을 비교하여 가치평가를 한 것이다. 그러나 복음은 전체 모든 부분이 동일하게 중요하다. 어느 한 부분이 더 중요하고 어느 한 부분은 덜 중요하게 이해하는 것은 바람직하지 않다.

둘째, 김세윤은 브레데, 슈바이처, 후커 등 대부분 학자들이 데살로니가전서에서 칭의가 등장한다는 것을 인지하지 못했다고 했다.[62] 김세윤은 서양 학자들이 잘 보지 못한 부분을 간파하여 한국 신학자가 데살로니가에서 칭의 복음이 파악했다고 주장한다.[63] 김세윤은 초기 서신 데살로니가전서에서 칭의를 부각시켜 바울 초기부터 칭의 논쟁

---

59 김세윤, 『칭의와 성화』, 135.
60 김세윤, 『칭의와 성화』, 137.
61 김세윤, 『칭의와 성화』, 138.
62 김세윤, 『칭의와 성화』, 138-139.
63 김세윤, 『칭의와 성화』, 141.

이 있었다는 것을 증명했다는 것이다.

그러나 갈라디아서를 초기 문서로 보는 학도에게 초기부터 칭의 논쟁이 있었다는 것은 흥미로운 탐구가 아니다. 다만 다음과 같은 관점의 차이가 있을 뿐이다.

갈라디아서를 초기 문서로 볼 것인가?

또는 후기 문서로 볼 것인가?

김세윤은 갈라디아서를 후기문서로 보고 있다고 평가할 수 있다.

셋째, 칭의의 시작은 대속의 죽음이고, 대속의 죽음을 근거로(선취) 최후 칭의를 받는다. 김세윤은 '죽음의 형식 즉 그리스도가 우리 (죄)를 위해서 죽었다'을 제안한다.[64] 흥미로운 것은 '(죄)'를 작은 포인트로 괄호 처리로 편집한 것이다. 이러한 표현이 강의자의 것인지 편집자의 것인지 궁금하다. 죽음의 형식에서 칭의가 시작되었고(율법의 저주를 받아 버림) 최후의 심판석 앞에서 그리스도의 중보로 칭의가 완성 받을 것이라고 한다. 중보의 근거는 대속의 죽음이다.[65]

김세윤은 그리스도의 중보가 역사적 사건을 근거로 최후에 집행하는 것으로 주장한다. 정통 기독교에서 중보자는 성자 하나님의 영원한 인격이고, 성육신한 인격이고, 현재 우주를 통치하는 인격이고, 마지막 심판주이시고, 영원한 인격이다.

넷째, 김세윤은 예수를 하나님 아들로 상속받은 '통치권의 대행자'로 지시한다. 김세윤은 예수가 죽은 자들 가운데서 일으킴을 받아 하나님 우편에 앉으시고 하나님의 통치를 대행하는 하나님의 아들, 즉

64　김세윤, 『칭의와 성화』, 142.
65　김세윤, 『칭의와 성화』, 144.

주로 선언되었다고 했다.[66] 김세윤은 복음을 죽음과 부활이라고 하는데, 통치와 종말 중보로 칭의를 받게 함까지 제시한다.

그런데 통치는 '대리적 통치'이고, 종말에 칭의는 창조주 하나님이 판단할 때 대속의 죽음을 근거해서 변호하는 방식이다.[67] 현재 하나님의 통치에 성령이 등장한다. 이러한 구도는 기독교에서는 생소한 의견이다. 그러나 바르트 신학에서 본격적으로 등장했다. 정통 기독교에서 부활하신 주 예수께서 현재 보좌 우편에서 만유의 통치하시고. 최후의 날에 중보하는 것이 아니라 심판을 집행한다.

김세윤은 우리가 아들의 죽음, 피로써 의인이라 칭함을 받고 하나님과 화해되어 하나님의 진노에서 구원을 받는다고 한다.[68] 통상 개혁신학의 구원 서정을 5가지 요소(소명, 중생, 회심, 믿음, 칭의)로 구성하고 있다. 개혁신학도 죄사함에 대해서 명확하게 드러나지 않은 것처럼 보이는데 회심에 죄고백과 죄사함이 포함되어 있다. 그런데 김세윤에게는 칭의가 시작되면 죄사함이 아닌 화해로 바로 진입한다.

물론 김세윤에게 구원의 서정 도식이 없다(구원의 서정은 시간 역사에서 구원이 아니라, 신자 개인에게 일어나는 변이다). 김세윤은 구원 역사(구원사)에서 일어나는 과정으로서 칭의와 종말론적 칭의(유보된 칭의)를 제시하고 있다.

김세윤은 바울 초기 서신을 데살로니가전서로 보고 후기 서신을 로마서와 갈라디아서로 보았다.[69] 연구자가 서신의 기록 순서를 바꾸면(갈라

---

66 김세윤, 『칭의와 성화』, 145.
67 김세윤, 『칭의와 성화』, 146.
68 김세윤, 『칭의와 성화』, 146.
69 김세윤, 『칭의와 성화』, 147.

디아서 초기 저작설) 김세윤의 주장은 바로 평행선을 이룰 수밖에 없다. 김세윤은 칭의 문제(갈등)가 교회 초기부터 계속 있었다고 제시했다.

그런데 갈라디아서를 초기 서신서로 보면, 사도행전 15장 예루살렘 공회의에서 칭의 논쟁이 결정된 것으로 이해할 수 있다. 즉 교회 초기에 칭의 이해가 결정되었다고 볼 수 있다. 교회가 확립하고 성경에 기록된 칭의 이해를 중세 로마 교회가 '교회교'(churchianity)로 전락시켜 칭의를 침묵시킨 것을 종교개혁 신학이 부흥시켜 교회를 개혁시켰다. 교회는 공회의에서 결정된 가르침을 바른 가르침으로 인정하고 생명을 걸고 지키고 가르친다.

6. 김세윤의 고린도전·후서에서 칭의 이해: 깨달음으로 하나님과 관계에 들어간다

김세윤은 고린도전서에서 '의'(義, 1:30)라는 단어, 세례 때 의인으로 칭함 받음(6:11), 율법에 대한 부정이 등장한 것(9:19-23; 15:33-57)을 지적했다. 그리고 고린도후서에서 칭의론에 대한 가르침이 더 명확하게 나타난다고 했다. 모세를 통해서 준 옛 율법의 언약과 그리스도를 통해 준 새 언약을 성령의 사역이 의를 주는 사역이라고 했다.[70]

김세윤은 바울이 그리스도 예수의 죽음을 모두의 대표/대신 죽은 것과 죄를 위한 속죄제사로 의인이 되는 사건으로 이해했다고 한다. 예수의 십자가는 예수가 하나님과 올바른 관계(하나님 나라)로 회복

---

[70] 김세윤, 『칭의와 성화』, 148.

하는 사건이라는 것이다.[71]

　김세윤은 칭의 이해에서 바울 상태를 모범으로 제시한다. 바울이 다메섹 도상에서 깨달음으로 의인이 된 것으로 제시했다. 깨달음으로 하나님과 올바른 관계, 아담적 인간에서 새로운 인간 상태가 된 것이다. 바울이 그리스도 대속적 죽음의 **의미**를 알고 믿어 새 피조물이 되었다는 것이다.[72]

　김세윤은 '칭의와 성화'가 '하나님과 올바른 관계를 갖게 됨'을 나타내는 '그림 언어'라고 했다.[73] 김세윤은 '그림언어'라는 용어를 자주 사용한다. 이런 표현은 은유(隱喩, metaphor)이다. 그런데 '은유'(隱喩)라 하지 않고 '그림언어'라고 한다. 해석학에서 은유에 대해서는 지금도 연구와 토론을 진행하고 있는 규정되지 않은 분야이다. 일반적 개념으로 은유는 보조관념을 사용하여 본래 의미를 더 쉽고 명확하게 드러내는 문학기법이다.

　김세윤에게 칭의와 성화는 그림언어(보조개념)이고, 하나님과 올바른 관계는 실재(본래 의미)다. '하나님과 관계'라는 것이 매우 어렵거나 추상적인 의미가 아니기 때문에 특별히 은유로 성경에서 칭의와 성화라는 단어로 사용할 필요가 없다. 그리고 성경에는 하나님의 말씀에 순종하는 관계로 수 없이 강조하고 등장하고 있다.

　김세윤의 이해를 따르면 하나님과 올바른 관계의 근본 의미는 칭의, 성화, 의, 세례를 제외한 다른 성경 단어가 있다면 좀 이상한 현상

71　김세윤, 『칭의와 성화』, 149.
72　김세윤, 『칭의와 성화』, 149.
73　김세윤, 『칭의와 성화』, 150.

이 발생한다. 칭외와 성화가 동의어인 것처럼, 의, 세례도 모두 동의어가 되기도 해야 한다. 김세윤이 사용하는 독특한 언어 중 하나인 '그림언어'는 새로운 개념이 아니라 '은유'를 한글로 풀어 놓은 것이 불과하다. 일반 언어인 '은유'라고 했으면 훨씬 더 이해와 접근이 쉬웠을 것이다.

김세윤은 죽음의 궁극적인 원인을 '사탄의 통치'라고 했다. 사탄이 율법을 이용해서 죽음으로 이끈다는 것이다. 이것이 성경에 근거한다고 했다.[74] 김세윤은 유대 신학자였던 바울이 율법 아래 있지 않다는 선언하였는데 이는 예수 그리스도가 사탄의 세력을 무찌른 것으로 이해했기 때문이라고 제시했다. 그리고 이 죽음은 마지막 날에 최종적으로 제거되고 영생을 가져올 것이라고 했다. 이렇게 사탄의 나라를 무찌르는 것은 묵시적 틀 안에서 볼 수 있는 것이다.[75] 예수가 사탄의 세력을 궤멸했기 때문에 아들의 복음이 칭의의 복음이라고 했다.[76]

그러나 성경에서 죄의 궁극적인 원인은 '아담의 범죄,' '인간의 범죄'이지 사탄에게 원인이 있지 않다. 사탄은 '종'이기 때문에 결정을 할 수 없다.

그리고 죽음의 원인이 마지막 날에 제거된다면 지금 죽은 사람들의 죽음은 어떻게 이해해야 하는가?

마지막까지 기다리는 그 과정은 어떻게 설명할 수 있는가?

신학은 전체가 유기적으로 관련을 갖고 있기에 파편으로 옳음을 주

---

74 김세윤, 『칭의와 성화』, 153.
75 김세윤, 『칭의와 성화』, 154.
76 김세윤, 『칭의와 성화』, 155.

장하는 것은 바르지 않다. 김세윤은 죽음을 말하고, 마지막 심판만을 언급한다. 그러나 현재 죽은 사람들의 상태에 대해서는 침묵한다. 먼 뒤의 미래 일도 중요하지만 현재 발생하는 죽음 상태에 대한 제시도 중요하다. 김세윤에게 종말에 유보된 칭의를 주장하면서, 현재 죽은 사람에 대한 명료한 상태에 대한 제시가 없다.

그리고 뒤에 등장하지만 신자의 '타락의 가능성'을 인정하는 것이다. 성경에 있기 때문에 그렇다고 한다. 김영한도 그러한 견해를 반복한다. 그러나 성경은 다른 두 견해를 제시하는 혼란을 일으키는 말씀이 아니다. 김세윤은 일관성의 원리(사본학이라고 하지만)를 갖고 성경 본문을 개인 자격으로 재단(裁斷)하여 여성 안수를 주장한다. 그런데 성경에 타락의 불가능성과 가능성, 두 견해가 공존한다고 말하는 것은 학문에 일관성이 결여된 것이다.

김세윤의 견해를 보면, 예수가 십자가에서 사탄의 세력을 궤멸한 것을 시작했다. 이것은 선취적 사건이다. 그리고 구원은 마지막 날까지 유보되었고, 마지막 날에 십자가의 믿는 자들을 예수가 중보한다는 것이다. 그런데 그 중보의 범위와 중보의 결과에 대해서는 명확하게 제시하지 않는다(포괄적 구원, 보편구원, 선택구원 등). 그리고 마지막이 되기 전에 죽은 사람에 대한 중보와 심판에 대해서도 말하지 않았다.

김세윤은 칭의론이 등장하는 범위를 로마서와 갈라디아서와 빌립보서로 보았던 브레데, 슈바이처와 다르게 데살로니가전서, 고린도전후서에 나타난다고 주장했다.[77] 새 관점 학파는 슈바이처의 견해를 계

---

77 김세윤, 『칭의와 성화』, 155.

승해서 바울 후기 서신에 칭의 논쟁이 형성한 것으로 제시했다.[78] 김세윤은 새 관점 학파가 견해를 수정하도록 제시했다.[79] 김세윤은 탁월한 유럽 신학자들에 대해서 탁월하게 자기 견해를 제시했지만 결국 그들의 범주를 벗어나지 않았고 더욱 공고하게 했다. 새 관점 학파라는 신학 논쟁 견해에 효과적으로 대응하지 못하고 있는 실정이다.

김세윤은 예수가 죽음으로 하나님 나라의 주권을 형성한 것으로 이해했다. 그래서 하나님의 아들의 복음이 칭의론 복음이라는 것이다. 그래서 칭의는 주권의 전이의 그림언어라는 것이다.

왜 더 쉬운 '주권 전이'라는 개념을 놓고 어려운 '칭의 개념'을 그림언어로 사용했는지는 이해하기 어렵다. '칭의'라는 단어를 생략하고 '하나님 나라로 주권이 전이' 되었다고 명확하게 사용하는 것이 더 정확한 신학이 될 것이다. 독자들도 더 쉽게 김세윤의 신학을 이해할 수 있을 것이다. 칭의와 성화를 그림언어로 사용해서 주장하는 것은 하나님과 올바른 관계, 주권 전이를 말하려는 것이다.

그렇다면 '예수 십자가'도 결국은 종말에 일어날 심판에 대한 '모형적인 사건'으로 이해했다고 볼 수 있다. 필자는 이것이 '선취적 사건'이라는 표현이라고 생각한다. 선취는 미래 최종에 대한 시작이고, 현재는 선취와 미래 최종(종말) 사이에 있는 시간이다. 복음은 선취가 아니라 하나님의 구원 경륜에서 일어나는 작정된 사건이고 작정을 따라 종말이 올 것이라고 주장한다. 그러므로 '선취'라는 개념을 사용하지 않고 '성취'라는 말을 사용한다.

78　김세윤,『칭의와 성화』, 155-156.

79　김세윤,『칭의와 성화』, 156.

7. 김세윤의 하나님 나라의 백성되기 이해: 세례에서 시작함

김세윤은 선포된 복음을 '받아드리는 것'이 믿음의 본질이라고 정의했다.[80] 앞에서는 '깨닫는 것'이라고 제시했다.[81] '받아드리는 것'과 '깨닫는 것'은 동의어이고, 인간의 전적 자기능력이다. 깨달아야만 무한한 하나님의 자원을 유입(활용)할 수 있을 것이다. 김세윤에게 '복음은 그리스도의 대속 죽음과 부활'인데, '이 내용'을 받아드리는 것이다. 이것은 불트만의 견해를 따른 것이다.[82]

그리스도의 대신적/대표적 죽음을 받아드리는 것, 내포된 안에서 연합이 실제로 발생한 것이다.[83] 김세윤은 복음을 받아드린 사람은 "예수가 주이시다"고 고백해야 한다고 주장한다.[84] 필자는 이것을 서철원 박사의 고백인 "나는 예수를 믿습니다"라는 것과 대조시켜 본다.

두 신학자가 신앙고백에서 차이를 갖고 있는데, 믿음의 대상을 고백하는 것과 믿음의 내용을 고백하는 것이다. 믿음의 대상 고백은 종교적으로 존재론적이고, 내용 고백은 철학적이고 인식론적이다. 믿음의 대상과 믿음의 내용이 일치해야 한다. 믿음의 대상인 예수께서 주신 은혜 안에 내용이 있다.

그런데 김세윤은 사람이 복음을 깨달아 스스로 창조주 하나님께로 가야 하는 구조이다. 김세윤은 명료하게 믿음의 대상은 제시하지 않

---

80 김세윤, 『칭의와 성화』, 159.
81 김세윤, 『칭의와 성화』, 149.
82 김세윤, 『칭의와 성화』, 159.
83 김세윤, 『칭의와 성화』, 159.
84 김세윤, 『칭의와 성화』, 160.

는데, 내용 전개를 보면 '일신론적 창조주 하나님'으로 볼 수 있다. 예수의 가르침을 받아 일신론적 창조주 하나님에게로 가는 것이다. 예수는 '일신론적 하나님'의 사명을 받은 '유일한(탁월한) 존재'로서 '주'라는 것이다. 이러한 김세윤의 사상은 유럽에서는 굉장히 보수적인 수준일 것이다. 그것은 예수의 독특성을 인정하고 있기 때문이다. 그래서 좀 더 당황스러울 수 있다.

자기 신학이 세계 신학계에서는 수구꼴통인데 왜 한국에서만 진보 자유주의로 평가받는가?

한국 교회가 순수하고 미진해서도 그럴 수 있겠지만, 한국 교회는 죄인의 구원, 천국 영생 복음, 성경무오 교리를 너무나 사랑하기 때문이다. 그러나 자유주의와 현대 신학은 고대 기독교 정통 교리를 파괴하고 재해석한 진영임을 알아야 한다. 종교개혁 신학은 고개 기독교 정통 교리를 회복한 신학이다. 한국 교회는 종교개혁가인 루터와 칼빈은 너무나 사랑한다. 그렇기 때문에 자유주의, 현대 신학에 대한 저항이 더 강하다.

그러한 저항을 김세윤이 인식했기 때문에 가르침에 수위를 조절해서 한국 교회에 적응시켰다고도 생각한다. 결국 30년이 지난 한국 교회는 김세윤의 의도대로 그의 신학이 대세 신학의 위치를 점유했다. 많은 신학도들이 김세윤 신학을 맹종하고 있다. 새 관점 학파와 구별하지도 못하면서 방황하고 있는지도 모른다.

기독교의 '주'는 70인역 '퀴리오스'를 고백하는 것이 전통인데, 김세윤은 간접 기독론으로 사용한다. 간접 기독론에서 예수는 실제 '주'가 아니었고 자신도 그렇게 생각하지 않았다. 그런데 제자들의 고백에 의해서 상승된 수준으로 이해한다. 신학 훈련에서 어휘 사용은 명확하게 자기 개념을 정립해야 타인의 개념을 이해할 수 있다.

김세윤은 세례 때부터 정식으로 믿는 자가 된다고 규정했다.[85] 세례에서 하나님 나라로 이전된다는 것이다. 그리고 믿음을 고백하여 극(劇)으로 표현하면, 의인으로 칭함을 받고(올바른 관계로 회복된 사람), 의인으로 살아야 하는 것(하나님의 통치를 받는 사람)으로 제시했다.[86]

김세윤은 종교개혁의 칭의론이 '법적 허구'(legal fiction)로 비판 받는 것을 정당하게 생각한다. 종교개혁 칭의에서 하나님과 올바른 관계에 대한 개념이 없다고 비판했다. 김세윤은 하나님과의 올바른 관계는 그리스도(가르침)를 의지하고 순종하는 삶을 사는 것이라고 했다.[87] 순종은 가치판단과 윤리적 선택의 갈림길에서 사탄의 유혹을 뿌리치고 예수 그리스도가 제시하는 길을 가려는 삶의 지향성, 삶의 방식으로 제시했다.[88]

이러한 구체적인 모습으로 김세윤은 노예해방, 양성평등 등으로 제시다. 김세윤에게 순종은 외적이고 사회적인 것으로만 제시할 뿐, 내면에 관해서는 제시하지 않는다.

김세윤이 제시한 세례 이해를 보면, 정작 본인이 어떤 상태에서 세례를 받았는지 이해하기 어렵다. 실제 그리스도인은 자기 구원의 시작점을 알 수 없기 때문이다. 세례는 믿는 자에게 주는 것이지 세례 받은 후에 믿는 자로 시작하는 것이 아니다. 세례 받은 후부터 믿음이 시작한다는 견해는 신자됨에 대해서 피상적으로 생각한 것이다.

---

85 김세윤, 『칭의와 성화』, 160.
86 김세윤, 『칭의와 성화』, 161.
87 김세윤, 『칭의와 성화』, 162.
88 김세윤, 『칭의와 성화』, 164.

세례는 실제 일어난 구원에 대해서 믿음 고백의 외적 고백 형식을 따라서 교회에서 행하는 예식이다. 그런데 김세윤은 세례를 '연극'으로 비유하며 제시한다. 세례는 '연극'(演劇)이 아니라 '예식'(禮式)이다. 연극은 가상 세계이지만, 예식은 실제로 구주 예수와 연합하는 것이다.

세례는 마치 결혼과 유사하다. 혼인은 약혼하고 혼인을 약속했어도 정식 부부 관계가 시작한 것은 아니다. 부부 관계는 혼인식이 뒤에 비로소 시작한 것이다. 혼인은 사전에 혼인 약속에 근거해서 형식적인 예식에서 서약한 뒤 부부 관계에 들어간다. 혼인식은 연극이 아니고 예식이다.

세례는 교회 목사의 위임식과도 유사하다. 위임목사로 청빙이 되어 부임을 했어도 실제 위임목사의 효력은 위임식 후에 발생한다. 그때 위임식은 단순한 의식이 아니라 필수불가결한 예식이다. 혼인이나 위임은 법적 파기가 없다면 절대로 그 관계는 깨지지 않는다. 세례도 동일하다. 그런데 김세윤은 종교개혁의 칭의를 법적 허구로 제시하면서 세례를 제시했다. 허구, 연극이기 때문에 언제든지 형식적인 절차 없이 깨질 수 있는 구도를 형성하는 것이다.

김세윤은 세례를 피상적으로 이해했기 때문에 '연극'으로 표현했다. 그리고 세례에서 하나님 나라 백성됨이 시작한 것으로 제시했다. '형식적인 세례'로 '비형식체인 하나님의 나라'의 백성으로 가입하는 것으로 규정하는 것은 논리적이지 않다. 세례가 극(劇)이기 때문에 하나님 나라의 생활도 결국 극(劇)이 될 것이다. 예수를 믿음으로 그리스도와 연합한 것이며 세례로 가시적인 교회의 지체(회원)가 되는 것이다. 정통 교회는 세례는 지상(유형) 교회에 지체가 되는 것이고, 교회는 천상(무형) 교회가 완전 교회이다.

8. 김세윤은 그리스도의 현재적 통치를 신비한 성령의 방식으로 이루어진다고 주장한다

김세윤은 칭의/성화에서 삼위일체적 구조를 관찰할 수 있다고 제시했다.[89] 먼저 '삼위일체적'에서 '적'(的)이란 어휘는 모호한 표현이다. 일단 '삼위일체 구조'는 아니다. 그렇다면 김세윤 신학에서 "'삼위일체적 구조'는 있지만 '삼위일체 구조'는 없다" 할 수 있다.

김세윤은 하나님 아버지, 성령, 예수가 등장하기 때문에 '삼위일체적 구조'라고 한다. 전통적인 삼위일체는 세 위격의 사역이 구별되는 방식이 아니다. 김세윤은 삼위일체적 구조로 아버지, 아들의 구속 그리고 현재적 통치로서 성령을 제시한다. 아버지, 아들, 성령이라는 명칭이 각각 구별된 사역을 하는 것은 삼위일체적은 되겠지만 삼위일체는 아니다. 김세윤은 예수가 하나님의 뜻을 집행하는 집행자(agent)이고, 그 뜻에 순종하도록 성령 능력이 필요하다는 구조이다.[90]

김세윤은 세례 때 무죄 선언을 받고 하나님과 올바른 관계로 회복됨을 반복하여 제시했다.[91] 관계 회복은 예수 그리스도의 주권 영역으로 들어간 것이고(복음을 듣고 깨달을 때), 사탄의 통치인 죄를 품삯으로 받지 말 것, 그리스도의 통치인 의를 행하여 샬롬을 얻는 삶을 제시했다.[92] 성령은 '예수가 주이시다'라고 고백하는 역할을 하며, 그 고백을 하면 성령받음을 확증할 수 있다고 제시했다. 김세윤에게 주(主)

---

89 김세윤, 『칭의와 성화』, 165.
90 김세윤, 『칭의와 성화』, 168.
91 김세윤, 『칭의와 성화』, 168.
92 김세윤, 『칭의와 성화』, 169.

개념은 명확하지 않다. 주(主)는 정통 신학에서 70인역(LXX)과 연관하지만, 현대 신학에서는 로마 황제, 위대한 지도자 등으로 이해한다.

김세윤은 '아빠'를 '하나님의 이름'으로 제시한다.[93] '아빠'는 '일반명사'이고 '고유명사'가 아니다. 그리고 '예수 그리스도의 이름'을 부른다고 하는데, '그리스도'도 이름은 아니다. 이름은 오직 '예수'뿐이다. 십계명의 2계명은 "여호와의 이름을 망령되이 일컫지 말라"(출 20:7)이다. 유대인들은 'יהוה' 음가(音價)를 잃어버렸고 성경에 기록된 자음 4자(YHWH, *Tetragrammaton*)만 남아있다.

김세윤에게 독특한 점은 '예수가 그리스도입니다'라는 고백이 아니라, '예수가 주이시다'는 고백을 하도록 가르치는 것이다. 그것은 '주'를 로마 황제 정도의 격상된 존재로, 아포데이시스(신화)와 연관하려는 것으로 생각된다. 로마 풍습에서 황제가 죽은 뒤에 신이 되듯이 예수도 죽어서 신이 된 존재로 연결시키려는 것 같다.

그리고 김세윤은 의인은 자기 삶에서 항상 가치판단과 윤리적 선택의 순간에서 사탄의 통치냐, 예수 그리스도의 통치냐를 결정하는 존재이다.[94] 이러한 선택과 결단의 구도에서 '탈락의 가능성'이 등장한다.[95] 김세윤은 칼빈주의의 견인 교리가 탈락의 가능성을 부인하는 것으로 단순화시키며 거부했다.[96] 칼빈주의가 신학에 맞추어 성경을 해석했다고 단정했다.[97] 그러나 칼빈주의는 66권 성경의 충족성

---

93 김세윤, 『칭의와 성화』, 170.
94 김세윤, 『칭의와 성화』, 170.
95 김세윤, 『칭의와 성화』, 264.
96 김세윤, 『칭의와 성화』, 270.
97 김세윤, 『칭의와 성화』, 271.

에 근거하여 신학을 하지만, 김세윤은 동시성(simultaneity)과 동일성(oneness)에 맞추어 성경을 재해석한다.

김세윤은 예수 그리스도가 이중 사랑 계명을 지키라고 요구했다고 했다. 이 '사랑'은 윤리적 선택의 기준이 되고, 선택하는 순간에 성령이 일깨워주는 역할을 한다.[98] 김세윤은 그리스도인의 생활방식을 이웃에게 유익을 주는 방식으로 규정했다.[99] 그리고 전통적인 방식이 칭의와 성화의 순서로 규정한 것은 잘못 이해한 것이고, 칭의와 성화는 올바른 관계로 회복하고 그 관계에 서 있는 단계로 동일하다고 했다.[100] 그래서 칭의와 성화는 동의어이다.

그렇다면 왜 동의어의 명료한 개념인 '하나님과 올바른 관계'를 사용하지 않는지에 대해서는 말해주지 않는다. '칭의와 성화'라는 단어를 그림언어로 사용한다고 한다. 더 명료한 개념이 등장했을 때에는 더 명료한 개념으로 희미한 개념을 설명하는 것이 정당한 방법일 것이다. 그런데 희미한 개념(그림언어)로 확연하게 드러난 개념을 설명하고 있다. 새 것이 등장하면 옛것은 참조 수단으로 대치해야 할 것이다. 명료하게 드러난 개념이 있는데도 옛날 개념으로 명확한 개념을 보조수단으로 가르치는 것은 이해할 수 없다.

김세윤은 '성령'이 '그리스도의 현존'이라고 한다. 그런데 개혁교회에서 '그리스도의 현존'은 '복음을 선포하는 교회'이다. 복음을 선포하지 않는 교회에는 그리스도의 현존이 없다. 복음을 선포할 때 성령이

---

98 김세윤, 『칭의와 성화』, 171.
99 김세윤, 『칭의와 성화』, 172.
100 김세윤, 『칭의와 성화』, 173.

함께하여(*cum verbo*)[101] 그리스도를 나타낸다. 김세윤은 그리스도의 현존이 성령이기 때문에, 그리스도의 현존이 보편이고 일상적이다. 이런 구조에서는 외적 기관인 교회는 필요성을 상실하고 절대적 의미가 사라진다.

김세윤에게 강조되는 것은 아버지 하나님과 성령의 역할인 것 같다. 그리스도의 죽음은 역사상에서 사라졌지만, 아버지의 사랑과 성령은 현존하기 때문이다. 김세윤에게 예수 그리스도는 하나님의 뜻을 유일하게 대행한 독특성이 있다. 필자는 김세윤의 구원 구도를 아버지가 아들 예수를 통해 드러낸 사랑을 성령으로 역사해서 자기 백성에게 무한한 자원을 주는 구도로 이해하고 있다. 김세윤의 신학은 예수는 역사의 한 세대에 방점(傍點)을 찍었고, 성령이 그의 가르침을 살려내서 아버지 창조주의 무한한 자원을 사용하도록 하는 구도를 띠고 있다.

9. 김세윤은 예수 그리스도의 종말 중보(중재) 역할함을 주장한다

김세윤은 최후의 날에 모두가 하나님의 심판대에 설 때 그리스도가 대속의 죽음을 근거로 그리스도인들을 중보하며 칭의가 완성된다고 말한다.[102] 앞에서 언급했는데 최후의 날 전에 죽은 성도나 사람의 상태에 대해서 언급이 없다. 이런 구도는 비록 명확하게 언급하지는 않

---

101 성령은 말씀과 함께(*cum verbo*) 역사하신다.
102 김세윤, 『칭의와 성화』, 174.

지만, 존 스토트의 영혼멸절설과 유사한 개념을 갖게 된다. 영혼멸절설이 아니면 영혼수면설, 보편구원설 등이 될 것이다.

김세윤은 말을 반복하여 강조하는 강의 기법을 사용하기 때문에 저술에서 꾸준히 용어를 반복하면서 내용을 전개한다. 그렇기 때문에 독자들이 반복에 지루함을 느낄 수 있고, 또 비평하는 학생으로서 반복하는 내용이 많이 등장한다. 매우 계획적인 비평 독서가 아니기 때문에 더욱 그러한 면이 있다.

그러나 김세윤의 반복은 중심된 사상이고, 중심된 사상은 변하지 않고 반복된다. 반복이 될 때에 독자들은 그 중심 사상을 아는 기회로 생각하면 좋겠다.

김세윤은 종말에 완성된 칭의로 모든 결핍에서 완전히 해방되는 것을 제시했다. 이것이 '상속,' '잔치'라는 그림을 성경에서 사용한다고 했다.[103] 이런 그림언어는 사용할 수 있다. 마지막 날이 눈에 들어오지 않기 때문이다. 그러나 그 상속과 잔치에 대한 그림 해석을 명확하게 세워야 한다. 김세윤은 '상속과 잔치'를 무한한 부요함에 참여하는 것이며, 하나님의 충만에 참여하는 것이라고 했다. 이것이 하나님과 같이 되는 것이고 영생이라고 했다.[104]

그런데 한국 교회 일반에서는 이것을 신랑인 예수와 만나는 혼인 잔치로 이해하고 있다. 상속은 하나님의 자녀로서 받을 분깃으로 생각하고 있다. 그러한 한국 교회 일반적 이해와 상당히 다른 이해이다. 새로운 이해가 좋을 수 있지만 옛 이해를 대체하는 것인지, 더 풍성하

---

103 김세윤, 『칭의와 성화』, 174-175.
104 김세윤, 『칭의와 성화』, 175.

게 하는 것인지를 판단해야 한다. 김세윤의 이해를 따르려면 옛 이해는 빼고 가야 한다. 신랑인 예수와 만나는 잔치와 신성에 참여함을 나타내는 그림으로 잔치는 사상의 일관성이 없기 때문이다.

김세윤은 아담이 자기주장으로 하나님과 같이 되려고 했고, 아담적 실존을 따르는 자기주장을 하면 비인간화가 된다고 했다. 하나님의 자원으로 하나님과 올바른 관계에서 하나님처럼 되어야 한다는 것이다. 이것이 고대 교회부터 있던 '아포테오시스'(apotheosis)라고 제시했다.[105] 그러나 아포테오시스는 고대 교회가 아닌 고대철학과 정치에서 사용한 개념이다. 고대교회는 신화(deification)를 주장했다. 전자는 인간에 의해서 신격화되는 것이고, 후자는 신(神)에 의해서 신격화가 되는 것으로 구분해 본다.

10. 김세윤은 칭의와 성화를 동의어로 주장한다: 신자는 윤리준수와 사회변혁의 주체

김세윤은 전통 신학에서 바울이 이해한 구원에 대해서 칭의, 성화, 영화의 서정을 갖고 있다고 제시했다. 전통 신학이 성화는 칭의의 현재 단계에 대한 것을 잘못 이해하고 세운 도식으로 제시했다.[106]

김세윤은 성경에서 거룩이 물리적 개념이라고 했다. 예루살렘 성전, 제사 집기, 백성까지 거룩하다고 했다.[107] 김세윤이 거룩을 물리적

105　김세윤,『칭의와 성화』, 176.
106　김세윤,『칭의와 성화』, 177.
107　김세윤,『칭의와 성화』, 177.

개념이라고 한 것은 '백성'까지 거룩에 포함시키려는 의도가 있다. 성령이 내주하면 인간은 거룩하게 되는 것이고, 예수가 주이시다라고 고백하고, 하나님을 아빠라고 부르며 자녀임을 '계속 확인'한다.[108] 계속 확인은 이탈 가능성이 있기 때문이다.

김세윤은 하나님의 거룩한 백성에게 성화는 의례적(ritual) 의미와 도덕적 의미를 함축한다고 했다. 성화는 최후의 심판에서 칭의로 완성되는 것이다.[109]

김세윤은 바울이 말한 칭의와 성화가 동의어이고, 구원의 세 단계(과거, 현재, 미래)가 동일하다고 했다. 칭의 다음에 성화가 오는 것이 아니고, 둘은 같은 실재에 대한 다른 그림 언어라는 것이다.

칭의는 법정적 뉘앙스, 성화는 제의적 뉘앙스로 차이가 있을 뿐이다.[110] 김세윤은 바울이 칭의와 성화가 동의어인데 상황에 맞추어서 활용(복음의 상황화, contextualization)했다고 했다.[111] 칭의는 불법(의의 열매), 성화는 부정(거룩함의 열매)을 암시한다는 것이다.[112]

칭의는 '책망할 것이 없음'(아멤프토스), 성화는 '흠이 없음'(아모모스)로 구조화시켰다.[113] 김세윤은 칭의와 성화가 동의어적 어휘이지 구조적 단계가 아니라고 반복해서 주장했다.[114]

---

108 김세윤, 『칭의와 성화』, 178.
109 김세윤, 『칭의와 성화』, 179.
110 김세윤, 『칭의와 성화』, 181.
111 김세윤, 『칭의와 성화』, 182.
112 김세윤, 『칭의와 성화』, 186.
113 김세윤, 『칭의와 성화』, 187.
114 김세윤, 『칭의와 성화』, 190.

김세윤에게 성화와 칭의는 하나님 나라로 전이를 강조하는 것이고, 종말에 유보된 칭의가 선언되는 것으로 신학화했다.

김세윤은 칭의가 믿는 자 된 순간(세례)부터 현재를 거쳐 심판 때까지 전과정을 포괄적으로 지칭한다고 했다.[115] 믿는 자는 복음을 듣고 **스스로** 복음의 의미를 깨달아야 하며, 그 뒤에 세례를 받아야 칭의가 시작된다는 것이다. 김세윤은 '윤리가 없는 칭의'에 대해서 가능하다고 생각하기 때문에 지적하고 교정하려고 시도한다.

그러나 실제로 윤리가 없는 칭의는 불가능하다. 야고보서의 주장은 교회 안에 믿지 않는 자가 믿는 행세를 하면서 행위를 보이지 않기 때문에 행위라도 보이라고 촉구하는 것으로 이해해야 한다.

김세윤은 한국 교회가 예정론과 성도의 견인 교리로 인해서 구원파적 안일에 빠졌다고 했다.[116] 필자는 한국 교회 문제는 구원파적 안일에 있는 상태가 아니라, 기복신앙, 물량주의, 자유주의, 신비주의로 치닫는 것으로 분석하고 있다.

또한 김세윤은 헛된 상급 이해에 대해서 지적했다.[117] 김세윤은 이러한 상급 이해가 중세 가톨릭 교회의 구도에 빠진 것으로 제시했다.[118] 중세 가톨릭 교회는 상급을 교회가 결정할 수 있다고 하며 면죄부, 죽은 자를 위한 기도를 한 것이었다. 즉 교회의 관할권에 대한 개혁으로 보아야 한다. 상급 이해에서 상급은 상급의 내용과 상태에 대한 이해가 아니라, 상급을 주시는 분에 대한 이해가 필요하다.

---

115 김세윤, 『칭의와 성화』, 190.
116 김세윤, 『칭의와 성화』, 190.
117 김세윤, 『칭의와 성화』, 191.
118 김세윤, 『칭의와 성화』, 192.

김세윤은 전통적 칭의론(칭의와 성화)을 칭의를 하나님 나라에로 진입함, 하나님 나라 속에 서 있음, 하나님 나라의 구원의 완성을 받기라는 과정으로 변개했다.[119] 김세윤은 개인의 경건하고 정결한 삶을 이루는데 집중하는 것보다 칭의를 하나님 나라의 범주로 이해하면 삶에서 윤리적 요구, 사회윤리가 포함된다고 했다. 김세윤은 이 사회에 하나님의 의와 화평이 실현되도록 노력해야 한다고 했다.[120] 신자의 내면 상태를 고려하지 않고 단지 윤리와 사회개혁을 기독교의 총화(總和)로 생각하고 있는 것이다.

11. 김세윤은 삼위일체적 하나님의 은혜로 사회, 선교, 문화 변혁을 주장한다

김세윤은 칭의의 처음과 끝이 '삼위일체적 하나님의 은혜'에 의한 것이라고 했다.[121] 이것은 어떤 논리적인 연계성이나 역사적 근거가 없는 단독 선언이다. 앞에서 '삼위일체적'이란 용어에 문제성을 지적했다. 그리고 '삼위일체적 하나님의 은혜'라는 말도 자기 독단적 용어 활용이다. '삼위일체'와 '삼위일체적'은 전혀 유사성이 없는 용어이다. '칭의'는 '삼위일체의 은혜'이지, '삼위일체적 하나님의 은혜'가 아니다.

김세윤은 칭의의 근거를 "그리스도의 대속의 죽음도 하나님 아버지가 그의 아들을 세상에 보내시고 대속의 제사로 십자가의 죽음에 넘

---

119   김세윤, 『칭의와 성화』, 192.
120   김세윤, 『칭의와 성화』, 193.
121   김세윤, 『칭의와 성화』, 194.

겨주심으로 이루어진 것"으로 제시했다. 김세윤에게 '삼위일체'가 아닌 '일신론 하나님' 개념이 드러난다. 일단 김세윤에게 근본 칭의의 근거는 유일자 '아버지의 사랑'이다. 그리고 칭의의 수단인 '믿음'은 '성령의 은혜'으로 이루어진다고 한다.[122] 김세윤은 이것을 삼위일체적 은혜라고 두리뭉실하게 제시했다. 독자로서 명확하게 정리해본다면 '아버지의 사랑, 그리스도의 순종, 성령의 은혜'로 요약해본다.

그래서 후대에 그리스도의 순종의 덕을 깨닫는 자에게 입히는 구도이다. 덕은 어쩌면 가르침의 효력, 영향력이라고 볼 수 있다. 그런데 김세윤은 모두를 은혜로 제시하고 있다. 김세윤에게 아버지의 은혜는 보편적으로 제공되는 어떤 유익이고, 믿음은 개인의 깨달음에 의한 결단 사안이고, 그 후 작용에 성령의 은혜가 개입한다. 은혜를 무엇으로 규명하는지 정확하게 제시하지 않았다.

김세윤은 바울의 사상인 '은혜로만/믿음으로만 칭의'를 반복하여 말한다. 그러나 바울의 은혜와 믿음에 대한 개념은 제시하지 않고, 자기 은혜와 믿음에 대해서는 제시한다. 그래서 마치 바울의 이해와 김세윤의 이해가 동일한 것처럼 보일 수 있다. 그러나 바울의 은혜와 믿음 이해는 학자마다 다양한 견해가 있다. 독자에게 바른 이해를 갖도록 하기 위해서는 대표적인 이해를 제시하고 그 이해와 차이점을 제시하는 것이 좋을 것이다.

필자는 '은혜'는 '죄사함의 은혜'(고후 13:13)로 생각하고, '믿음'은 '하나님께서 주신 선물'로 이해(엡 2:8)하고 있다. 바울 사도께서 서신을 통해서 가르치는 내용이라고 생각한다. 필자가 에베소서를 제시했는

---

122 김세윤, 『칭의와 성화』, 194.

데 김세윤은 에베소서를 '바울의 진정성 있는 서신'으로 분류하는지 궁금하기도 하다.

김세윤은 바울의 칭의의 복음을 이방 선교의 효과적인 방안으로 제시하고 있다. "이방인이 유대인과 마찬가지로 의인으로 칭함을 얻도록 하고 하나님의 거룩한 백성이 되게 한 것"이라고 했다.[123]

갈라디아서의 가르침과 대치되는 내용이다. 갈라디아서에서는 유대인처럼 만드는 것을 거부하고 그리스도인으로 만드는 것을 바른 복음이라고 했다(갈 1장). 다른 복음은 유대인처럼 할례를 규정화하는 것이었고, 바울은 천사가 그런 복음을 전해도 저주가 있을 것이라고 선언했다(갈 1:8).

평행이론인지, 김세윤은 메타트론(metatron), 메르카바 환상과 같은 유대 묵시 체계에 등장하는 천사 가르침을 합당하게 생각한다. 사도 바울은 천사가 전해도 다른 복음은 저주를 받을 것이라고 확정했다.

김세윤은 '은혜로만/믿음으로만 칭의'되는 복음이 열방 선교를 가능하게 했다고 제시했다. 복음이 인종차별, 성차별, 신분차별을 무효화시킨다는 사회 정의, 사회 정화를 제시했다. 복음 정신이 차별을 철폐하는 것이다. 기독교 문명은 보편 해방(노예, 여성, 신분)을 낳는 역사로 제시했다.[124]

이 시대의 탁월한 지성인 노암 촘스키는 미국의 전쟁 정책에 대해서 비판했다. 김세윤이 탁월한 해방가라면 최소한 촘스키처럼 제국주의의 폭력 성향에 대해서 더 비판해야 할 것이다. 김세윤이 기고한

---

[123] 김세윤, 『칭의와 성화』, 195.
[124] 김세윤, 『칭의와 성화』, 196.

"동성애보다 사기가 더 큰 죄," "자살하면 지옥 간다는 사람이 지옥 갈 거다"라는 신문 에세이를 보면 알 수 있다. 탁월한 진보 의식이 있으면서도 정작 서양의 제국주의적 성향에 대한 비판은 전무하다.

아무튼 김세윤은 모든 차별이 해방되는 것을 복음의 최종 승리라고 했다.[125] 유독 여성 해방에 대한 강조가 있는데, 한국 교회에 여성 직분 안수를 주지 않는 것에 대한 것을 의식적으로 배치한 것으로 보인다. 그런데 그 구속 해방이 이 땅에서 성취될 수 있다거나 성취되어야 한다는 주장이다. 복음(평등) 실현이 이 땅에서 완전하게 이루어져야 한다는 주장이다.

김세윤이 주장하는 이방인 선교는 모든 차별을 철폐하는 것인데, 당시 유대인들에게는 노예, 일부다처제 등이 존재했는데 유독 이방인 지역에서만 평등 사회 구현을 주장한다. 그 모형은 유대 신비주의에 있는 이상사회일 것이다.

그러나 새 관점 학파는 그 이상을 유대의 언약적 신율주의에 두고 있다. 김세윤은 새 관점 학파 전의 이론으로 유대 묵시문학에 등장하는 이상을 주장하고 있다. 땅에 건설될 이상 국가를 꿈꾸는 것은 승천하실 주님께 이 땅에 이스라엘 나라 회복을 구하는 것과 같이 성령을 받지 못한 제자들의 질문과 유사하다(행 1:6).

이상국가론은 플라톤에게 아틀란티스(Atlantis), 토마스 무어에게는 유토피아(Utopia)가 있다. 이 유토피아를 인위적으로 실현하려는 사상은 공산주의이다. 철인(哲人)이 다르시는 이상적인 국가가 플라톤의 국가 이해인데, 김세윤이 펼치는 이상적 공동체는 교회도 없고 하나님의

---

125 김세윤, 『칭의와 성화』, 197.

다스림도 보이지 않고 차별 철폐, 해방(노예, 여성 등등)만 보인다.

12. 하나님의 대행자 예수 그리스도의 현재 통치:
이중 사랑 = 사회 정의실현

김세윤은『칭의와 성화』4장(은혜/믿음으로 받는 칭의와 행위대로의 심판) 도입에서 3장(예수의 하나님 나라 복음의 구원론적 표현으로서의 칭의론)의 정리를 삼위일체적 하나님의 은혜에 의한 칭의와 성화로서 제시했다. 김세윤의 구도는 다시 반복하면 하나님 아버지가 예수를 자기의 대행자로 보내어 주권 대행자로 삼고, 자신의 영(성령)의 힘으로 구원을 계속 이루어가게 하고, 성령을 주어 그리스도의 통치를 받으며 사는 의인이 되도록 한다는 것이다.[126]

이것은 정통 삼위일체와 전혀 다른 구도이다. 정통 삼위일체는 예수의 주와 구주의 신비를 해소하는 방식으로 아버지와 아들이 동일 본체(*homoousion*)임을 고백했고, 예수 그리스도의 신성과 인성 관계를 고백했다.

예수가 이룬 구원이 성령의 힘으로 진행했다는 것도 김세윤의 자기 이해를 구체화한 것이다. 통상 예수께서 구원을 이루었다고 하고, 예수의 구원을 '성령이 했다'는 이해는 제시하지 않는다. 서철원은 예수께서 성령의 담지를 '그리스도로 인격'이라고 제시했는데[127] 그것은 성

---

126 김세윤,『칭의와 성화』, 203.
127 서철원,『성령신학』(서울: 총신대학출판부, 2003), 71-72.

령의 능력으로 사역하기 위함이 아니라 믿는 자에게 줄 성령의 내주에 실현할 새인류 조상이고, 믿는 자가 그리스도의 얼굴을 나타내는 인격이라 했다.

김세윤은 칭의가 의인으로 선언 받고 하나님과의 올바른 관계 회복됨을 의미한다고 했다.[128] 그리고 칭의가 종말에서 완성될 것이고 지금은 회복된 올바른 관계 속에 서 있는 구도이다.

올바른 관계란 창조주 하나님이 아버지 또는 왕노릇 해 주심에 의지하고 순종한다는 뜻이다. 하나님의 통치를 받는 삶이다.

하나님의 백성은 하나님의 통치, 하나님의 뜻에 순종하며 사는 삶, 하나님의 법을 지키는 삶을 사는 것이다. 하나님의 통치를 예수 그리스도가 선취적으로 대행했다는 것이다.

그리고 예수 그리스도가 요구하는 것이 이중 사랑 계명, 윤리적 선택이라고 했다.[129] 하나님의 대행자 예수 그리스도의 통치를 받는 삶을 살면 의의 열매를 맺어 가며, 올바른 관계, 의인임이 드러난다는 것이다.[130] 김세윤에게 있어서 결국 그리스도의 통치를 받는 삶도 윤리적 선택이고, 의의 열매도 이상적 윤리(평등 실현)가 실현되는 것이다.

그런데 노예해방, 여성해방 등은 모두 사회 정의인데, 개인 성화에 대해서는 구체적으로 다루지 않는다. 추상적인 사탄과 싸움이고, 하나님의 자원을 받는 것인데, 결국 사탄과 싸움이나 하나님의 통치는 사회 부조리와의 싸움이 전부인 것으로 보인다.

---

128 김세윤, 『칭의와 성화』, 203.
129 김세윤, 『칭의와 성화』, 204.
130 김세윤, 『칭의와 성화』, 205.

김세윤은 마태복음의 신학과 바울 신학이 각각 상반되는 특수주의와 보편주의로 이해될 수 있는 경향에 대해서 부정하고 두 신학이 일치된 '의' 개념을 갖고 있다고 주장했다.[131] 특수주의와 보편주의로 나누는 것은 마태복음은 '행위'를 바울복음은 '믿음'을 강조한다는 견해를 염두한 것으로 보인다.

그러나 개혁신학은 성경 가르침에서 통일성과 다양성을 가르친다. 성경 66권은 일치된 통일성을 견지하고 있다. 김세윤이 비판하는 마태복음-특수주의, 바울 신학-보편주의 구별의 출처를 밝히지 않았다. 분명한 것은 개혁신학의 내용은 아니다.

김세윤은 성령의 역사를 의의 열매(사회 정의)로 연결시키고 있다. 반면 한국 교회는 방언, 예언, 환상, 축귀, 신유 등 신비스런 체험에 대해서 미신적으로 비판했다. 사회적 인권 증진, 윤리적 노력이 등한히 되는 상황에 대해서 비판했다.[132] 바울의 성령의 역사는 철저하게 하나님과 이웃의 올바른 관계, 윤리적 판단으로 연결한다.[133] 그리스도의 현재적 통치(하나님의 대행자로서)는 칭의의 현재 단계로서 의의 열매를 맺는 삶, 즉 사랑하는 삶이다.[134] 김세윤은 사랑을 사회에서 차별이 철폐되고 평등이 실현되는 것으로 귀결시키고 있다.

김세윤은 이슬람을 자력구원론으로 비판했다. 이슬람에는 하나님의 대행자가 이 땅에 있었다는 것을 인정하지 않는 공덕 종교이고, 기

---

131 김세윤, 『칭의와 성화』, 206.
132 김세윤, 『칭의와 성화』, 207.
133 김세윤, 『칭의와 성화』, 210.
134 김세윤, 『칭의와 성화』, 212.

독교는 예수 그리스도를 믿는 은혜 종교라는 것이다.[135]

그러나 자력 구원은 예수 가르침을 바른 가르침으로 받아드리는 결단, 스스로 윤리적 삶을 선택하는 것을 가르치는 김세윤에게도 있다.

김세윤이 자신이 한국의 기복종교와 이슬람 종교를 배격하기 때문에 바른 기독교라고 평가하는 것은 바람직하지 않다. 바른 기독교는 이 땅의 어떤 대상성이나 수준으로 평가하지 않고, 주 하나님의 피로 산 교회, 피로 산 백성인가로 평가된다. 아무리 이단을 배격하고, 교회의 부패를 개혁해도, 하나님의 피로 산 백성이 아니면 결코 교회나 신자가 될 수 없다.

13. 칭의 / 성화는 직업에서도 이루어진다?

김세윤은 칭의/구원이 전적으로 하나님의 은혜로 이루어지는 것이라고 제시했다.[136] 은혜에 대해서는 명확하게 규정하지 않았다. 예수가 죽음으로 구원(선취)을 시작했고, 그 구원 사건을 자기화하는 것은 당사자가 결단을 하는 구조이다.

김세윤은 믿음만 강조하고 율법이 없는 형태를 탈율법주의, 영지주의, 오늘날 구원파로 제시하며, 한국 교회가 같은 사상을 은근히 가르친다고 제시했다.[137] 한국 교회는 김세윤이 지적하지 않는 기복종교의 형식이 있다. 믿음을 강조할지라도 '세상에서 잘되는 믿음'은 기복종

---

135 김세윤,『칭의와 성화』, 212.
136 김세윤,『칭의와 성화』, 213.
137 김세윤,『칭의와 성화』, 214.

교의 전형이지 바른 믿음이 아니다. '기복적 믿음'과 '바른 믿음'을 구분해야 한다. '기복적 믿음'을 강조하는 것을 '믿음'을 강조하는 것으로 평가하는 것은 바람직하지 않다.

김세윤은 구원 곧 그리스도의 죽음을 대신적/대표적 죽음으로 제시한다. 이것은 그리스도의 죽음으로 모두(우리)를 의인으로 칭한다는 것을 내포했다는 것이다.[138] 죽음으로 구원을 내포하는 것은 선취이다. 그리고 종말까지 칭의가 유보되어 종말에 칭의가 된다.

김세윤은 세례에 대해서 좀 혼란스러운 견해를 제시했다. 복음을 듣고 믿은 자가 되는 과정의 끝이 세례라고 하고,[139] 세례에서 믿음이 시작하고, 칭의와 성화가 함께 일어나는 것으로 제시했다.[140] 복음을 들었지만 아직 믿는 자가 된 것은 아니고, 복음을 듣고 그 결과로 믿음 고백(예수가 주이시다)을 하는 것으로 칭의/성화가 시작하는 구도이다.

김세윤은 세례가 극 표현이라는 것을 반복하며, 믿음을 통해서 죄인, 옛 아담적 인간이 죄에 대해서 죽고 **그리스도의 부활의 생명을 체험**해서 의인이 되는 것으로 제시했다. 이 체험은 부활의 생명으로 사는 것이다.[141] 믿음으로 얻는 칭의로 살기 때문에 죄에 대해서 죽고 하나님에 대해서 사는 삶이다. 의인이 되었다는(indicative)이고, 의인으로 살라는(imperative) 구도이다.[142]

---

138 김세윤, 『칭의와 성화』, 214.
139 김세윤, 『칭의와 성화』, 161, 214.
140 김세윤, 『칭의와 성화』, 168, 181.
141 김세윤, 『칭의와 성화』, 215.
142 김세윤, 『칭의와 성화』, 216.

그래서 믿음의 활성화 실재는 곧 사탄의 통치인가 그리스도의 생명에 참여할 것인가를 선택하는 윤리적 과제이다.

김세윤은 로마서 12-15장의 윤리적 권면은 로마서 6장의 자신의 '몸'을 하나님께 온전히 바치는 것을 구체화한 것이라고 제시했다.[143] 이렇게 의인으로 사는 사람들은 종말에 하나님의 심판석 앞에서 그리스도의 중보로 칭의가 완성된다는 것이다.[144]

그런데 김세윤은 종말 전에 죽은 신자에 대해서 언급하지 않고, 믿음이 없거나 거부한 사람에 대한 심판에 대해서도 언급하지 않는다. 지금 죽은 신자의 장례 설교를 어떻게 해야 할지 궁금하다. 마지막 심판이 이르기 전에는(already-not yet의 상황) 어떤 상태에 있다고 말해야 할지 제시하지 않았다. 모든 심판은 하나님만이 안다고 할 뿐이다. 이것은 하나님이 안다는 것이 아니라 회의(懷疑)를 포장하기 위한 방법 중 하나이다.

칭의의 완성이 종말에 하나님의 심판대에서 그리스도의 중보로 된다는 것을 많이 반복한다.[145] 앞에서 정통 기독교 신앙에서 종말의 심판대에 선 심판주는 성자 하나님이라고 제시했다. 김세윤은 예수 그리스도가 심판주가 아닌 중보자 역할을 하는 것으로 제시한다. 김세윤의 중보자 이해가 궁금하다. 김세윤에게 중보자는 하나님의 뜻을 바르게 전달하는 유일한 사람이다.

그러나 성경에서 중보자는 "하나님은 한 분이시요 또 하나님과 사

---

143 김세윤, 『칭의와 성화』, 218.
144 김세윤, 『칭의와 성화』, 219.
145 김세윤, 『칭의와 성화』, 220.

람 사이에 중보도 한 분이시니 곧 사람이신 그리스도 예수라"(딤전 2:5)이다. 정통 신학에서 중보자는 예수이시고 지금도 하나님과 사람 사이에서 중보하고 있다고 믿는다.

김세윤은 신자들에게 하나님이 준 소명은 개별화된 임무 수행을 요구하는 것이라고 한다.[146] 은혜는 구원의 행위, 힘, 선물(구원의 은혜)와 각자에게 준 직분(소명의 은혜)라고 제시했다. 김세윤은 케제만의 견해를 따라서 은혜는 하나님의 주권과 주장이 함께 온다고 제시했다.[147] 김세윤은 이중 은혜를 구원의 은혜와 소명의 은혜로 제시했다.[148] 개혁신학에서 이중 은혜는 칭의와 성화이다. 소명은 내소와 외소로 구분하여 교회론에서 다루고, 일반직에 대한 소명을 다룬다. 그런데 김세윤은 소명(부름받음)에서 주를 섬기고 사는 사명을 받은 것으로 제시한다.[149]

김세윤은 바울이 노예 제도 폐지를 주장하며 로마 제국 체제에 도전하는 것으로 제시했다.[150] 바울의 가르침이 노예 제도를 없애는 거대한 인권 운동의 모태라고 제시했다.[151] 김세윤은 구원받음에 안주하지 말고 구원을 준 목적에 대해서 인지하라고 주장한다.[152] 그것은 하나님과 올바른 관계로 회복이다. 올바른 관계 회복은 인류 사회가 완전 평등과

---

146   김세윤, 『칭의와 성화』, 222.
147   김세윤, 『칭의와 성화』, 223.
148   김세윤, 『칭의와 성화』, 224.
149   김세윤, 『칭의와 성화』, 226.
150   김세윤, 『칭의와 성화』, 227.
151   김세윤, 『칭의와 성화』, 228.
152   김세윤, 『칭의와 성화』, 229.

개방 사회를 이루는 것이다. 바울이 노예 제도 폐지를 주장했다는 주장은 김세윤의 개인적이고 과격한 견해이다.

김세윤은 사도 바울이 복음을 전하는 것을 숙명(*anangke*)으로 보았다고 제시했다(고전 9:16). 김세윤은 소명을 충실히 감당함으로 구원을 받고 그렇지 않으면 멸망당하는 것으로 제시한다. 이것이 종교개혁가들이 어느 정도 터득한 바울 사상이라고 한다.[153]

김세윤은 모든 직업이 하나님의 소명이라고 제시했다. 그리고 직업에서 이웃에게 하나님의 은혜의 전달자 노릇을 하는 장소, 제사장 노릇을 하는 장소로 제시했는데 이것이 루터가 바울에게서 발견한 소명 개념이라고 했다.[154]

바울은 일하는 것을 강조했다. 그러나 일터에서 제사장 노릇을 연결시킨 것은 바울 서신에서 찾을 수 없다. 김세윤은 창의적 노동과 부의 확대에 대한 견해가 자본주의 정신이라는 막스 베버의 견해를 답습한다.[155] 김세윤은 직장(직업)에서 이웃을 사랑하는 행동을 하나님의 은혜의 행동이라고 제시한다.[156]

김세윤은 직업소명설이 종교개혁유산으로 견지하며 반복한다. 그러나 직업소명설과 만인제사장주의는 구분된다. 루터는 만인제사장주의를 주장했고, 직업소명설은 칼빈의 제시한 견해이다. 김세윤은 자본주의의 기원을 종교개혁으로 보고 맘몬 우상 숭배로 연결했다. 마치 종교개혁이 사회 경제에서 잘못한 행태를 개혁해야 하는 것으로

---

[153] 김세윤, 『칭의와 성화』, 231.

[154] 김세윤, 『칭의와 성화』, 234.

[155] 김세윤, 『칭의와 성화』, 235.

[156] 김세윤, 『칭의와 성화』, 237.

이해될 수 있는 구도가 된다.

한국 사회가 자본주의이고 대형교회에 많은 문제가 있지만 김세윤의 칭의론 복음을 이해하지 못하기 때문에 한국 사회와 교회에 문제가 발생한 것은 아니다. 구원파식 이해도 아니다. 탐욕과 기복종교의 행태를 반복하는 그릇된 형태 때문이다.

14. 행위대로 심판을 주장함: 행위 구원과 긴밀하게 연관됨

김세윤은 칭의의 삼위일체론적 구조(아버지의 작정, 아들을 보냄, 성령으로 구속하게 함)와 은혜로만/믿음으로만 칭의로 통치를 대행하는 구조로 제시했다. 그리고 칭의/성화의 현재(하나님 백성으로 살기)는 종말(재림) 때에 하나님의 심판석에서 완성된다는 것이 바울의 가르침이라고 했다.[157] 그때 예수 그리스도가 우리의 중보이며(롬 8:32-39), 그 심판은 행위대로 심판하는 것이고 성경에 많은 구절이 그것을 가르친다고 김세윤은 제시했다.[158]

김세윤은 심판에서 상(賞)이 있다고 인정하지만,[159] 상급(賞給)이 있다는 것은 틀리다고 제시했다. 고린도전서 3장에서 등장하는 '(겨우) 불을 통과하는 자'를 상급으로 가르치는 것이 아니라고 했다.[160] 복음

---

[157] 김세윤, 『칭의와 성화』, 240.
[158] 김세윤, 『칭의와 성화』, 241.
[159] 김세윤, 『칭의와 성화』, 242.
[160] 김세윤, 『칭의와 성화』, 243.

선포가 소명, 숙명(*anangke*)에 의한 것이기 때문이다.[161]

김세윤은 예수의 가르침은 바울이 거부하는 가르침이 있다는 불트만의 견해에 대해서 거부했다. 그리고 한국 교회가 다양한 비평 방법을 거부하고 문자적이고 율법적으로 해석하여 상급론을 고집하고 있다고 주장했다.[162] 김세윤은 예수와 바울 이해를 위해서 '사회학적 비평 방법'을 적용해야 한다고 했다. 이런 구도를 의식한 예수가 사회 중산층 제자들을 선발했다고 했다.[163] 김세윤은 예수나 바울을 이 땅에 하나님 나라를 세우는 것, 사회 개혁을 위한 선지자로 이해한 것이다. 김세윤이 불트만의 견해를 거부하는 것처럼 보이지만, 후기 불트만 학파의 견해인 간접 기독론을 중심으로 사회 개혁 윤리 운동을 제시하고 있다.

김세윤은 바울이 헬라 선교 상황에서 예수의 가르침을 문자적으로 이행할 수 없었고 예수 가르침의 정신을 이행했다고 한다.[164] 바울이 자비량(무료)으로 선교한 것을 증거로 제시했다. 김세윤은 교회 건축을 비유로 삼아 베드로는 기둥, 아볼로는 벽, 바울은 기초 과정으로 제시했다.[165]

그리고 김세윤은 고린도전서 3:15에서 '잃어버리다'라는 동사의 생략된 목적어가 상이 아니라 돌과 나무와 지푸라기로 지어져 심판의

---

161 김세윤, 『칭의와 성화』, 244.
162 김세윤, 『칭의와 성화』, 245.
163 김세윤, 『칭의와 성화』, 246.
164 김세윤, 『칭의와 성화』, 249.
165 김세윤, 『칭의와 성화』, 251.

불에 타 버렸다고 제시한다.[166] 교회가 금과 은과 보석으로 지은 것이 찬란하게 드러날 때 바울과 같은 신실한 사역자가 받을 상으로 제시했다. 그리고 '상'이나 '면류관'을 구원자체로 해석했다. 그리고 칭의자체와 구원의 완성을 동일하게 평가했다.

김세윤은 바울이 이방인에게 복음을 선포할 사도로 소명을 받은 것으로 인식한 것처럼, 모두에게 그 원칙을 적용한다. 각자의 소명에 대한 인식을 갖고 빚진 자의 심정으로 이 땅에 하나님 나라의 샬롬을 실현하는 것이 금과 은과 보석으로 짓는 것으로 제시했다.[167] 최후의 심판 때에 행위 전체에 대한 심판이 있는데 그 심판에서 하나님 나라 건축에 실현한 이바지가 찬란하게 빛날 것이라고 했다.

최후의 날에 여전히 과거에 쌓았던 금과 은과 보석이 남아 찬란하게 빛난다는 것은 독특한 견해이다. 옛것은 사라지고 새 하늘과 새 땅이 도래하는 최후의 심판은 없는 것 같다. 김세윤은 사탄의 통치에 순종하는 것은 마지막에 드러날 것으로 제시한다. 사탄의 통치에 순종하면 돌과 나무와 지푸라기로서 사라져 버린다.[168]

김세윤은 종말에 칭의의 완성과 열매의 상실을 말한다. 그러나 그 구원자체, 구원상실까지만 말한다. 하나님처럼 되는 것이 이 땅에서 이루어지는지 종말에 이루어지는지 명확하지 않다. 그리고 열매가 상실된 사람도 하나님처럼 되는지 어떠한지 언급이 없다.

이 견해는 존 스토트의 영혼멸절설을 생각나게 한다. 영혼멸절설은

---

166 김세윤, 『칭의와 성화』, 252.
167 김세윤, 『칭의와 성화』, 258.
168 김세윤, 『칭의와 성화』, 259.

안식교와 여호와중인 등도 견지하는 가르침이다. 스토트나 안식교는 지옥에서 형벌을 받다가 멸절되는 구도이지만, 김세윤은 마지막 심판에서(지옥 과정도 없이) 어떤 언급이 없다.

김세윤은 법정적 칭의의 단점을 칭의를 확보했다고 생각해서 윤리 의무를 행하지 않는다는 것으로 판단했다. 그래서 시작부터 확증하는 법정적 칭의 개념을 거부하고, 종말에 칭의를 완성하는 구조와 함께 윤리 의무를 강화하는 구조가 되어야 한다는 것이다. 행위를 강조하기 때문에 행위 구원에 대한 질문에 대해서 그리스도의 중보를 강조하면서 넘어가려고 하다.[169] 김세윤은 최후 심판에서 그리스도가 중보하고, 현재 칭의에서는 성령이 깨닫게 하고 힘을 주는 구도로 제시했다. 이것은 마치 성령을 '구속주'라고 말한 바르트의 구도와 유사하다.

김세윤은 맘몬 우상숭배를 배격하고 사랑할 수 있는 방법으로 성령의 힘을 제시한다. '성령의 힘'이란 '신비적 신적 능력'으로 판단된다. 개혁신학에서 성령은 인격적인 감동과 감화로 결단하도록 한다. 김세윤은 성령이 예수의 뜻을 깨닫게 하고 순종할 수 있는 믿음과 능력을 주는 도식을 펼친다.[170] 김세윤의 구도에는 예수의 통치는 곧 성령의 역할이다. 개혁신학에서 실재 천상 그리스도의 다스림을 성령께서 그리스도의 얼굴로 하시는 것이다.

김세윤은 그리스도의 중보, 하나님의 은혜, 성령의 능력도 제시한다. 그러나 그리스도의 죽음은 끝났고, 죽음의 가르침은 성령이 깨닫도록 해서, 신자는 '예수가 주이시다'라고 고백한다. 그리고 사탄의

---

169 김세윤, 『칭의와 성화』, 260.
170 김세윤, 『칭의와 성화』, 261.

나라로 가지 않고 하나님의 통치 안에 있으면 그리스도의 중보로 구원을 받는다. 이 때 전적인 성령의 힘이지만 자신이 깨달아서 머무는 구도이다. 자력구원이고 행위구원을 피할 수 없다.

15. 김세윤은 예정과 성도의 견인과 함께 탈락의 가능성을 둔다

김세윤은 믿음의 시작인 칭의에서 구원이 시작되는데, 구원이 끝까지 유지하지 못하고 탈락의 가능성을 개방했다. 탈락의 가능성은 김영한도 동일하게 주장한다. 김세윤은 고린도전서에서 바울이 출애굽한 이스라엘을 예로 제시했다.[171] 출애굽을 홍해 도하를 경험했던(세례) 이스라엘이 광야에서 우상숭배를 하면서 두 사람을 제외하고 가나안에 들어가지 못했다는 것이다.

김세윤은 로마서 11:17-24를 제시하면서 유대인들은 하나님이 보낸 예수를 믿지 않고 거부했다고 제시했다.[172] 이런 개념은 새 관점 학파(NPP)와 다른 것이다. 새 관점의 주장에 따르면, 본래 유대인에게 언약적 신율주의 체계가 있었고, 예수는 편협한 율법 이해를 제거하기 위해서 죽은 수준에 불과한 것이다.

김세윤은 서있음, 머무름(getting in, staying in)에 대해서 인정하지 않고 하나님의 통치를 의지하고 순종할 것을 제시했다. 그리고 '헛된 믿음'이 있음을 제시하면서, 탈락의 가능성을 제시한다. 세례 후에(빛

---

171 김세윤, 『칭의와 성화』, 264.

172 김세윤, 『칭의와 성화』, 266.

을 체험하고) 배교하면 다시 회개할 수 없다고 제시한다.[173] 출애굽 백성과 비교하며 경고했다.

 이런 견해에 대해서 십자가, 부활, 승천, 성령강림 이전과 이후에 대한 종말론적 이해가 부족하다고 필자는 생각한다. 왜냐하면 김세윤에게 시간은 동일하기 때문이다. 즉 출애굽 백성이 실패한 것을 성령강림 이후 성도가 실패한 것과 등치시킨 것이다. 이러한 구조는 계시가 변함없이 동일할 때 가능한 구조이다. 그래서 계시의 점진성이나 충족성이 있기 어렵다. 오순절 이후 성령의 내주와 구약의 성령의 임재 방식을 구분하지 않았다.

 김세윤은 히브리서의 경고와 달램 구조를 제시하며, 구원에서 떨어짐의 경고와 성령의 은혜로 계명을 지켜 순종하여 살도록 촉구함을 강조했다.[174] 이런 주요 목표가 법정적 칭의가 행위, 윤리적 행동을 하지 않도록 한다는 것과 믿음에서 이탈이 가능하다는 것을 단정하기 때문이다.

 김세윤은 탈락의 가능성을 제시하면서, 한국 교회에 있는 예정(이중예정)과 견인에 대해서 언급한다.[175] 칭의(세례)된 사람이 타락의 가능성이 있기 때문에 은혜에서 탈락할 수 있다는 것은 엄연한 성경의 가르침(히 6장)이라고 강조한다. 칼빈주의와 알미니안를 비판하고 양자를 취합한다.[176] 김세윤은 예정과 견인을 존중하면서 성경에서 명백

---

173 김세윤,『칭의와 성화』, 267.
174 김세윤,『칭의와 성화』, 268.
175 김세윤,『칭의와 성화』, 269.
176 김세윤,『칭의와 성화』, 270.

하게 가르치는 타락/탈락의 가능성을 통합해야 하다고 주장한다.[177] 그러면서 믿음에서 이탈한 배교한 자에게는 두 번째 구원이 없다는 것을 강조했다.[178]

필자는 이 시점에서는 한국 교회의 과거에 신사참배/신도예식을 도입했던 예를 제시하는 것이 필요하다고 생각한다. 그런데 김세윤은 다른 곳에서는 다양한 역사, 사회적 예시를 들지만 이곳에서는 어떤 예시가 없고 오직 논리만 제시한다. 한국 교회의 중대한 사안에 대해서 침묵하는 것 같다.

베드로 사도가 십자가 앞에서 이탈했지만 다시 사도로서 사역한 것에 대해서 김세윤은 어떻게 설명할 수 있는가?

이단도 회개하고 돌아올 수 있다는 가능성을 남겨 둔 것은 어떻게 설명할 수 있는가?

탈락의 가능성과 배교의 불가능성을 강조하면서 배교자가 회개한 교회 역사의 증거들을 무시하는 것이다.

김세윤이 예정과 견인과 함께 탈락의 가능성을 주장하는 이유는 성령을 쫓아 살아갈 수 있도록 하는 구도를 갖기 위함이다. 김세윤/김영한은 동일하게 예정과 견인 교리와 탈락의 가능성이란 두 상반된 논제가 통합할 수 있다고 주장한다. 그것을 '논리적 긴장'이라고 표현하고 참된 평안과 기쁨을 누린다고 한다.[179] 상반된 가르침은 두 축의 긴장이 아니라 한 집을 이룰 수 없는 다른 축이다.

---

177 김세윤, 『칭의와 성화』, 271.
178 김세윤, 『칭의와 성화』, 275.
179 김세윤, 『칭의와 성화』, 276.

김세윤은 칼빈주의와 알미니안을 통합하려는 것은 아닐 것이다. 제3의 길을 만들어 자기 세력을 놓으려 했는데, 새 관점이란 큰 복병을 만나 좌초하고 있다. 한국 교회는 기독교 정통 신학 이해 토대가 부족한 상태에서 기독교를 현대화한 해외 신학을 분별없이 도입하고 있다.

김세윤이 한국 교회에 지대한 영향력을 갖고 있는데 기여한 것은 무엇인가?

아직도 여성 안수를 관철시키지 못해 사명을 다하지 못한 것인가?

구원에서 탈락하지 않으면 자력으로 성령의 힘을 붙들어야 할 것이다. 한국 교회는 주님의 몸된 교회이기 때문에 주 하나님의 명령에 순종하는 거룩과 주 하나님께 전적으로 의지하는 겸손이 필요하다. 맘몬주의와 성적(性的)으로 타락한 목회자들을 들먹일 수도 있다. 그들이 한국 교회를 대표하는 위치에 있을 수 있지만 그들로 말미암아 한국 교회를 매도하는 것이 기독교적 사고인가라고 묻는다면 다를 것이다. 한국 교회가 기독교에 부합하지 않는 행태로 비판을 받아야지, 크고 영향력이 있는 사람이 잘못했기 때문에 한국 교회와 기독교 자체를 수정하려는 것은 바른 인식이나 태도가 아니다.

16. 『칭의와 성화』 비평적 독서를 마무리하면서…

바르트가 신학계에 등장한 것은 자유주의 신학자들의 놀이터에 폭탄을 던진 사건으로 소개한다. 필자는 시골 미말의 서생으로 있다가 우연하게 김세윤을 탐구하면서 「바른믿음」이란 인터넷 신문에 임진남 목사와 함께 신학 비평을 게재했다. 독자들의 일반적인 비평에 대한 술회를 먼저 제시한다.

필자의 글에 대한 비평은 다음과 같다.

첫째, "도대체 김세윤의 신학을 이해하고 비평을 하는 것이냐?"는 것이었다. 학문하는 자세가 없는 학도의 비평으로 생각한다. 세계적으로 탁월한 신학자 김세윤이지만 모든 것을 알지 못한 상황에서 자기 사상을 개진하는 것이고, 탁월한 김세윤 신학을 비평하는 필자도 다 알지 못한 상황에서 최선으로 개진하는 것이다. 학문은 완전한 것이 아니기 때문에 부족하면 비판을 받아 보완하고 옳은 지적이라면 상대가 수정해야 한다. 학문은 상호 토론과 쟁투에서 서로의 학문이 더 예리해진다고 생각한다. 물론 대학자는 예리해질 필요가 없지만 후학들은 자기 발전을 위해서 탁월한 신학자의 위용에 감히 도전을 시도한 것이다. 그런 무모한 도전에 성원을 오히려 기대한다.

둘째, 세계적인 한국 신학자를 비판해서 상처를 주는 행동이라는 것이다. 세계적인 한국 신학자이기 때문에 옹호하고 지지해야 한다는 것은 정치적인 발상이다. 세계적인 한국 신학자의 위치에서 한국 교회에 어떤 가르침을 주는지를 먼저 명확하게 인지해야 한다. 필자는 김세윤의 가르침이 영생 구원의 복음을 수정하려는 것으로 판단했다. 세계적인 신학자의 위치는 인정하지만, 그렇기 때문에 한국 교회가 그 가르침을 수용해야 한다는 것은 인정할 수 없다. 한국 교회는 죄사함과 영생의 복음을 보수하고 전파해야 한다고 생각하기 때문이다. 세계에는 김세윤보다 더 탁월한 신학자들이 많다. 그 세계적인 신학자들이 교회를 이룬 신학자였다면 20세기 교회는 성장했을 것이다. 그 큰 신학자들이 있는 세계 교회는 계속 몰락하고 있다. 세계의 유수한 신학자들이 오직 하나 그리스도의 피의 죄사함과 천국 영생에 대한 복음으로 교회를 회복하자는 주장은 하지 않는다.

필자가 『칭의와 성화』를 읽으면서 느낀 점은 '이 책이 김세윤 신학의 총화'라고 생각했다. 『바울 복음의 기원』과 『그 '사람의 아들' 인자』를 쉽게 요약해서 강연한 것으로 보인다. 그보다 좀 더 쉬운 저술은 『구원이란 무엇인가』, 『복음이란 무엇인가』이다. 김세윤은 두란노 출판사와 연계하여 강연을 통해서 저술을 출판했다. 많은 저술이 강연물이어서 학문 성과로 인정하기 쉽지 않지만, 쉽게 김세윤 사상의 독특한 면들이 볼 수 있다. 『칭의와 성화』에 대해서 개략하면 다음과 같다.

첫째, 한국 교회의 칭의론은 수정되어야 한다. 칭의론은 장로교회 특히 합동 교단과 신학 계열이 같은 집단에 대한 지적으로 보인다. 그것은 김세윤이 여성 안수 시행을 강력하게 주장하고 있기 때문이다. 칭의론과 여성 안수의 상관 관계는 하나님의 통치가 임하면 모든 차별과 억압이 해방되기 때문이다. 여성 안수를 시행하지 않고 있다면 여성을 억압하는 반(反)복음적인 작태가 된다. 칭의와 성화 이해에서 여성 안수, 노예 해방, 억압 철폐의 관계 설정은 곧 사회복음주의 성향이 있다고 평가할 수 있다.

둘째, 칭의와 성화는 동의어이다. 김세윤은 칭의와 성화를 하나님의 나라에 진입함으로 제시했다. 그래서 필자는 '칭의와 성화'라는 단어를 배제하고 '하나님 나라에 진입함'이란 단어로 대체해서 사용할 것을 제안했다. 쉬운 단어를 놓고 어렵고 복잡한 단어를 활용하는 것은 비효율적이기 때문이다.

셋째, 김세윤은 새 관점 학파를 끊임없이 견제하지만 결국은 일정 부분 함락되고 있다. 김세윤의 진영(독일 계열)과 새 관점 학파(영국 계열)의 신학 충돌에서 세계는 영어권으로 중심축이 옮겨가고 있는 것 같다. 그런데 영미에서 독일 신학을 잘 이해하지 못했기 때문에 정교한 신학이 나오지 않는 폐단이 있다. 그럼에도 다수가 새 관점 학파를 지지해서 영향력에서 김세윤 이해는 점점 쇄락하고 있다. 과거 탐구(B.C. 2세기 - A.D. 1세기 문헌)에서 새 관점을 이길 수 없기 때문에, 더 사회 정화, 사회 변혁을 강조하는 것처럼 이해된다.

김세윤과 새 관점 학파는 미래적 칭의가 같으며, 현재 사회 정의 실현에도 동일하다. 그러나 기독교 시작(유대인 이해)에서 근본적인 차이가 있다. 김세윤은 유대 묵시문학에서 기독교의 시작을 보고 있고, 새 관점 학파는 2세기 유대주의, 즉 언약적 신율주의라고 보는 것이다. 정통 기독교에서 기독교의 시작은 예수 그리스도의 성육신-성령강림으로 본다.

넷째, 칭의/성화의 시작이 세례인데 최후의 날에 칭의가 완성된다. 그래서 현재 신자의 칭의는 유보, 예약되었다. 최덕성은 이런 구도를 '유보적 칭의론'이라고 개념화했다. 김세윤은 이 개념에 대해서 달갑게 생각하지 않은지, 다른 인터뷰에서 더 심각하게 '예약'이라는 단어를 사용했다.

김세윤이 최후의 날에 심판이 이루어진다는 개념은 자기 개념이 아니고 후기 불트만 학파의 구도이다. 종말에 칭의가 되는 유사한 구도는 웨슬리안의 구도이고, 트렌트 회의의 구도이다. 김세윤은 자기 사상의 계통을 밝혀야 독자들이 쉽게 이해할 수 있는데, 자기 전유 사상인 것처럼 제시하기 때문에 이해하는데 어려움이 있다.

다섯째, 김세윤은 신자 개인의 상과 면류관을 인정하지 않지만, 신자가 세운 교회에 대해서 상과 면류관을 인정한다. 그리고 불신자인지 신자인지는 모르지만 마지막 불심판에서 사라질 짚과 풀로 쌓은 공로가 있다고 제시했다. 필자는 그것을 존 스토트의 영혼멸절설보다 더 과격하게 지옥을 제시하지 않는다고 생각했다.

여섯째, 김세윤은 예정과 견인 교리를 인정하면서 탈락의 가능성을 주장한다. 두 상반된 논리라고 하면서 긴장 관계를 이루어야 한다고 주장한다. 이런 동일한 주장에는 김영한도 있다. 그들은 공통적으로 성경이 말하기 때문에 탈락의 가능성을 침묵할 수 없다고 오히려 항변한다.

반면 김세윤은 여성 안수에 관련된 본문에 대해서는 후대 편집이라고 규정하면서 빠져나가는 성경 관념을 갖고 있다. 그런데 탈락의 가능성에 대해서는 본문 그대로 인정하면서 강력하게 주장한다.

제 6 장
김세윤의 유보적 칭의론 인터뷰에 대한 비판[1]

장부영 박사

미주총신대학교 조직신학 교수

1. 서론

　필자는 본래 김세윤을 한국이 낳은 바울 신학의 세계적인 권위자로 들어왔기에 한국 교회의 자랑으로 여겨왔었다. 그러나 지금은 생각이 많이 달라졌다. 물론 얼마 전까지만 해도 그의 명성을 생각하여 이해 하려고 했지만, 그분의 인터뷰 내용을[2] 보고는 더욱 의구심을 떨쳐버릴 수 없게 되었다.

1　본 소논문(article)은 김세윤의 '유보적 칭의론'(reserved justification)에 관한 인터뷰를 보고 이에 대한 문제를 제기한 주위의 목사님들과 신학생들의 질문에 대하여 답변한 것이다. 질문의 핵심은 이러하다. '김세윤의 '유보적 칭의론'(reserved justification)에 문제가 있다. 그의 칭의에 대한 견해는 '새 관점'(new quest/new perspective)의 접근을 통하여 신 율법주의(neo-Legalism, neo-Nominianism)로 돌아가고 있다. 교수님의 답변을 듣고 싶다.'

2　"특별 인터뷰: 칭의론 논쟁, 김세윤 교수에게 듣는다," 〈코람데오닷컴〉, 2016.06.17. 〈http://www.kscoramdeo.com/news/articleView.html?idxno=9835〉 (2016.12.8 - 접속날짜).

목회자로서 그분을 바라보는 시선과 신학자로서 그분을 바라보는 시선이 많이 달라질 수 있다는 점도 새삼 깨닫게 되었다. 다시 말하자면 목회자들이 가지고 있는 관심이 특히 실천적인 신자들의 거룩한 신앙생활이라면, 신학자들은 윤리적인 면에 앞서서 성경을 체계적으로 정리하여 진리를 파수해야 할 사명감으로 교리에 신경을 쓴다. 그래서인지 이번에 김세윤의 '유보적 칭의론'이 한국의 개혁주의 신학자들에게 격렬한 비판을 받고 있는 것이 아닌가 생각한다.

그러므로 김세윤은 개혁주의 신학자들을 무조건 무시하는 태도로 공격하는 학자답지 못한 자세를 버리고, 값없이 내려주시는 주님의 은혜로운 분위기 가운데 겸허한 마음으로써 객관적인 토론의 장(forum)이 열리는 것이 바람직하지 않을까 생각한다.

2. 칭의

김세윤의 인터뷰를 보면 다람쥐 쳇바퀴 돌 듯, '제1의 칭의'(primary justification),[3] 즉 처음에 '믿음으로 얻은 칭의'(첫 열매)에서 종말론적 '제2의 칭의'(secondary justification), 즉 '행위를 통하여 완성된 칭의'(수확, 구원의 완성)에로 진행되는 것으로 반복해서 강조하고 있는데, 그 중심에는 우리가 구원의 서정을 통하여 점진적으로 신앙 인격이 성장한다는 '성화'(sanctification)와 혼동하여 '칭의'의 개념을 오해하고 있는 것 같다.

---

3 이것은 필자가 붙인 용어로 처음에 받은 칭의를 의미함.

물론, 김세윤은 말로는 처음에 '믿음으로 받은 칭의'도 완전한 것으로 "첫 열매"라고 하며 '종말에 받을 칭의'에 대한 "예약"으로 아직은 칭의가 "유보"(reservation)되었다고 설명하고 있지만, 이러한 칭의이해는 개혁신학적으로 적절치 않은 용어라고 생각한다. 이것을 구태여 비교하자면 구원이란 아직 미결정 상태로 인간의 행위의 결과에 따라 좌우될 수 있다는 알미니안주의(Arminianism)와 유사한 것이다.

그러므로 종말이 될 때까지는 구원의 결정이 유보상태에 있다는 것인데, 이러한 의미에서 김세윤의 주장은 반(半)알미니안주의(semi-Arminianism)에 가깝다고 할 수 있다. 어떤 의미에서 이것은 반(半)칼빈주의(semi-Calvinism)라고 말할 수도 있을 것이다.

물론, 칭의를 과거와 현재와 미래를 관통하는 전시적(全時的) 구도(frame)로 그리스도의 십자가의 '죽음과 부활'의 차원에서 접근한 것이라면, 처음과 종말의 연속선상에서 이해하려고 하는 의도는 좋지만, 그렇다고 해서 '칭의'의 정확한, 고유의 개념을 무시하고 '첫 번의 칭의'와 '종말의 칭의' 사이의 과정을 설명하기 위하여 "유보"(reservation)라고 표현하는 것은 납득이 가지 않는 논리이다.

'칭의'의 즉각성을 차치하고 백번 양보해서 '칭의'의 연속성의 측면에서 접근하여 '씨앗'과 '열매'의 동질성을 인정한다고 가정하더라도, 김세윤의 이론에, 첫 번째 '칭의'를 받아 '의인'이 된 사람이 종말에 "의의 열매" 즉 '의인의 삶'(의로운 행위)을 제대로 살지 못한다면 타락과 멸망을 면치 못하리라고 하는 견해는 전혀 칼빈주의나 성경적인 교리가 아니다. 생명이 있는 씨앗이라면 생명이 있는 열매를 맺게 마련이다. 진정한 칭의로 의인이 되었다면 정도의 차이는 있어도 반드시 의의 열매를 맺게 되어 있다.

그렇다고 인간이 아무런 노력도 하지 않고 구원파처럼 가만히 있어도 된다는 의미가 아니다. 참된 칭의를 받은 사람은 그 마음속에 성령이 계시기 때문에 가만히 있지를 못하고 더욱 열정을 내게 되어있다. 그의 속에 성령이 거하는 사람이라면 이미 구원을 받았으니 불의를 행해도 괜찮다거나 의를 위한 생활과 전도를 하지 않아도 된다는 그러한 생각조차도 하지 못하며, 오히려 성령의 강권하심에 따라서 중심에 불붙는 것 같아 더욱 열심을 내게 되어 있다(렘 20:9).

물론, 사람에 따라 정도의 차이는 있다고 하더라도 성령의 인도하심으로 선을 행하게 되어 있다는 뜻이다. 그래서 마틴 루터(Martin Luther)는 이것을 가리켜 믿음이란 사람의 일(행위)이 아니라 하나님의 일(행위)이라고 했다(요 6:29).

만일, 칭의를 받고도 삶의 행위에 있어서 무관심하거나 게으른 생활로 "의의 열매"를 전혀 맺지 못했다면, 이 사람은 진정한 칭의를 받지 못한 사람으로 칭의를 받았다는 착각 속에 사는 사람이다. 물론, 칭의를 받은 사람이라도 살아 있는 동안은 육욕에 의하여 유혹을 받고 죄(자범죄)를 지을 수 있기 때문에, 그래서 루터는 "의인인 동시에 죄인"(*simul justus et peccator*)이라고 했다.

그러나 조직신학적으로 말하자면, 인간의 멸망이란 이 자범죄(*peccatum actuale*)에 의한 것이 아니라 원죄(*peccatum originale*)에 의한 것이라는 것이 성경의 기본적인 죄관과 구원관이다. 사실, 인간이 멸망하는 것은 원죄 때문이다. 이 원죄를 예수께서 십자가상에서 단번에 해결해주셨고, 이 공로를 힘입은 사람들은 즉시 단번에 그리고 완벽하게 죄 사함을 받고 의롭다는 선언을 받게 되어 일차적으로 구원을 받은 것이다. 예수님의 말씀과 같이 구원과 심판은 현재적인 동시에 미래적인 것으로 그 자체가 완전한 것이다(요 3:18).

그러나 칭의(צדק, δικαιοσύνη)는 하나님께서 독자적으로 현재 선언하시는 즉시, 완전한 것이다. 이 점에 대하여 루터는 "칭의는 우리가 성취할 수 있다거나 공로로 이룩할 수 있는 어떤 것이 결코 아니다. 또한 하나님께서 우리의 미래적인 성취를 미리 보시고서 수여해주시는 어떤 것도 아니다"라고 했다. 칭의는 즉각적이며 단회적인 것으로 현재 진행형의 '과정'(process)이 아니며, 또 미래적인 것이 아니라 영원한 현재(eternal presence)에 속한 '선언'이다.

이 후로 우리는 원죄의 차원에서는 죄인이 아닌 당당한 '의인'이 되어 구원이 보장되며, 그 보증으로 성령의 인침을 받게 되는 것이다. 물론 중생하여 의인이 된 후에도 육신의 소욕에 의하여 죄를 범할 수 있기 때문에 종교개혁가들 중에는 '의인인 죄인'이라는 역설적인 표현을 하기도 했다. 그러나 이 죄는 원죄가 아니라 자범죄를 의미한다. 그런 의미에서 단번에 그리고 영원히 해결된 원죄가 다시 살아날 이유는 없으며, 우리가 종말까지 범하게 되는 죄는 자범죄로 이 죄를 가리켜 사도 요한은 사망에 이르지 않는 죄(요일 5:17)라고 해서 회개가 가능한 죄라는 것이다.

그러나 우리가 그리스도의 공로를 믿음으로 얻은 칭의에 의하여, 멸망하여 지옥으로 떨어질 염려가 없는 이유는 다시는 원죄와 같은 죄를 범할 염려가 없기 때문인데, 그 이유인즉 우리는 하나님의 씨로 낳았고, 하나님께서 지키시기 때문이다(요일 3:9; 5:18). 이것이 믿음으로 의롭다 함을 얻은 우리의 확고부동한 **"구원의 확신"**이다.

그러면 칭의 된 이후에 범하는 죄(자범죄)는 어찌되는 것인가?

물론, 이 자범죄로 **멸망하여** 지옥에 가지는 않는다. 단지 그 죄에 대한 하나님의 "보응"이 따를 뿐이다. 이 하나님의 "보응"을 다른 말로 말하자면 하나님의 "징계"를 의미한다.

그러므로 칭의로 하나님의 아들이 된 사람이 죄(자범죄)를 범했을 경우에 하나님 아버지께서 가만히 계시겠습니까?

아들이라면 징계를 받는 것이 당연하며 만일 징계를 받지 않는다면 사생자라고 했다. 이 부분에 관하여 히브리서 기자가 잘 설명해주고 있다.

> 주께서 그 사랑하시는 자를 징계하시고 그의 받으시는 아들마다 채찍질하심이니라 하였으니 너희가 참음은 징계를 받기 위함이라 하나님이 아들과 같이 너희를 대우하시나니 어찌 아비가 징계하지 않는 아들이 있으리요 징계는 다 받는 것이거늘 너희에게 없으면 사생자요 참 아들이 아니니라 또 우리 육체의 아버지가 우리를 징계하여도 공경하였거늘 하물며 모든 영의 아버지께 더욱 복종하여 살려 하지 않겠느냐 저희는 잠시 자기의 뜻대로 우리를 징계하였거니와 오직 하나님은 우리의 유익을 위하여 그의 거룩하심에 참여케 하시느니라 무릇 징계가 당시에는 즐거워 보이지 않고 슬퍼 보이나 후에 그로 말미암아 연달한 자에게는 **의의 평강한 열매**를 맺나니 그러므로 피곤한 손과 연약한 무릎을 일으켜 세우고 너희 발을 위하여 곧은길을 만들어 저는 다리로 하여금 어그러지지 않고 고침을 받게 하라(히 12:6-13).

물론 이 자범죄가 원죄에 연결되어 있다면, 다시 말해서 불신자와 같이 본래부터 원죄를 해결 받지 못한 **사람이라면** 그의 자범죄로 지옥에 가는 것 같이 생각할 수도 있게 되는데, 불신자들의 자범죄는 원죄와 긴밀하게 연관되어 있기 때문에 그렇게 보일 수도 있지만, 엄밀하게 말해서 원죄 때문에 지옥에 가는 것이다. 다시 부연해서 설명하자면 신자들의 자범죄는 죄의 뿌리인 원죄가 죽은 상태이고, 불신자들의 자범죄는 아직도 죄의 뿌리인 원죄가 살아서 자범죄와 연결되어 있기 때문에 멸망하게 되는 것이다.

이러한 원리를 바울이 원가지인 유대인과 이방인이 참 감람나무인 그리스도에게 접붙임 받는 구원의 도리를 확대시켜서 모든 사람들이 그리스도에게 접붙임이 되어야지 그렇지 않으면 원가지도 아끼지 아니하시는 하나님의 심판을 면치 못한다는 원리로 설명했다.

그리고 심지어 영어로 '유보'(reservation)라는 말이 '예약'(reservation)으로 사용되는 것도 모르느냐고 반문하고 있으나, 사실 '유보'라는 말과 '예약,' 더 나가서 '예정'이라는 말과 사이의 의미에는 엄청난 차이가 있다. '하나님의 언약' 또는 '예정'이라는 말은 결정적인 것으로 나중에도 변개치 않는 것을 의미하며, '유보'라는 말은 예약은 되어 있으나 상황에 따라서 나중에라도 취소되거나 또는 변경될 수도 있다는 개연성(probability)을 전제로 하는 것을 의미한다.

그래서인지 김세윤은 아무리 칭의를 받았다 하더라도 나중에 그 칭의에 합당한 의의 열매, 즉 믿음에 합당한 삶(행위)을 살지 아니하면 타락해서 칭의가 취소되고 멸망으로 떨어진다는 것인데, 이는 바울의 칭의와 중생에 대한 이해가 부족하거나, 아니면 설명을 잘못하고 있다고 볼 수밖에 없다.

김세윤이 사용하고 있는 "칭의는 유보된 것"이라는 표현은 잘못된 표현이다. 물론 종말론적인 전문용어인 이미(already)와 아직(not yet)이라는 구도(frame)를 칭의론에 적용하는 것부터가 무리이다.

나중에 좀 더 소상하게 논할 수 있겠지만 정통적인 칼빈주의적 개혁신학에서는 '칭의'를 '성화'와 구별하여 죄인에 대한 무죄선고로 법정용어를 채용한 것이다. 칭의는 재판장이신 하나님께서 외부적으로 "신분회복"을 객관적으로 선언해주신 것인 반면에, 성화는 내적인 변화를 가져오는 것으로 주관적인 "신앙 인격의 변화"를 의미한다. 칭의와 중생은 한 번의 선언으로 완성되지만 성화는 점진적으로 발전되어 나가다가 우리가 죽어야 완성이 되는 것이다.

그런데 김세윤은 '칭의'는 우리가 이미 받았지만(already), 아직도(not yet) 진행 중인 것으로 종말에 가서야 의의 열매로 완성된다고 주장한다.

여기에서 심각한 오해의 소지가 있는 것은, 바로 첫 번째 칭의(첫 열매)는 받았으나, 아직 완성된 것이 아니고, 종말에 가서 의의 열매를 맺을 때에야 비로소 완성된다는 주장이다. 이런 주장은 결국 첫 열매로서의 칭의는 그 후의 행위 여하에 따라 취소될 수도 있다는 것으로 생각할 수밖에 없다는 위험성을 갖고 있다.

이는 아날로그 방식으로만 이해한 것으로 개혁주의의 칭의에 대한 개념을 잘못 이해하고 있는 것이다. 개혁주의의 칭의 개념은 단회적인 것이며, 선포되는 순간 완전한 것으로 거기에 무엇(인간의 행위)을 가감할 성질의 것이 아니다. 성화와 같이 어떠한 '과정'이 아니라는 뜻이다.

칭의는 중생의 성격과 같이 한 번의 단회적인 하나님의 '무죄 선언'인 동시에 '의롭다'는 선언이다. 이 선언은 죄인에 대한 완벽한 '신분

회복'을 의미한다. 하나님께서 한 번 결정하신 이 선언은 변경하거나 취소할 수 없는 것이다. 하나님은 인간이 좀 잘못했다고 해서 주셨다가 빼앗는 분이 아니다.

이미 칭의를 받은 사람이 자신의 행위여하에 따라 취소 될 수도 있다는 견해가 바로 알미니안주의이다. 제가 알기에 김세윤은 칼빈주의 신학자로 알고 있었는데, 만일 이와 같은 주장을 한다면, 그의 주장은 반(半)알미니아주의(semi-Arminianism)거나 수정된 칼빈주의(modified Calvinism)라고 할 수밖에 없다.

이는 '칭의'의 포괄성을 망각한 처사로 칭의를 받은 사람은 개인마다 우리가 다 알지 못하는 과정을 통하여 인간의 자력으로가 아니라 정도의 차이는 있어도 성령의 인도하심으로 의의 열매를 맺게 되어 있기 때문에 칭의 자체가 완벽한 것이다. **칭의는 아날로그 방식을 넘어 디지털 방식으로 이해해야 한다.** 만약에 칭의를 받고도 전혀 **아무런** 의의 열매를 맺지 못했다면 그는 진정한 칭의를 받지 못했음에도 불구하고 자기는 칭의를 받았다는 착각 속에 사는 사람으로, 이러한 예는 성경에서 얼마든지 찾아 볼 수가 있다. 다시 말하자면 구원받은 줄 알았다가 쫓겨나는 신세들이다(마 7:15-23).

그런데 김세윤은 우리가 모두 주님의 재림 때 하나님의 심판석(최후 심판) 앞에 서서 각각 행위대로 심판을 받게 된다는 것은 **의의 열매를 맺어** 의인으로 최종적인 판결을 받아야 하고 거기에서 악인이 아니라 의인으로 증명이 되어야 구원을 받는다는 것인데(롬 14:10; 고후 5:10), 여기서 인용하고 있는 두 구절을 잘못 이해하고 있는 것이다.

> 보내신 이를 믿는 자는 영생을 얻었고 심판에 이르지 아니하나니 사망에서 생명으로 옮겼느니라(요 5:24).

> 그러므로 그리스도 예수 안에 있는 자는 결코 정죄함이 없나니 그리스도 예수 안에 있는 생명의 성령의 법이 너를 해방하였음이니라(롬 8:1).

> 그러므로 믿는 자는 심판을 받지 아니하는 것이요(요 3:18).

그러나 김세윤은 칭의를 받은 신자들도 최종심판석에서 심판을 받고 행위여하에 따라 구원을 받지 못할 수도 있다고 주장한다. 그러나 위에 제시된 성경말씀(고후 5:10; 요 3:18)은 칭의를 받은 신자들이 최후의 심판대 앞에 서서 심판을 받지 않는다는 의미가 아니라, 하나님의 공의의 법인 행위언약에 따라, 칭의를 받은 신자들도 심판대에서 그들의 행위에 따라 심판은 받으나 정죄를 받지 않는다는 뜻이다.

말하자면 경건치 않은 죄인이었던 우리들을 주님의 보혈의 공로로 단번에 주신 하나님의 은혜로 속죄해주시고 칭의를 선언해주셨기 때문에, 다시는 정죄할 일은 없고, 단지 그들의 행위에 따라 행한 대로 상급이 결정된다는 뜻이다.

그러나 믿지 않은 불신자들은 그리스도를 믿지 않아 이미 정죄된 사람들로 구원을 받지 못하는 것은 물론, 그들의 행위에 따라 형벌이 결정된다는 뜻으로 이해해야 한다.

3. 칭의와 신앙행위

성경은 믿는 순간 하나님께서 은혜로 단번에 주신 칭의를 받았거나 중생함을 받은 사람은 이 세상에서 당분간 의에 합당한 행위나 믿음에 합당한 생활을 하지 못했다고 해서 버림을 받거나 멸망 받는다고 말하지 않는다. 물론 이에 대한 회개와 보응이 따르는데, 하나님께서 베드로와 같이 궁극적으로 돌이켜 회복하도록 만드신다는 것이다. 그러나 김세윤은 칭의가 완전하다고 하면서도 또 계속해서 성화의 과정을 거쳐 의의 열매를 맺어야 처음에 '예약된 칭의'가 종말에 가서 완성된다고 주장한다.

그렇다면 성화의 과정을 거칠 기회조차 없어 의의 열매를 맺기도 전에 구원을 받고 주님의 십자가 옆에서 낙원에 들어간 강도는 어찌 되는 건가?

그러나 칭의는 '예약된 것'으로 종말에 완성되는 것이 아니라, 우리의 의와 상관없이 즉석에서 의롭다고 해주시는 하나님의 일방적이며 결정적인 '선언'이다(롬 4:5; 5:6).

이 무죄선고와 칭의의 선언은 법정용어로 하나님께서 하신 '하나님의 법적 선언'이기 때문에 확고부동한 것이다. 그리고 칭의는 '과정'(process)이 아니다. 칭의는 중생과 같이 단번에, 한 번만 주시는 완벽한 하나님의 은혜의 선물이다(엡 2:8). **칭의에는 정도의 차이가 있을 수 없고, 인간은 완전한 칭의를 받든지 아니면 칭의를 받지 못하든지 하는 것으로 '유보'와 같은 중간지대란 있을 수 없다.**

그러므로 칭의는 '취소'되거나 또 다시 '재 선언'을 할 수 있는 성질의 것이 아니다. 또 다시 인간의 노력이 필요하거나 인간의 행위를 요구하는 것도 아니라는 뜻이다.[4] 물론 신자의 윤리적 행위를 강조하는 것은 좋으나, 그 행위를 궁극적인 구원에 결부시키는 데 결정적인 문제가 있다는 것이다.

이 점에 있어서 김세윤은 다음과 같은 성경구절들을 들어 처음에 칭의를 받은 사람이라도 그의 행위(의의 열매)에 따라 구원을 받지 못할 수도 있다고 주장한다.

> 바울은 우리가 하나님께서 주신 성령의 인도하심에 따라 살지 않고, 그리하여 하나님의 통치를 대행하는 주 예수 그리스도의 주권에 순종하지 않고, 도리어 사단의 죄와 죽음의 통치를 받으며 살아, 즉 사단의 사주를 받는 '육신의 소욕대로' 살아 "육신의 열매"(갈 5:19-21), 악의 열매를 맺으면 완성된 하나님 나라의 구원을 얻지 못한다고 강력히 경고합니다(갈 5:22). 고전 10장에서는 출애굽한 이스라엘의 예를 들며 경고하기도 합니다(고전 10:9-12). 곳곳에서 바울은 우리가 하나님의 최후의 심판석 앞에서 우리의 행위대로 심판 받을 것을 상기시키며(롬 14:10; 고후 5:10; 살전 3:12-13), (오늘 일부 한국의 신자들같이) 성령의 풍성한 은사를 자랑하며 구원을 이미 다 받은 양 경거망동하는 고린도인들에게 그들이 헛되이 믿을 수 있음(고전 15:2), 하나님의 은혜를 헛되이 받을 수 있음(고후 6:1), "넘어질 수 있음"(고전 10:12)을 경고하며, "두렵고 떨림으로"

---

4 Louis Berkhof, *Systematic Theology* (Grand Rapids: Eerdmans, 1981), 513.

우리의 구원을 완성"하라고 촉구합니다(빌 2:12).⁵

위의 주장에 대해서 몇 가지만 생각해보기로 하겠다. 우선 "성령의 인도하심을 따라 살지 않고 사단의 사주를 받는 '육신의 소욕대로' 살아 '육신의 열매'(갈 5:19-21), 악의 열매를 맺으면 완성된 하나님 나라의 **구원을 얻지 못한다**"라는 말씀이다. 그러나 칭의를 받은 사람은 그 안에 성령이 계시기 때문에 성령을 따라 살게 되는데, 그럼에도 불구하고 현실적으로 보면, 칭의를 받고 성령을 받은 사람이 성령을 따라 살지 못하는 경우가 있는 것도 사실이다. 주님만 따라다니던 베드로도 '사단아 내 뒤로 물러가라'는 책망을 듣기도 했다.

그러나 여기에는 두 가지 경우가 있다.

첫째, 중생의 성령을 받지 못한, 즉 칭의를 받지 못하고 성령의 은사만 받은 사람들, 말하자면 중생하지 못한 사람들을⁶ 생각할 수 있다(마 7:21-23; 히 6:4; 10:26).

둘째, 중생하고 칭의를 받은 사람이라도⁷ 일시적으로 정욕을 이기지 못하여 죄를 범하는 경우인데, 물론 첫 번째(칭의를 받지 못한 사람)의 경우에는 성령의 열매가 아닌 악의 열매를 맺어 구원을 받지 못한다(마 7:21-23, 예를 들어, 가룟 유다와 같은 사람들). 그러나 후자의 경우와 같이 중생하고 칭의를 받은 사람은 일시적으로 죄(자범죄)를 범

---

5 "특별 인터뷰: 칭의론 논쟁, 김세윤 교수에게 듣는다,"〈코람데오닷컴〉, 2016.06.17. 〈http://www.kscoramdeo.com/news/articleView.html?idxno=9835〉 (2016.12.8 - 접속날짜).

6 신학적으로 이들을 주의 사역을 위한 외적 부르심(external calling)만 받은 사람들이라고 한다.

7 외적 부르심은 물론 내적 부르심(inner calling)을 받아 중생하고 칭의를 받은 사람이다.

할 수 있어도 궁극에 가서는 그 죄를 회개하고 돌이키게 된다는 것이다(예를 들어, 다윗과 베드로와 같은 사람들).

셋째, "고린도전서 10장에서는 출애굽 한 이스라엘의 예를 들어 경고하기도 한다"(고전 10:9-12)라고 했는데(갈 5:22), 이 경우는 그 당시 하나님께서 이스라엘 백성을 인도하시는 과정에서 육에 속한 "제1세대"(the first generation)의 경우를 들어 말세를 만난 우리에게 경계하시는 말씀으로, 바울의 언어방식으로 보면, 여기서 가나안에 들어가지 못한 '제1세대'는 육에 속한 사람들이고, 다음 세대인 '제2세대'(the second generation)는 영에 속한 사람들로 가나안(하나님의 나라, 천국)에 들어갔다.

이 두 경우 중에 하나님을 시험하던 "제1세대"의[8] 멸망을 들어 말세를 만난 우리들에게 경고하시는 장면이다. 그러나 그 다음에 나오는 "제2세대"들과[9] 같이, 칭의를 받은 우리들에게는 어떠한 일이 있어도 감당할 시험만 허락하시고 결국에는 감당하게 하셔서 구원을 보장하신다는 내용이다. 이 말씀이 바로 다음 구절(고전 10:13)에 기록되어 있다. 그러므로 한 단어나 한 구절만 똑 떼어서 성경을 이해할 것이 아니라 문맥과 신학적인 의미를 찾아야 한다.

다시 말하면, 중생하고 칭의를 받은 사람들은 그 보증으로 성령의 인을 쳐서 최종적인 구원을 보장하신다는 뜻이다.

---

8 본래부터 육에 속한 사람들로서 칭의를 받지 못한 사람들의 모형이다.

9 광야에서 새로 출생한, 영에 속한 사람들로서 칭의를 받은 사람들의 모형이다.

> 사람이 감당할 시험밖에는 너희에게 당한 것이 없나니 오직
> 하나님은 미쁘사 너희가 감당치 못할 시험 당함을 허락지 아
> 니하시고 시험 당할 즈음에 또한 피할 길을 내사 너희로 능히
> 감당하게 하시느니라(고전 10:13).

이 말씀은 중생과 칭의를 받은 사람들은 사탄에게 넘어지는 것 같으나 아주 넘어지지 않아 궁극적으로 타락되는 일은 없다는 뜻이다. 이스라엘의 '남은 자들'은 넘어지나 실족하기까지 아니하며(롬 11:11), 칭의를 받은 의인은 넘어질지라도 다시 일어난다(잠 24:16)고 했고, 악인은 엎드러진다(잠 24:14)고 했다.

> (오늘 일부 한국의 신자들같이) 성령의 풍성한 은사를 자랑하며
> 구원을 이미 다 받은 양 경거망동하는 고린도 인들에게 그들
> 이 '헛되이 믿을 수 있음'(고전 15:2), 하나님의 '은혜를 헛되이
> 받을 수 있음'(고후 6:1), '넘어질 수 있음'(고전 10:12)을 경고하
> 며, '두렵고 떨림으로' 우리의 구원을 완성하라고 촉구합니다
> (빌 2:12).[10]

이 부분에서 김세윤은 한국 교인들이 고린도 교인들과 같이 성령의 은사를 자랑하나 헛되이 믿고, 은혜를 헛되이 받고, 넘어질 수 있으니 두렵고 떨림으로 구원을 완성하라고 촉구한다.

---

[10] "특별 인터뷰: 칭의론 논쟁, 김세윤 교수에게 듣는다," 〈코람데오닷컴〉, 2016.06.17. 〈http://www.kscoramdeo.com/news/articleView.html?idxno=9835〉 (2016.12.8 - 접속날짜).

그러나 여기서 우리는 하나님의 은혜와 은사의 개념에 관하여 좀 더 자세히 알아야 한다. 우리가 혼동하기 쉽고, 오해하기 쉬운 것들 중에 은혜와 은사의 개념이다. 물론 성경에서 은혜와 은사를 동의어로 사용하는 경우도 있지만, 어떤 경우에는 구별해서 사용하기도 한다. '은혜'(grace)는 일반적으로 하나님의 '구원의 은혜'를 의미하고, '은사'(gifts)는 일반적으로 '사역을 위한 성령의 은사'를 의미한다. 여기에서 구원을 받는 하나님의 '은혜'(the grace of God)가 바로 '중생'(regeneration)과 '칭의'(justification)라면, 사역을 위한 성령의 '은사'는 곧 능력을 행하는 여러 가지 '은사들'(charismata)을 의미한다.

그러므로 이 모든 것을 행하시는 성령을, 사역(the works of the Spirit)별로 나누어서 설명하기도 한다. 즉 같은 성령인데, 신학적으로 중생케 하시는 성령(regenerating Spirit), 성화시키는 성령(sanctifying Spirit), 그리고 능력(은사)을 주시는 성령(empowering Spirit) 등으로 구분해서 설명하기도 한다. 여기서도 중생(칭의)과 성화의 차이점을 볼 수 있다.

이러한 의미에서 성령의 은사를 받아 많은 능력을 행한다고 해서 구원을 받는 것이 아니고(마 7:21-23), 오직 중생, 칭의와 같은 하나님(성령)의 은혜를 받아 '하나님의 자녀'가 되어야 구원을 받으며, 중생해서 하나님의 자녀로서 한 번 구원을 얻은 사람은 그 구원이 보장되어 있는 것이다. 하나님의 자녀로 일단 생명책에 녹명된 사람은 구원이 보장된다. 그러므로 중생한 사람, 칭의를 받은 사람은 잠시 실족할 수는 있어도 아주 타락하지 않으며 반드시 다시 회복된다는 것이 성경의 진리이다. 이는 하나님의 씨로 낳았고, 하나님께서 지켜주시기 때문이다(요일 3:9; 5:18).

김세윤이 제시한 위에 성경 구절들을 다시 주석해보기로 하겠다.

(1) '헛되이 믿을 수 있음'(고전 15:2)

이 말씀은, 본문에서는 정확하게 '헛되이 믿지 아니하였으면'이라는 말씀으로, 반드시 최종적인 구원을 상실할 수 있을 만큼 헛되이 믿을 수 있다는 뉘앙스가 있는 것은 아니다. 다른 말로 표현하자면, '바울이 전한 복음을 헛되이 믿지 않았다면, 즉 올바로 믿고 있다면 분명히 구원을 얻으리라'는 뜻이다. 바울의 전한 복음은 하나님의 말씀인데, 이 말씀을 '굳게 붙잡고(현재형) 헛되이 믿지 않고 올바로 믿고 있었다면(현재완료), 구원을 얻는다(현재형)'라는 뜻이다.

이는 바울이 전한 부활의 복음을 제대로 믿고 있다면 구원을 얻는다는 뜻으로, 그 당시 부활이 없다고 하는 무리들을 의식하고 경계하는 말씀이다. 그 당시 고린도 교회 안에 부활이 없다고 하는 사람들이 있었다. "그리스도께서 죽은 자 가운데서 다시 살아나셨다 전파되었거늘 너희 중에서 어떤 이들은 어찌하여 죽은 자 가운데서 부활이 없다 하느냐"(고전 15:12). 만일 이런 자들과 같이 거짓 사도들이 전해 주는 헛된 복음을 믿지 않고 바울이 전한 그리스도의 참된 부활의 복음을 믿고 있는 이상 구원을 얻는다는 말씀이다.

(2) '은혜를 헛되이 받을 수 있음'(고후 6:1)

이 말씀은 본문에서는 정확하게 '하나님의 은혜를 헛되이 받지 말라'는 말씀으로 명령형이다. 이 말씀에 대해서는 다양한 해석이 있다. 그 중에서 몇 가지만 소개하고 결론을 내리려고 한다.

첫째, 개인적으로 받은 은혜는 잃을 수도 있다는 주장이다(Olshousen).

말하자면, 은혜는 잃을 수 없다고 주장하는 예정론(불가항력적 은혜)은 성경에는 없는 것으로 결정적인 잘못이라고 터무니없는 주장을 하기까지 한다.

둘째, 바울의 심중에 진심이 아니라 단순히 외적인 하나님의 은혜를 받는 것을 생각하고 있다는 뜻이라고 한다. 이는 주님의 비유의 말씀에 돌밭에 뿌린 씨와 같이 말씀을 인하여 환난이나 핍박이 일어나는 때에 넘어지는 사람이라고 했다(마 13:20-21).

셋째, 특별히 고린도 사람들에게가 아니라 모든 사람들에게 하나님의 은혜를 헛되이 받지 말라(not to receive grace in vain)는 말씀으로(고후 5:20), 그들로 하여금 이 큰 구원을 거절하지 말라(not to reject)고 권면하는 것이라고 한다(Hodge).

넷째, 신자들이 하나님의 심판대 앞에 설 때에, 각각 선악 간에 그 몸으로 행한 것을 따라 받게 되는데(고후 5:10), 그때에 그들의 공력이 드러나게 되니(고전 3:13-15) 은혜를 헛되이 받지 말라는 뜻이라고 한다(Philip Edgcumbe Hughes).

이 구절이 반드시 궁극적인 구원과 멸망에 관계되는 말씀으로 보기에는 무리가 있다. 이는 은혜를 받은 사람이 신앙생활의 행위에 있어서 열매를 잘 맺지 못하는 경우에 대한 경계의 말씀으로 보는 편이 오히려 자연스럽다. 만일 중생과 칭의를 위한 성령의 은혜를 주셨는데도 인간이 잘못하여 선행의 열매를 맺지 못함으로 구원을 받지 못한다는 식으로 해석을 한다면, 이는 알미니안주의(Arminianism)라고 할 수 밖에 없다.

구원을 받지 못할 사람은 중생이나 칭의와 같은 하나님의 은혜를 받을 수도 없으며 하나님께서 주시지도 않는다. 이는 좋은 열매를 맺어 하나님을 기쁘게 하라는 말씀으로서, '만일 각자의 공력을 시험하여 그의 공력이 그대로 있으면, 상을 얻게 될 것이고, 그의 공력이 불에 타면 해를 받되 그러나 **자기는 구원을 얻되** 불 가운데서 얻은 것 같으리라'고 했다(고전 3:12-15). 그러므로 위의 해석들 가운데서 마지막 해석이 타당한 것으로 믿는다.

(3) '넘어질 수 있음'(고전 10:12)

이 말씀은 본문에서는 정확하게 '그런즉 선줄로 생각하는 자는 넘어질까 조심하라'는 말씀으로 명령문이다. 그 당시 고린도교인들 중에는 교만한 사람들이 있었다. 그들을 향하여, 이스라엘 백성들이 광야교회에서 주로 우상숭배를 비롯하여 간음하고 주를 시험하며 하나님을 원망하다가 멸망했던 사람들을 거울삼아 경고하시는 말씀이다.

선줄로 생각하는 자들은 교만한 자들로서 그 당시 고린도교회 안에 자신들은 믿음의 지식이 있어서 복음의 자유를 마음껏 누릴 수 있다고 하며 방종한 자들이다. 특히 이들은 우상의 제물을 거리낌 없이 먹음으로 귀신과 교제하는 자들(고전 10:20)로서 특히 형제들을 실족하게 하였다(고전 8장). 이 말씀은 바로 이들을 향한 말씀이다.

마치 이스라엘 백성들이 강한 선민의식과 하나님의 함께하심을 내세워 교만했던 것과 같이, 고린도 교인들 중에는 그리스도의 복음으로 모든 것에 자유를 얻었기 때문에 무엇이든 꺼리지 않고 행할 수 있다는 잘못된 믿음, 즉 헛된 믿음을 가지고 있는 사람들이 있었는데, 이 말씀은 바로 이들을 경고하는 말씀이다. 이러한 사람들은 은혜에 대한 교만으로인해 마치 구원파의 주장처럼, 은혜를 받았으니 율법은

지킬 필요가 없다고 한다.[11]

그러므로 이런 경우를 대비하여 그런즉 너희는 너희의 믿음의 지식으로 형제들을 실족케 하며 스스로 교만하여 넘어질까 조심하라는 것이다.

(4) '두렵고 떨림으로' 구원을 이루라(빌 2:12)

이 말씀 중에 '두렵고 떨림으로'라는 말씀은 은혜를 받아 하나님 앞에서 경건하며, 그의 뜻을 거사릴까 두려운 마음으로 최선을 다하여 하나님을 섬기라는 뜻이다(히 12:28). 이는 최후 심판의 형벌을 받을까 두려워함이 아니라, 공경할 거룩하신 하나님의 뜻을 이루지 못할까 두려워하라는 뜻이다. 그리고 '구원을 이루라'는 말씀은 주님께서 십자가에 죽으심으로 우리에게 단번에 주신 구원(딤전 1:15; 히 10:10)이 아니라, '생활의 구원,' 즉 점진적으로 이루어나가는 성화를 이루어 나가라는 뜻이다(Hendricksen).

성경에서 구원에 대한 개념을 여러 가지로 표현하고 있기 때문에 혼동하기 쉽다. 즉 '영생의 구원'과 '생활의 구원'으로 가난이나 질병에서 고침 받고, 사단에게서 해방을 받는 것, 그리고 전쟁에서 승리하는 것 등등 여러 가지이다. 이뿐 아니라 하나님의 의를 힘입어 자신의 인격이 성화의 과정에서 성령의 역사하심으로 그리스도의 형상을 닮는 것을 의미한다.

그 이유는 본문의 문맥을 보아 알 수 있다. 즉 "나 있을 때뿐 아니라 더욱 지금 나 없을 때에도 항상 복종하여"(빌 2:12)라는 말씀과 이 행

---

[11] 심지어 구원파에서는 모세도 율법의 대표자이기 때문에 구원을 받지 못했다고까지 주장한다.

위마저도 "너희 안에서 행하시는 이는 하나님이시니 자기의 기쁘신 뜻을 위하여 너희로 소원을 두고 행하게(work out) 하신다"는 것을 보아 이는 분명히 신앙생활에 있어서 하나님의 자녀답게 살라는 '생활의 구원'을 의미하는 것이다.

'생활의 구원'이란 우리가 중생하고 칭의를 받은 후에 역사의 생활 현장에서 신앙 인격을 점차적으로 성숙하게 이루어나가는 '성화'(sanctification)를 의미하는 것이다. 다시 말하면 성령으로 거듭나는 즉시 단번에 이루어지는 중생, 즉 '칭의의 완성'을 의미하는 것이 아니라, 점진적으로 이루어나가는 '성화의 완성'을 의미하는 것이다(Hendricksen). 물론 이는 단번에 주신 칭의나 중생 또는 영생의 구원을 이루어 나가라는 것이 아니라, 우리가 죽어야 이루어지는 이 '성화의 완성'을 계속해서 이루어나가라는 뜻이다.

> Therefore, my dear friends, as you have always obeyed--not only in my presence, but now much more in my absence--**continue to work out your salvation** with fear and trembling(빌 2:12, NIV).

이 말씀은 어떤 선행들을 쌓아서 최종적인 구원인 영생을 이루라는 것이 아니라, 이미 구원을 받은 '하나님이 자녀'로서 복음에 합당한 삶을 통하여 의의 열매를 맺어 나가라는 뜻이다.

만일, 이 말씀이 '영생의 구원'의 조건이라면, 과연 어떤 종류의 선행(의의 열매)을 쌓아야 하는가?

그렇다면 가톨릭주의가 될 위험성이 있다. 구원은 하나님께서 값없이 내려주시는 은혜로, 의의 열매는 구원받은 사람의 행위의 결과이다.

4. 칭의(중생)와 궁극적 타락

이 모든 말씀을 종합해 볼 때, 우리들에게 주는 교훈은 한마디로 은혜(칭의)를 받아 그리스도(성령) 안에 거하라는 말씀이다. 그리스도 예수 안에 있는 자는 정죄함이 없기 때문이다(롬 8:1). 그런데 그리스도 안에 있다는 것은 곧 그리스도를 믿는 믿음 안에 있는 것으로서 이 믿음이 있는 자들은 하나님께서 거룩하게 하시고(히 10:10), 의롭다 하시는 칭의를 주시며 그 보증으로 성령을 주신다는 것이다.

> 저가 또한 우리에게 인치시고 보증으로 성령을 우리 마음에 주셨느니라(고후 1:22).

곧 이것을 우리에게 이루게 하시고 보증으로 성령을 우리에게 주신 이는 하나님이시니라(고후 5:5). 그러므로 우리를 주관하시는 성령께서 우리를 가르치시고 진리로 인도하고 보호하시기 때문에 칭의를 받은 중생인은 결정적인 범죄를 할 수 없음으로 궁극적인 타락은 없다(요일 3:9; 5:18). 물론, 알미니안주의에서는 성령으로 중생하고도 인간의 자유로운 의지적 행위에 따라서 타락하여 칭의와 구원을 상실할 수 있다고 한다.

그런데 김세윤은 문맥이나 신학적인 의미는 고려하지 않고, 문맥으로 보아 전혀 뜻이 다른데도 불구하고 비슷한 성구들을 따로 떼어다가 나열하며, 그것들을 궁극적인 구원과 멸망에 갖다 결부시키는데 문제가 있는 것이다.

조금만 성경과 신학적인 식견이 있는 사람이라면 김세윤의 논리가 인간중심에서 출발하고 있다는 사실을 발견할 수 있을 것이다. 칭의에 관한 것, 특히 구원문제도 하나님의 주권을 말하다가도 결국은 인간의 행위 여하에 따라 결판이 나는 것으로 언급하는 것은 문제가 있다.

전술한 바와 같이 점차적으로 이루어 나가는 '신앙생활의 구원,' 즉 점진적인 '성화의 구원'과 중생 또는 칭의에 의하여 단번에 얻는 구원을 구별하지 못하고(물론, 칭의와 구원의 즉각성에 이어 점진적이라는 연속성의 차원에서 조화롭게 이해하는 것도 필요하지만) 혼동을 하다 보니, 거기에 비슷한 구절들을 그 문맥이나 신학적인 의미를 무시한 채 나열하는데 문제가 있는 것 같다. 그러다 보니 신앙생활 속에서 우리의 행위가 부족해도 궁극적으로 구원을 받지 못한다는 결론을 내리게 되는 것이다.

이러한 면에서 김세윤의 주장은 신율법주의(neo-Legalism)이라고 할 수밖에 없다. 김세윤 본인은 자꾸 아니라고 하면서도 다람쥐 쳇바퀴 돌 듯, 자기도 모르게 자꾸 칭의의 완성을 위해서는 종말론적 신앙생활에서의 선행(good works)을 통한 "의의 열매"를 맺어야 한다고 주장한다. 이것은 분명히 가톨릭주의(Catholicism)이다.

반복해서 강조하지만 사도 바울이 말하는 '칭의'는 단회적이며 완전한 것으로, 더 이상 우리의 행위를 요구하지 않는다. 우리들의 행위는 믿음으로 행하는 행위, 즉 이것도 인간의 힘이 아니라 하나님께서 주시는 힘으로 행하게 되는 것으로(벧전 4:10-11), 이것은 구원의 서정에서 '성화'를 위하여 필요한 것이지 '칭의'의 완성을 위해서 필요한 것은 아니라는 뜻이다. 물론, 이 성화는 칭의와 떼어서 생각할 수 없고, 칭의를 받은 사람에게만 해당되는 것이다.

사람마다 구원의 서정에서 점차적인 믿음의 행위를 통해 얻어진 성숙과 그 영광의 정도는 다르나, 그 본질에 있어서는 아무런 차이가 없다. 사람에게 있어서 갓난아이나 어른이 똑같은 '사람'인 것과 같다는 이치이다. 예를 들어 갓난아이나 성숙한 어른이나 사람의 본질에 있어서는 아무런 차이가 없는 것과 같은 이치이다. 그러므로 그 사람의 성숙한 정도의 차이는 있을지라도 그 사람의 본질에는 차이가 없다는 뜻이다.

그리고 만일 행위를 통하여 칭의나 구원이 취소되거나 통과될 수 있다면, 그 행위의 정도 즉 의의 열매를 얼마나 맺어야 구원을 받게 되는가?

말하자면 몇 점을 받아야 낙제(타락/멸망)를 면할 수 있고, 구원을 받을 수 있다는 말인가?

이는 가당치 않은 논리이다. 이는 은혜의 교리를 부정하는 태도로 이러한 논리는 신율법주의적(neo-Legalistic) 태도이다.

구태여 이것을 정의하자면 반(半)알미니안주의(semi-Arminianism) 라고 할 수 있다. 칭의나 중생은 단회적이며 한번 받는 것으로 끝난다. 다만 그 칭의로 얻는 구원으로 말미암아 우리가 세상에 사는 동안 믿음의 행위의 과정을 통해서 더욱 성숙한 사람들로 성장하게 되면서 그 영광의 빛이 더욱 빛나게 될 것이다. 이것이 성화정도에 따라 주어지는 행한 대로 받는 상급으로서, 우리가 선한 싸움을 싸우고 달려갈 길을 마치고 의의 면류관을 받는 각자의 영광스러운 모습이다.

> 나는 선한 싸움을 싸우고 나의 달려갈 길을 마치고 믿음을 지켰으니 이제 후로는 나를 위하여 의의 면류관이 예비 되었으므로 주 곧 의로우신 재판장이 그 날에 내게 주실 것이니 내게만 아니라 주의 나타나심을 사모하는 모든 자에게니라(딤후 4:7-8).

만일, 칭의를 받은 자나 믿음이 있는 사람들이 칭의에 합당한 삶을 살지 못했다 하더라도 근본적으로 하나님께서 이미 주신 칭의와 중생으로 얻은 구원은 취소될 수 있는 것이 아니라, '취소'와 '멸망' 대신에 '보응'이라는 방식을 통하여 '회개'(repent)에 이르게 하시고(베드로와 같이) 결국에는 처음에 선언하신 칭의로 인한 의와 그 의를 힘입은 구원이 확인되는 것이다. 이것이 바울의 신학이며 칼빈의 불가항력적 은혜와 성도의 견인에서 증명되는 구원의 원리이다.

그러므로 바울 신학의 권위자라고 하는 분이, 정작 율법이라는 무거운 멍에를 이방 신자들에게 강요했던 유대인 신자들을 교회에 가만히 들어온 거짓 형제라고까지 정죄했던 바울 사상과 정면으로 배치되는 주장을 한다면 유감이 아닐 수 없다.

김세윤의 결정적인 오류는, '칭의'를 포괄적인 차원(과거, 현재, 미래)에서 삼위일체 하나님의 은혜로 접근하는 것은 좋으나, 단지 시종일관 아날로그 방식의 시간적·논리적 순서로만 다루고 있기 때문에, 소위 선취된 칭의(첫 열매)의 완전성을 주장하면서도 종말에 가서 그 선취된 칭의가 의의 열매(행위)를 맺지 못할 경우에는 상실될 수도 있다, 즉 구원을 받지 못할 수도 있다는 논리로 나아가므로 앞뒤가 맞지 않는 구원론을 주장하고 있다는 데 있다.

다시 말하자면, 처음에 받은 칭의가 유보상태에 있다가 의의 열매를 맺지 못할 경우에는 그 칭의가 상실된다는 논리인데 여기에 결정적인 문제가 있는 것이다.

그렇다면 그 열매의 기준이 무엇인가?

사실, 칭의를 통하여 단번에 얻은 구원은 영생이라는 상으로서 이것은 변동이 없으며, 성화의 과정에서 행한 대로 받는 상은 이생에서의 하나님의 축복과 사후의 영화로운 영광이라는 상으로 이해해야 할 것이다.

한국 교인들이 너무나 엉터리없는 생활에 빠져 있다고 해서 그리스도인의 윤리적인 삶을 지나치게 촉구하기위해 진짜 값진 은혜를 경솔히 여길 것이 아니라, 오히려 의롭지 못한 행위로 하나님의 책망과 징계를 통한 무서운 고통의 보응을 받지 말고, 믿음의 의로운 삶을 통하여 이생에서 하나님의 무한하신 은사와 축복을 받아 누릴 뿐만 아니라, 천국에서 지복의 기쁨(bliss)과 영광(glory)을 누리라고 격려해야 할 것이다.

김세윤의 인터뷰 내용을 자세히 살펴보면, 마치 칼 바르트(Karl Barth)가 개혁주의와 자유주의 사이에서 왔다 갔다 하다가 결국에는 이것도 저것도 아닌 신정통주의(Neo-Orthodoxy) 자가 된 것 모양으로, 김세윤의 "칭의론"도 칼빈주의와 알미니안주의 사이에서 왔다 갔다 하다가 그만 반(半)칼빈주의 또는 반(半)알미니안주의가 된 것 같은 오해를 떨쳐버릴 수 없게 된 것 같다. '믿음'과 '행위' 양자 중에 강조점이 다른 양단간의 신학을 함께 아울러 조화를 시도해보려다가 앞뒤가 맞지 않는 결과를 초래하게 된 것이 아닌가 생각된다.

물론, 루터는 오직 믿음(sola fide)을 강조해서 종교개혁을 성공했지만, 행위를 강조한 성경의 야고보서에 대해서, 지푸라기 복음(straw gospel)이라고 하면서 성경에 없었으면 좋겠다며 노골적으로 불편한 심기를 들어낸 것을 보면, 신앙생활을 하는 데 있어서 여기에 우리의 딜레마가 있지 않은가 하는 생각이 든다. 만일, 루터가 종교개혁을 시도하면서 믿음을 강조하다가 야고보서에서 발목이 잡혀 의로운 신앙생활을 강조했다면 성공하지 못했을 것이다.

이 부분에서 우리는 루터와 야고보 각자의 입장을 이해하면서 그들의 복음을 이해해야 할 것이다. 두 사람 모두 그리스도의 복음을 강조한 것은 틀림없는 사실이다. 그들의 주장에 있어서 최종적인 목표는 '구원'이다. 그러나 루터는 그 당시 가톨릭교회의 행위로의 구원이 개혁의 대상이었기 때문에 믿음을 강조했던 것이고, 야고보는 행위를 무시한 죽은 믿음을 질책하기 위해서 행위를 강조했지만, 알고 보면 야고보도 믿음을 온전케 하기 위하여 행위를 강조한 것이다. 이는 야고보가 균형 있는 신앙생활을 촉구한 것이다.

이러한 면에서 김세윤의 주장이 얼핏 보기에 옳은 것 같으나, 문제는 균형 있는 신앙생활을 촉구하려다가 '믿음의 의'와 '행위의 의'를 분리시켜 결국 믿음과는 동떨어진 '행위의 의'가 아니면 구원을 받을 수 없다는 식의 주장을 하게 된 것이다.

루터는 당시의 종교개혁을 위하여 오직 믿음 일변도로 나간 것 같지만, 다른 한편 신앙생활에 있어서는 행함을 촉구하는 모습도 볼 수 있다. 야고보가 행함을 강조할 때에도 믿음을 등한히 한 것이 아니라 균형 잡힌(balanced) 신앙생활을 강조한 것을 볼 수 있다.

즉 '믿음의 의'와 '행함의 의'를 분리시키지 않고 하나로 묶어놓았다는 데 의미가 있다. '믿음의 의'로 구원을 받을 뿐만 아니라 '행함의 의'로도 구원을 받을 수 있다는 것은 믿음과 행함은 분리될 수 없다는 뜻이다. 야고보는 "믿음이 행함과 함께 일하고 행함으로 믿음이 온전케 되었느니라 … 사람이 행함으로 의롭다 하심을 받고 믿음으로만 아니니라"(약 2:22-24)라고 하며 아브라함과 기생 라합의 실례를 들어 강조하고 있다.

이 말씀의 의미는 칭의로 구원받은 사람은 그 정도의 차이는 있지만 의로운 행위를 하게 되어 있고, 진실로 하나님의 사람들로 올바른 행위를 했다면 그 사람은 칭의를 받은 사람으로 증명이 된다는 뜻이다.

이러한 시각에 따라 칭의(무죄와 의인됨)와 의인의 삶을 디지털 방식으로 조명해서 믿음의 논리로 잘 전개했더라면 소위 '선취된 칭의'와 종말에 '완성된 칭의'가 일치될 수 있었을 터인데, 단지 아날로그 방식으로만 논리를 전개하다보니 앞뒤(선취된 칭의와 완성된 칭의)가 달라져서 칭의를 받은 사람이 그의 행위에 따라 구원을 받을 수도 있고 구원을 받지 못할 수도 있다는 결론에 도달하게 된 것이다.

성경은 아날로그 방식으로만 기록된 것이 아니라 영적인 디지털 방식으로 기록되어 있기 때문에, 영적이며 입체적인 영상(spiritual 4D image)으로 바라보는 안목이 있어야 성경을 올바로 바라보고 읽으며 이해하고 믿을 수 있다고 생각한다.

칭의는 본질적인 차원에서 접근해야 올바로 이해할 수 있다. 본질적으로 칭의는 단회적인 선언이며 한번 선언된 칭의는 본질적으로는 변함이 없으며, 그 칭의는 성숙한 열매로 성장하는 것이다.

칭의의 본질과 현상을 혼동하면 안 된다는 뜻이다. 둘째 아담이신 예수 그리스도에 의해서 선언된 칭의로 말미암아 첫째 아담에 의해서 실패한 인간의 불의를 청산하고 의로운 사람으로 만들어 그리스도에 의해서 인간이 완전히 회복되었다는 것을 의미하는 것이다.

김세윤의 인터뷰 내용을 보면, 하나님의 주권 특히 삼위일체 하나님의 주권적 은혜로만 구원을 얻을 수 있다고 강조하다가, 어느 부분에 가서는 선취된 칭의를 받고도 의의 열매를 맺지 못하면 구원을 받지 못하게 된다고 또 강하게 주장하는 것이 문제이다.

그리고 김세윤은 한국의 대부분의 교회들이 믿음으로 얻는 구원만 강조하고 의로운 삶을 외면했기 때문에, 오늘날 이 모양이 되었다면서 하나님의 은혜를 미국의 하비 콕스(Harvie Cox)의 사회복음(social gospel)의 선구자인 본회퍼(Dietrich Bonhoeffer)가 지적했던 것과 같이 하나님의 '값진 은혜'(costly grace)를 사회적인 실천이 없는 '싸구려 은혜' 즉 '값싼 은혜'(cheap grace)로 바꾸어버렸다고 주장한다(Dietrich Bonhoeffer, *The Cost of Discipleship*).

즉, 하나님의 은혜를 값없이 받아 의인이 되었으면 그에 따라 의의 열매를 맺고, 예수 그리스도의 제자로서의 올바른 삶을 살지 아니하면 그것이 바로 값싼 은혜를 받은 자라는 뜻이다.

5. 신학적 접근 방법

김세윤의 이론은 어원학적 접근방법(etymological approach)으로도 이해가 되지 않는 것이다. 더구나 신학연구 방법의 차원에서 볼 때,

그의 방법은 자유주의 신학으로 가는 지름길이 되는 것이다.

'유보'라는 말은 구조론적 방법(structural method)을 즐겨 사용하는 자유주의 신학자들의 접근방법에 어울리는 용어로서, 항상 존재론적 방법(ontological method)을 즐겨 사용하는 개혁주의 신학자들의 전제적 방법(presuppositional method)과는 크게 다른 것이다. 자유주의 신학자들은 어떤 명제를 개연성(probability)으로 가정하는 철학적 접근방법(philosophical approach method)과 귀납적인 과정의 방법을 사용하여 최종적인 결론을 내린다. 이 방법을 사용하면 결론에 가서 전제한 명제와 달라질 수 있는 확률이 대단히 크다.

다시 말하면, 어떠한 명제(proposition)를 확정적으로 전제하는 것(presupposition)이 아니라, 그 명제의 개연성(probability) 즉 가능성(possibility)을 조건적으로 가정하고 상황(context)을 고려해서 연구한 후에 최종적인 결정을 내리겠다는 것이다.

그러나 '하나님의 언약'이나 '예정'과 같은 것은 후회하심이 없으신 완벽한 하나님의 결정으로서(롬 11:29) 변경될 수 없는 것들이다. 물론, 광야에서와 같이 인간의 행위에 따라 기간이나 코스를 변경한다거나 보응이라는 징계의 채찍을 사용하실 수는 있어도 궁극적으로 '가나안의 약속'은 변개하지 않으시는 것이다. 칭의나 중생이나 영생과 같은 신학적인 주제들은 절대로 변경할 수 없는 완전한 것으로 독자적인 하나님의 결정이다.

신학적으로 전자를 허용적 작정(βουλή, permissive decree), 다시 말하자면 근재적, 또는 임시적 작정(temporary decree)이라 말하고, 후자를 가리켜 궁극적 작정(θέλημα, ultimate decree)이라고 한다.

그러므로 '칭의'는 '중생'과 같이 한번으로 완성되는 영원한 궁극적 작정에 속하고 '성화'는 계속해서 점진적인 과정 속에서 이루어나가는 근재적 작정의 성격을 가지고 있다. 그러므로 '칭의'는 죄인에 대한 '무죄선고와 의롭다 여기시는 선언'으로서 단 한 번의 선언으로 완전하게 된 것이고 '하나님의 은혜로 말미암아 믿음을 통해 주시는 구원의 근거'(엡 2:8)이다. 반면에, '성화'는 이 세상에서 계속적인 믿음의 행위를 통해서 점진적으로 이루어 나가는 성숙의 과정(the process of maturity)이다.

그런데 과거 초대교회는 물론, 심지어 어거스틴(Augustin)까지도 칭의(justification)와 성화(sanctification)에 대한 확실한 구분을 하지 못했기 때문에 가톨릭주의(Catholicism)로 발전하는 것에 제동을 걸지 못한 것이 아닌가 하는 생각이 든다. 이러한 위험성은 철학적 존재의 신학자인 폴 틸리히(Paul Tillich)까지도 강조하고 있는 것을 볼 수 있다.

예를 들면, 하나님이나 성경 권위(the authority of the Bible)의 절대성을 전제하는 것이 아니라, 그저 개연성(probability)으로 '유보'해 두었다가 상황적인 연구를 통하여 하나님의 절대성이나 성경의 무오성에 대한 최종적인 결론을 내리겠다는 지극히 위험한 방법으로 이것은 고등비평방법(higher criticism)이다.

이 방법은 양식사비평방법(formgeschichte)으로서 원조는 슈미트(K. L. Schumit), 디벨리우스(Martin Dibelius)와 함께 불트만(Rudolf Bultmann)이다. 현대의 다수의 신약학 학자들이 알게 모르게 이러한 비평방법을 사용하고 있는 것이 문제이다. 그러다 보니 여호와 하나님이 이상한 하나님이 되거나 무신론으로 변하게 되고, 성경의 무오성(infallibility)이 성경의 유오성(fallibility)으로 변해버리고 마는 것이다.

이와 같이 첫 열매로서의 칭의를 개연성(probability)으로 전제하는 "새 관점"으로서의 접근방법을 김세윤이 사용하고 있는 것이다. 그러므로 칭의(첫 열매)을 받아도 행위(의 열매) 여하에 따라 구원이 취소될 수도 있다는 결론을 내리게 되는 것이다.

김세윤은 후 불트만 학파(post Bultmann school)의 신학자, 즉 불트만의 제자인 에른스트 케제만(Ernst Käsemann)의 영향을 받아 칭의의 개념을 새로운 관점에서 재해석하고 있는 것 같은데, 사실, 에른스트 케제만은 알버트 슈바이쳐(Albert Schweitzer)의 '제1의 역사적 예수의 탐구'(the first quest for the historical Jesus) 이후에, 에른스트 훅스(Ernst Huchs), 군더 보른캄(Gunther Bornkamn)등과 함께 '제2의 역사적 예수의 탐구'(the second quest for the historical Jesus) 즉 '역사적 예수의 새로운 탐구'(the new quest for historical Jesus)의 주역으로 후 불트만 학파(the post-Bultmann schools)에 속한 학자이다.

그는 불트만의 제자였지만 불트만의 비신화화(demythologization) 과정을 통한 예수의 역사성에 대한 비역사적인 해석에 가장 큰 불만을 품었던 사람으로, 불트만을 뛰어넘으려는 야심으로 "새 관점"(new perspective, new quest)에서 예수의 역사성의 탐구와 칭의를 이해하는 데 새로운 길을 열어 놓은 사람이다. 그럼에도 불구하고 케제만은 불트만의 양식사비평적 해석의 한계를 벗어나지 못했다.

그리고 오늘날도 톰 라이트(Nicolas Thomas Wright)를 비롯하여 샌더스(E. P. Sanders), 제임스 던(James Dunn)과 같은 학자들이 이것의 영향으로 "제3의 역사적 예수의 탐구"를 통한 "새 관점"에서 출발하여 칭의론을 이해하며 전개하고 있다.

케제만의 새로운 관점은 '칭의'라는 새로운 주제에도 적용되었는데,

그리스도와 동반하는 칭의를 제창했기 때문에 아마 김세윤이 이점에 맘이 들었던 모양이다. 김세윤이 케제만에게 감명을 받았다는 부분이 바로 하나님의 칭의는 인간에게 칭의만 전가된 것이 아니라 "그리스도께서 그 칭의와 함께 오셨다"는 대목이다. 케제만에게 있어서 하나님의 나라는 가까이 왔다는 것으로 만족하지 않고 종말론적인 표현으로 그리스도 안에 그 나라가 도래했다는 것이다. 이 부분에서 김세윤은 단순한 "하나님의 의"의 전가가 아니라, 칭의와 함께 그리스도께서 오신다는 것을 주장하고 있다.

이 이론은 신학적으로 고도의 복잡한 양상을 띠고 있는 것으로 어떻게 보면 매우 타당성 있는 이론으로, 칭의가 한 낱 추상적 개념이 아니라 구체적이며 행동적인 개념으로, 하나님의 의를 하나님의 속성을 나타내는 추상적 하나님의 의(롬 3:25-26)도 아니고 행위적(공로적) 인간의 의도 아닌 제3의 저자적인 의로 하나님과 인간과의 관계성(relativity)으로 설정한다. 이 관계성은 하나님의 의와 인간의 행위 간의 정확한 관계를 도외시한 중간적 개념으로 오해하고 있는 것 같다.

이론적으로 볼 때, 이 주장은 상당히 설득력이 있어 보인다. 왜냐하면, 칭의란 하나님께서 죄인인 인간을 의롭다 선언하심으로 그의 심판적인 의가 믿음을 통하여 인간에게 전가되었고, 하나님의 은혜로 죄인인 인간이 의인이 되어 하나님과 관계가 회복되었을 뿐만 아니라, 그 회복된 관계에 있다는 것이기 때문이다. 이 관계에 있어서 주체가 되시는 하나님의 의가 객체가 되는 인간에게 전이되는 과정을 다른 개념으로 김세윤은 '유보'(reservation)로 설정하고 있다.

그런데 중요한 것은 선포된 칭의가 단회적이 아니라 유보라는 과정에서 일어나는 행동들에 의하여 달라질 수 있다는 것이다. 김세윤에 의하면, 이 과정에서 일어나는 일련의 행위에 따라서 선포된 하나님의 의가 취소될 수도 있다는 데 문제가 있는 것이다. 그러나 성경적으로 말하면, 하나님의 칭의의 선언은 택한 자들에게 한번만 내려주시는 은혜의 선물로서 유보의 과정에 따라 취소될 수 있는 것이 아니고 효과적인 은혜로 성도의 견인에 의하여 전혀 변함이 없이 유지되어 종말론적인 결과(열매)를 가져온다는 것이다.

그래서 주께서 단번에 몸을 드려 한 번에 이루신 구원을 주시기 위하여, 하나님께서 자신의 대권으로 단번에 선언해주신 확정적인 '칭의'의 '선언'을 '유보'라는 형식으로 종말까지 보류했다가 우리의 행위를 보아서 인정할 수도 있고 취소할 수도 있다고 김세윤이 주장하면서, 이것을 위해 바울의 성경구절의 의미를 아전인수 격으로 인용해서 왜곡하는 것에 대해 안타까움을 금할 길 없다.

정통 신학의 조직신학에서는 한 결 같이 칭의의 단회성을 강조하며 점진적으로 이루어 나가는 성화와 구분하여 진술하고 있다. 칭의는 단번에 선언되는 무죄선고이지 완성을 위하여 점진적으로 이루어나가는 과정이 아니다. 칭의는 과정이 아니라 선언이라는 뜻이다.

그러면 칭의와 성화의 관계는 무엇인가?

칭의는 성화의 근거요 출발점으로서, 칭의 없이 성화는 성립될 수 없다. 그리고 칭의는 성화로 증명이 되는 것이다. 그러나 성화의 부족으로 인해 반드시 칭의의 효력을 잃어 구원을 받지 못한다고 말할 수는 없다. 왜냐하면, 칭의 자체가 구원의 보장이기 때문이다(주님 십자가의 한편 강도의 구원을 보면 알 수 있다).

6. 상급론에 대하여

그리고 다른 주제이지만 비슷한 면이 있는 바울의 상급론을 논하고자 한다. 김세윤은 이미 타계한 OOO교회의 K 목사가 주장했던 것과 같이 우리의 상급은 '영생' 즉 우리가 받는 '구원'일 뿐이므로 우리가 이 세상에서 행한 대로 받는 상급을 기대하는 것은 잘못이라고 주장한다.

왜냐하면 천국은 이 세상에서 생각하는 것과 같은 개념으로 생각하면 안 된다는 것이다. 그렇다면 그곳에서도 차별이 있을 것이 아니냐는 논리이다. 바울의 상급론을 다른 차원에서 조명하고 있는 셈이다. 물론 우리의 상급이 '영생'인 것만은 틀림없으나, 바울이 말한 이 세상에서 행한 대로 받는 상급을 전면적으로 부정하는 것은 무리라고 생각한다.

조직신학적으로 신학자들은 물론, 개혁주의 조직신학자 벌코프(Berkohf)도 상급을 '영생'으로 전제 하면서 행위에 따르는 상급에 대해서도 언급하고 있다. 의인들의 선행이 그들의 공로일 수는 없지만, 은혜로운 상급의 척도가 된다고 했다.[12] 최후 심판 때, 생명책이 펴져 있는 것 외에 행위대로 심판하는 다른 책들이 펴져 있다(계 20:12).

그러나 그 상급으로 인한 차별이 아니라 본질적으로 영생의 영광이 동일한 것과 같이, 행위로 인한 각자의 상급인 지복(bliss) 즉 '영광'의 빛의 본질은 같지만, 영광의 빛의 정도(the degrees in the bliss of heaven)가 각자의 행위에 따라 다른데(단 12:3; 고후 9:6; 고전 15:41-42),

---

12 Louis Berkhof, *Systematic Theology*, 737.

그렇다고 차별적인 개념이 아니라는 것이 개혁신학의 입장이다.

이에 대한 이해를 돕기 위하여 벌코프의 조직신학을 인용해보도록 하겠다.

> The reward of the righteous is described as eternal life, that is not merely an endless life, but life in all its fullness, without any of the imperfections and disturbance of the present, Matt. 25:46; Rom. 2:7. The fullness of this life is enjoyed in communion with God, which is really the essence of eternal life, Rev. 21:3. They will see God in Jesus Christ face to face, will find full satisfaction in Him, will rejoice in Him, and will glorify Him. We should not think of the joys of heaven, however, as exclusively spiritual. There will be something corresponding to the body. There will be recognition and social intercourse on an elevated plane. It is so evident from Scripture that there will be degrees in the bliss of heaven, Dan. 12:3; 2Cor. 9:6. Our good works will be the measure of our gracious reward, though they do not merit of it. Notwithstanding this, however, the joy of each individual will be perfect and full.[13]

---

[13] Louis Berkhof, *Systematic Theology*, 737.

다시 말하자면, 성경적인 상급의 개념은 두 가지 차원에서 생각해야 한다.

첫째, 우리가 받는 '유업의 상'(골 3:24; 히 11:6; 눅 6:23)인 '영생'(eternal life)을 의미함과 동시에,

둘째, 하나님께서 주시는 믿음의 행위에 따라서 받는 '상급'(마 5:12, 46; 10:41-42; 16:27; 눅 6:35; 고전 3:8, 14; 9:17, 18, 24; 골 2:18; 히 10:35; 11:26; 요이 1:8), 즉 하늘의 기쁨인 지복(reward, that is, the bliss of heaven)을 의미한다.

이 상급은 모두 "영광"으로 빛나게 된다. 예수님과 바울도 분명히 이 상(reward)에 대해서 여러 번 언급하고 있다(마 5:12, 46; 6:1; 10:41-42; 고전 3:8, 14; 9:17-18, 24; 빌 3:14; 골 2:18; 3:24; 히 10:35; 11:6, 26; 요이 1:8; 계 11:18; 22:12). 성경에는 같은 주제들, 예를 들면 믿음이나 구원과 같은 주제들에 관하여 이중적인 성격으로 언급하기도 한다.

성경에서 구원을 두 측면으로 말씀한다.

① 영생의 구원.
② 현세의 구원(가난, 질병, 전쟁, 사단 등에서 해방).

성경은 믿음도 두 측면에서 말씀한다.

① 영생 얻은 믿음.
② 능력을 행하는 믿음.

이와 같이 성경은 상급에 대해서도 두 측면에서 말씀한다.

① 원형적인(archetypical) 영생(eternal life).
② 지상에서의 믿음의 행위를 따라 받는 상급(reward for the works).

7. 결론

중생, 믿음, 칭의, 구원, 영생, 성화 등의 신학적 전문용어들의 개념은 조심스럽게 다루어야 한다. 여기에서 믿음으로 주어지는 하나님의 선물인 칭의, 중생, 영생과 같은 것들은 단번에 이루어지는 것으로 이중적인 의미로 사용된 미완성의 작품으로 보아서는 위험한다. 물론 믿음이라든가 구원과 같은 것들은 이중적인 성격인 즉각성과 점진성의 측면이 있어서 성화와 같이 점진적으로 이루어나가는 면도 있다고 설명하는 것은 가능한다.

그래서 영적인 영생의 믿음은 **단번에** 완성되며, 생활의 믿음은 성화의 과정을 통하여 **점진적으로** 성숙되는 것이다. 바울은 이것을 구원에도 적용시켜서 영적이며 영생에 이르는 구원는 예수님께서 십자가에서 단번에 해결해주신 원죄해결을 통하여 믿음으로 완성됨과 동시에, 생활의 구원은 성령의 인도함을 받아 자범죄를 해결하며 선행을 통하여 의로운 열매를 맺어 나가는 방식으로, 즉 점차적인 성화의 과정을 통하여 그리스도의 장성한 분량이 충만한 데 이르게 되는 것으로 설명한다(엡 4:13). 그러므로 바울은 경건치 않음에도 불구하고 믿음으로 단번에 의롭다 인정받은 구원의 차원이 아니라, 현세에서 신앙생활의 차원에서 하나님 앞에서 두렵고 떨림으로 구원을 이루라고 했다(빌 2:12). 이것은 구원의 즉각성이 아니라 구원의 점진성을 의미한다.

지금까지 살펴본 "유보적 칭의"의 핵심은 처음에 받은 칭의(첫 열매)가 유보되었다가 종말에 가서 완성된다는 것으로서, 그렇다면 다음과 같은 심각한 문제에 봉착하게 될 것이다.

① '칭의'가 아직 완성되지 않은 것이라면, 하나님께서 우리가 죄인임에도 불구하고 의롭다 선언하신 '칭의'가 미완성된 것이라는 뜻이 되며,
② '칭의'가 아직도 미완성된 것이라면, 우리는 그 칭의가 완성될 때까지 부단히 노력하지 않으면 안 될 것이기에, 그것을 이루기 위해 항상 피곤하게 살게 될 것이며,
③ '칭의'가 아직 완성되지 않은 것이라면, 종국에 가서 이미 믿음으로 얻은 칭의를 상실할 수도 있다는 염려와 불안으로 구원의 확신이 없을 것이다.

그러나 우리가 믿음으로 받은 '칭의'는 **처음부터 완전한** "하나님의 의"로, 우리의 행위에 의하여 잃어버릴 수 있는 것이 아니며, 종말에 가서 완성되는 것이 아니라, 종말에 가서 오히려 더욱 더 풍성한 의로 승화된다고 보아야 할 것이다.

만일, 칭의가 완전한 것이 아니므로 의로운 행위를 요구한다면, 미처 의의 열매를 맺기도 전에 주님의 십자가 옆에서 죽어 구원받은 강도에 관해서는 어떻게 설명할 것인가?

이미 우리가 받은 칭의가 불완전하여 구원에 이르지 못하는 것이 아니라, 그 의가 믿음의 선한 행위로 말미암아 의의 열매를 맺어 더욱 풍요롭게 되며, 그로 인한 풍성한 축복의 열매를 거두어 더욱 풍성한 영광에 이르게 된다는 것으로 이해하는 것이 지극히 성경적이다.

다시 말하면, '칭의'(justification)는 처음부터 완전한 하나님의 주권적인 선언으로 단번에 주신 '유업의 상급'(골 3:24)인 영생(eternal life)으로서 확정된 것이며, '성화'(sanctification)는 우리 신앙생활의 과정으로 성숙화 되어 각 개인에 따라 그 정도가 다르게 나타나는 것으로서, 행한 대로(마 16:27) '하늘에서 상'(the reward in heaven)을 받게 될 것이다. 이것은 구약에서부터 신약을 관통하고 있는 변함없는 진리라고 생각한다.

마지막으로 권하고 싶은 말씀은, 칭의(중생)를 받은 신자들에게 자신의 행위의 열매인 의의 열매를 맺지 못하므로 이미 받은 구원이 취소되어 멸망하지 않을까 두려워하며 그 의로운 열매를 맺기 위하여 열심히 살라고 촉구하기보다는, 세속에 빠져 죄를 범하고 의의 열매를 맺지 못함으로 하나님의 무서운 책망과 징계를 받아 견디기 힘든 고통을 당하지 말고 그들 속에 계시는 성령의 인도하심을 따라 십자가를 지고 의의 열매를 많이 맺음으로 이 땅위에서의 하나님의 은사와 축복은 물론, 천국에서의 의의 면류관의 영광의 상급을 위하여 최선을 다하여 헌신하라고 촉구하는 편 이 지극히 성경(복음)적이라고 생각한다.

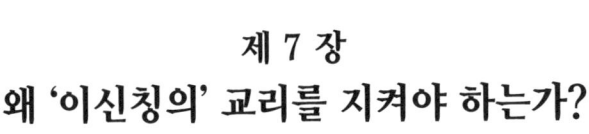

제 7 장
왜 '이신칭의' 교리를 지켜야 하는가?

서문 강 목사
중심교회 담임

1. 들어가는 말

 필자는 설교자의 입장에서 '이신칭의'(以信稱義, Justification by faith) 교리 문제를 접근하려 한다.
 2천여 년의 교회사는 성경이 말하는 '복음 이해, 또는 해석'을 둘러싼 치열한 영적 투쟁의 역사라고 해도 과언이 아닐 것이다. 사도 바울은 로마서 1:16에서 복음의 영광을 그 효력의 차원에서 감격하며 정의한다.

> 내가 복음을 부끄러워하지 아니하노니 이 복음은 모든 믿는 자에게 구원을 주시는 하나님의 능력이 됨이라(롬 1:16).

 그런데 문제는 '사도가 말하는 복음이 무엇이고, 또 그 복음이 어떻게 믿는 모든 이들에게 구원을 주시는 하나님의 능력이며, 또 그 구원

은 구체적으로 무엇인가?'

이 질문에 대한 정확한 해답을 얻는 것은 사활을 좌우할 만큼 중요하다. 교회사를 보면 이 문제를 중심에 두고 치열한 쟁론이 모든 시대에 걸쳐 계속 진행되어 왔음을 알 수 있다. 로마 가톨릭과 개신교 사이의 차별의 중심에 그 문제가 있다. 개신교인들 사이에도 그 문제에 대한 여러 이견(異見)들로 분열되어 있다.

그러면 앞에서 던진 질문에 대하여 포괄적인 답이 될 만한, 신학적 작업을 거친 정돈된 교리는 없을까?

그것이 있으니 바로 '이신칭의'(사람이 하나님께 의롭다 하심을 얻는 것은 율법의 행위에 있지 않고 오직 값없이 은혜로 그리스도 안에 있는 믿음으로 말미암는다)의 교리이다.

성령께서 16세기 루터를 필두로 칼빈 등 종교개혁가들에게 성경, 특히 로마서에 극명하게 드러난 이신칭의 교리를 이해할 신령한 총명의 빛을 부어주셨다. 그로 인하여 종교개혁이 시발한다.

'오직 성경, 오직 은혜, 오직 믿음'의 종교개혁의 중심 가치가 이 이신칭의 교리와 바로 연결된다. 이 교리의 진정성과 역동성이 중세 이후 1천여 년간 비성경적인 교리로 무장하여 군림하던 로마 가톨릭의 무소불위의 권위의 굴레를 부수었다.

실로 이신칭의 교리는 성경의 대중추이다. 참된 신앙과 신학의 행로는 '거듭남으로 신령한 눈이 열려 그 교리가 함축하는 바를 인지하고 그 감격에 겨워 하나님의 사랑과 은혜에 보답하려는 신자의 정당한 반응이다.'

그러므로 이 교리를 포기하면 성경이 말하는 복음의 전 체계를 포기하는 것이다. 다시 강조하거니와 이 교리는 '사람이 꾸며낸 편의 논리'가 아니라 성령님의 조명 아래 성경을 종합적으로 면밀하게 연구한 필연적 결과물이기 때문이다. 이 교리는 사도의 복음의 핵이다. 이 핵이 빠지거나 훼손을 당하면 그 복음은 더 이상 복음이 아니다.

사도 바울은 갈라디아 교회에 들어온 거짓 선생들을 통한 마귀의 간계가 바로 이 교리를 무너뜨리는데 집중하여 있음을 인지하였다. 그래서 그는 긴급하게 무장하고 그 간악의 사령부를 향하여 주님께서 자기에게 주신 사도의 권위를 총동원하여 집중포화를 퍼붓는다.

> 다른 복음은 없나니 다만 어떤 사람들이 너희를 교란하여 그리스도의 복음을 변하게 하려 함이라. 그러나 우리나 혹은 하늘로부터 온 천사라도 우리가 너희에게 전한 복음 외에 다른 복음을 전하면 저주를 받을지어다. 우리가 전에 말하였거니와 내가 지금 다시 말하노니 만일 누구든지 너희가 받은 것 외에 다른 복음을 전하면 저주를 받을지어다(갈 1:7-9).

그런데 오늘날 '바울 신학에 대한 새로운 관점들'이 일어나 개혁주의 신학의 기본과 근간을 이루고 정립되었던 '이신칭의' 교리의 개념과 틀을 바꾸려는 시도하고 있다.

이러한 시도가 지금까지 묻혀왔던 진리의 국면을 새롭게 발견한 것 같이 여겨져 많은 이들의 관심을 촉발시키고 있다. 물론 그러한 시도는 사실상 '새로운 것'이 아니다.

> 이미 있던 것이 후에 다시 있겠고 이미 한 일을 후에 다시 할지라 해 아래는 새 것이 없나니 무엇을 가리켜 이르기를 보라

> 이것이 새 것이라 할 것이 있으랴 우리 오래 전 세대에도 이미
> 있었느니라(전 1:9, 10).

이미 사도시대에 '사도의 복음'을 대항하여 일어난 '율법주의'(Legalism)와 유대 선민 사관(史觀)에 입각한 '유대교(Judaism)적 전통주의'가 현대신학의 옷을 입고 재현한 것에 불과하다.

이미 갈라디아서와 히브리서의 저작(著作) 동기에 그런 관점으로부터 하나님의 백성들을 지키시려는 성령님의 역사가 있지 않은가?

이런 시도들은 결국 성경이 말하는 '이신칭의' 교리에 내재되어 있는 하나님의 구원하시는 은혜와 능력과 영광을 보는 눈이 열리지 않은 데서 기인하는 것들이다.

물론 그들은 오늘날 교회들이 무기력하고 변화 없는 '교인들'을 양산해 내는 이유를 '이신칭의 교리'에 대한 기존의 이해에 흠결이 있음에서 찾으려한다. 그래서 자기들은 '복음을 믿는 사람들의 윤리성과 역동성'을 증진시키는 논리를 새롭게 구축하려 한다고 말한다.

그러나 필자가 보기에 오늘날 교회들에 있어서 가장 크게 결여된 문제는 '이신칭의' 교리의 본질과 그 정체를 제대로 학습하지 못하는 데 있다. '새로운 관점으로 대안을 제시하려는 시도'가 필요한 것이 아니라 '이신칭의' 교리에 대한 올바른 학습이 절대로 필요하다. 모든 교회 시대에서 있어서 가장 찬란한 영적 각성과 부흥의 시기는 교회가 '이신칭의' 교리를 반복 학습하는 시대였다. 그러한 시대들의 성도들의 '윤리성과 삶의 역동성'은 그렇지 못한 시대의 사람들에 비하여 차원이 달랐고 높았다.

그러므로 우리는 이런 시각을 가지고 성경이 말하는 '이신칭의' 교

리의 본질을 재학습하여야 할 것이다. 이런 기회를 주신 하나님 우리 아버지께 주님의 이름으로 감사하오며 찬미를 올릴지어다.

아버지, 바라기는 이 글을 통하여 성령께서 이 교리의 위치와 그 가치를 우리에게 다시 상기시켜 주셔서 우리의 견고한 반석이신 그리스도 안에 더욱 온전하게 설 수 있게 하소서.

2. 이신칭의 교리의 대전제는 무엇인가?

1) 창조주 하나님과 피조물인 인간 사이의 절대적이고 영원한 관계

이 교리는 가장 우선적으로 성경이 말하는 대로 하나님의 창조 질서 속에서 하나님과 인간 사이의 관계의 절대성과 영원성을 그 기본적인 전제로 삼는다.

'사람'은 하나님의 형상을 따라 지음받았다는 사실이 그 존재의 존귀함의 핵심이다. 그래서 '사람'은 본래 참 영화로운 존재로 지음을 받았다. 그리고 사람은 불멸의 존재로 지음을 받았다. 사람이 본래 완전하게 창조되었지만 그 완전은 '자존적(自存的) 완전'이 아니라 '의존적(依存的) 완전'이다. 즉 사람은 창조 질서 속에서 하나님께 절대 의존적인 존재이다. 하나님께 대한 사람의 관계는 선택사양의 관계가 아니라 절대적이다. 그리고 그 관계는 영원하다. 왜냐하면 하나님께서는 사람을 '소멸하는 존재'로 창조하지 않았기 때문이다.

2) 하나님께 절대 순종해야 할 인간의 책무와 하나님의 심판

이 교리는 하나님께 절대 순종해야 할 인간의 책무를 전제하고 있다. 하나님께서 당신의 형상을 닮은 인격적인 존재로 지으셨다. 즉 자기 존재와 행동에 대한 책임을 지는 존재, 곧 자기 존재와 행동의 정당성을 하나님께 직고(直告)해야 할 존재로 지으셨다는 말이다.

> 이러므로 우리 각인이 자기 일을 하나님께 직고하리라
> (롬 14:12).

여기서 "직고"(直告)는 '있는 대로 숨김없이 다 아뢴다'는 뜻이다. 하나님께서는 우리 모든 생각과 행동 전체를 다 알고 계시기에 그 앞에서 숨길 것이 없다(시 139:1-6). 하나님께서는 우리를 창조하시고 섭리하시고 통치하시고 우리 존재에 필요한 모든 것을 공급하시는 분으로서 우리의 '직고'를 받으시고 판단하시는 '심판권'을 정당하게 가지고 계시다.

3) 각 사람의 행한 대로 보응하시는 하나님의 심판과 그 효력의 영원성

'이신칭의' 교리는 우리를 판단하시는 하나님의 심판의 척도와 그 효력의 영원성을 전제한다. 사람이 하나님의 법정에서 그 행한 것을 따라 심판을 받으면 그 효력이 영원하다는 것이 성경의 일관된 논리이다.

> 하나님께서 각 사람에게 그 행한 대로 보응하시되 참고 선을 행하여 영광과 존귀와 썩지 아니함을 구하는 자에게는 영생으로 하시고 오직 당을 지어 진리를 좇지 아니하고 불의를 좇는 자에게는 노와 분으로 하시리라(롬 2:6-8).

하나님의 심판의 본래적인 원리는 "하나님께서 각 사람에게 그 행한 대로 보응" 하시는 것이다.

물론 '여기 보라 로마서에서 하나님께서 각 사람의 행한 대로 보응하신다고 하지 않았는가?

그러니 이신칭의 교리는 무리하다'라고 말한다면, '로마서를 끝까지 읽고 그 논리의 줄기를 파악하라'고 일러주어야 할 것이다.

로마서 2:6-10이 보여주는 논리는 본래 하나님께서 창조 질서 속에서 세우신 법정적 판단의 기준이다. 곧 공의(公義)로 판단하시는 하나님의 법의 엄정성을 말한다.

복음은 그 '공의의 법'을 무시한 것이 아니라 '공의의 법의 요구를 만족한 법'이다. 흔히 '은혜'를 '공의를 무시하고 사람에게 좋고 편한 대로 적당하게 하는 것'의 차원으로 이해하기도 하나 이러한 이해는 성경이 말하는 '은혜'를 전혀 이해하지 못했음을 증명한다.

'모든 믿는 자들을 구원시는 하나님의 능력으로서의 복음의 은혜'를 제대로 알려면 바로 그 '하나님의 공의의 엄정성과 불변성'을 제대로 알아야 한다. 이것이 없이 '은혜'를 말하면 '공의와 법도 없는 마구잡이식의 편의주의'가 될 뿐이다.

하나님의 법정적 선고의 효력은 영원하다.

> 하나님께서 각 사람에게 그 행한 대로 보응하시되 참고 선을 행하여 영광과 존귀와 썩지 아니함을 구하는 자에게는 '영생'으로 하시고 오직 당을 지어 진리를 좇지 아니하고 불의를 좇는 자에게는 '노와 분'으로 하시리라(롬 2:6-8).

여기서 '영생'과 '노와 분'은 한시적 효력이 아니라 영원하다.

4) 율법의 위치와 그 정당성

'이신칭의' 교리는 '율법'의 위치와 그 요구의 정당성에 대한 바른 이해를 전제한다. '율법'은 하나님께서 제정하여 모세를 통해서 백성들에게 반포하신 법이다. 율법은 하나님께서 사람들에게 행하며 지키라고 명하신 법이다.

하나님께서 아담과 하와에게 "선악을 알게 하는 나무의 열매는 먹지 말라"(창 2:17)는 명령에 주심으로써 하나님께 대한 순종여부를 판단하고자 하셨다.

하나님께서는 모세를 통해서 율법을 반포하게 하시고 백성들에게 무어라 전하게 하셨는가?

> 모세가 기록하되 율법으로 말미암는 의를 행하는 사람은 그 의로 살리라 하였거니와(롬 10:5).

이런 '율법의 요구와 그 행하는 자에게 생명을 약속하는 구도' 자체는 틀린 것이 아니다. 하나님께서는 '죄와 의와 하나님의 심판의 원칙'

이 무엇인지를 율법을 통해서 규정하여 주셨다. 그러니 하나님의 법정적 판단에서 '의롭다'는 판단을 받기 위해서는 그 율법을 완전무결하게 수행하여야 한다. 만약 그런 사람이 있다면 '그런 자기 의로 말미암아 의롭다 하시는 판결'을 받을 것이다.

하나님의 법정에 제출하여 '의롭다'는 하나님의 판단을 받아낼 의는 '완전무결한 의, 점도 흠도 티도 없는 완전한 의'이다. 그래서 사람이 율법을 지켜 자기 행위로 의롭다 하심을 받으려면 어느 정도로 율법의 요구에 순종해야 하는 지를 사도 바울은 말하였다.

> 무릇 율법 행위에 속한 자들은 저주 아래에 있나니 기록된 바 누구든지 율법 책에 기록된 대로 모든 일을 항상 행하지 아니하는 자는 저주 아래에 있는 자라 하였음이라(갈 3:10).

5) 구속사(救贖史)의 경륜과 율법

구속사란 하나님께서 창세전에 미리 정하신 대로 그 택한 백성들을 구원하시기로 뜻을 정하시고 그 뜻을 이루어 나가시는 하나님의 행사의 역사(歷史)다(엡 1:3-14). 인간의 역사가 구속사의 경륜을 따라 진행되어 왔다. 구약시대 이스라엘의 역사도 구속사의 경륜 속에 들어 있는 것이다.

'모세의 율법'도 그 자체로 구원받을 자가 있는지 시험 삼아 지키게 하시려고 주신 것이 아니다. 이스라엘의 역사와 모세의 율법도 그리스도 안에서 자기 백성을 죄에서 구원하시려는 하나님의 '구속사의 경륜의 일환'이다. 그래서 그리스도께서 오시어 그 구속(救贖)의 대업을 완성하셨을 때에 더 이상 이스라엘(또는 유대민족)과 다른 이방 족속 사이를 구분 짓는 차벽(遮壁)이 폐해졌다.

> 또 이르시되 너희는 온 천하에 다니며 만민에게 복음을 전파하라(막 16:15).

> 오직 성령이 너희에게 임하시면 너희가 권능을 받고 예루살렘과 온 유대와 사마리아와 땅 끝까지 이르러 내 증인이 되리라 하시니라(행 1:8).

구약시대에 이스라엘에게 부과된 여러 의식법과 율법의 규례들은 그리스도께서 오시어 구속의 대업을 "다 이루신" 후에 더 이상 존재 이유가 없었다.

그러므로 사도 바울의 복음의 진수인 '이신칭의' 교리를 대적하여 '율법주의'와 '유대교적 언약적 전통'을 들고 나온 새 관점들(E. P. Sanders, N. T. Wright, J. Dunn 등이 들고 나온)에 대해 우리가 무어라 할 수 있는가?

그 관점들은 '구속사적 경륜 속에서의 율법과 구약의 언약과 여러 제도'에 대한 무지를 드러낸다. 저런 주장들은 사도들이 그렇게 끊임없이 외치며 위하여 싸웠던 '이신칭의 교리의 복음'의 핵심에 이르지 못한 생뚱맞은 소리들이다.

구속사의 경륜이 진행되는 동안, 곧 그리스도께서 아직 오시기 이전 동안의 구약의 성도들도 그리스도께서 장차 이루실 대속의 은혜로 구원을 받았다. 즉 구약의 여러 언약과 여러 규례들이 그리스도를 가리키는 모형들과 그림자들과 상징일 뿐 그 자체가 그들을 구원한 근거가 아니었다. 구약 시대에 모세의 율법을 지켜 '자기 의로 하나님 앞에 의롭다 하심을 받은 육체가 전혀 없었다.'

그래서 로마서 4장에서 사도는 구약 시대의 대표적인 성도 아브라함과 다윗을 들어 '이신칭의' 교리의 정당성과 보편성을 논증한다. 이스라엘 민족의 육신적 혈통의 조상인 아브라함과 다윗이 율법의 행위로 아니고 '하나님을 믿음(그리스도에 대한 하나님의 언약을 믿음)으로 말미암아' 의롭다 하심을 얻었다. 창세 이후 구주는 오직 한 분 그리스도 예수님뿐이시고(행 4:12), 구원하시는 하나님의 행사의 본질도 오직 그리스도와 그 구속에 있다.

6) 하나님의 진노 아래 있는 인간의 실상

이 교리는 인간이 스스로는 하나님의 진노, 하나님의 영원한 저주로서의 지옥 형벌을 면할 수 없음을 전제한다. '그리스도를 믿음으로 말미암아 은혜로 값없이 의롭다 하심을 받는다'는 교리의 절대적 전제는 사람이 스스로의 행위, 율법의 행위, 자기의 의(義)로서는 하나님의 법정적 심판의 저주와 영원한 형벌을 면할 수 없다는 사실이다.

사도 바울은 로마서 1:18-3:20에서 "유대인이나 헬라인이나 다 죄 아래에" 있고 "의인은 없나니 하나도 없으며" 하나님의 법정적 판단과 정죄 아래서 하나님의 진노의 영원한 지옥 형벌로부터 스스로 피할 자가 없다는 요점을 변박할 수 없이 강변한다.

> 우리가 알거니와 무릇 율법이 말하는 바는 율법 아래에 있는 자들에게 말하는 것이니 이는 모든 입을 막고 온 세상으로 하나님의 심판 아래에 있게 하려 함이라 그러므로 율법의 행위로 그의 앞에 의롭다 하심을 얻을 육체가 없나니 율법으로는 죄를 깨달음이니라(롬 3:19, 20).

3. 전적으로, 절대적으로 하나님께만 속한 구원

전체 성경에 걸쳐 두 줄기의 큰 강물이 도도하게 흐른다.

첫째, 전적으로 타락하고 부패한 인간의 죄성과 악독과 그로 인한 하나님의 진노와 그 심판의 줄기이다.

> 우리는 주의 노(怒)에 소멸되며 주의 분내심에 놀라나이다 주께서 우리의 죄악을 주의 앞에 놓으시며 우리의 은밀한 죄를 주의 얼굴 빛 가운데에 두셨사오니 우리의 모든 날이 주의 분노 중에 지나가며 우리의 평생이 순식간에 다하였나이다 … 누가 주의 노여움의 능력을 알며 누가 주의 진노의 두려움을 알리이까(시 90:7-11).

둘째, 그러한 부패와 악에 빠진 당신의 백성들을 구원하여 영생을 주시려는 하나님의 특심과 그 행사의 도도한 줄기다(사 9:1-7). 구속사의 도도한 줄기가 흐른다. 그 줄기의 핵심은 바로 그리스도와 그분의 대속(代贖)의 완전성과 충분성이다.

'이신칭의' 교리는 '죄로 인한 인간의 전적 타락과 부패의 실상'과 '그리스도와 그 대속'의 행사(行事)를 통한 하나님의 구원의 방식을 그 중심축으로 한다.

4. '이신칭의' 교리의 역설(逆說)과 그 핵심

'이신칭의' 교리는 '하나님의 법정에 제출할 완전한 의'는 커녕 전적으로 무능하고 부패하여 하나님의 공의로운 판단으로 정죄를 받아 진노의 형벌을 받아야 마땅한 죄인을 향하여 하나님께서 '의롭다'고 선언하시는 법정적 선고를 담고 있다. 하나님께서 당신의 법정에 서 있는 사람을 향하여 '의롭다'는 선고를 하시려면 그 만한 근거가 있어야 한다.

그렇다면 '의롭다' 하시는 선고의 내용은 무엇인가?

'이 사람은 한 번도 하나님의 율법을 어긴 적이 없고 도리어 율법을 통하여 요구한 나의 의로운 요구에 완전하게 순종하여 점도 흠도 티도 주름 잡힌 것이 없도다.'

이런 선고를 받을 사람은 하나님의 법정에서 '하나님의 불꽃 같은 눈으로 보시기에 흠이 없는 완전한 의'를 제출한 사람뿐이다.

그런 사람이 누구인가?

자기 힘으로 그렇게 할 수 있는 사람은 없다.

> 모든 사람이 죄를 범하였으매 하나님의 영광에 이르지 못하더니(롬 3:23).

그렇다면 이러한 사람이 무엇을 근거로 '의롭다'하시는 선고를 받는가?

> 그리스도 예수 안에 있는 속량으로 말미암아 하나님의 은혜로 값없이 의롭다 하심을 얻은 자 되었느니라(롬 3:24).

사람은 믿음으로 말미암아 그에게 전가된 '그리스도와 그 구속의 효력,' 곧 '하나님의 의'로 말미암아 의롭다 하시는 선고를 받는 것이다. 그 방식이 아니고는 어느 누구도 구원받을 자가 없다. 그래서 사도 바울은 다음과 같이 말했다.

> 내가 가진 의는 율법에서 난 것이 아니요 오직 그리스도를 믿음으로 말미암은 것이니 곧 믿음으로 하나님께로부터 난 의라(빌 3:9).

오직 그리스도와 그 행하신 일만이 우리가 하나님으로부터 의롭다 하시는 선고를 받는 충분하고 완전한 근거이다. 그래서 "우리가 그 안에서 그를 믿음으로 말미암아 담대함과 확신을 가지고 하나님께 나아감을 얻느니라"(엡 3:12). 그래서 이신칭의 교리는 오직 그리스도 안에 있는 하나님의 은혜의 교리인 것이다.

5. 복음을 포괄적으로 표현한 '이신칭의' 교리

그렇다면 다음과 같은 의문이 제기될 것이다.

'구원의 서정 가운데 성화(聖化)와 성도의 견인과 영화는 어떻게 되는가?'

그런 의문에 대하여 우리는 다음과 같이 대답해야 할 것이다.

'성화(聖化)와 성도의 견인과 영화는 이신칭의 교리에서 그 근거와 동기와 목표와 그 동력을 제공받는다.'

그래서 사도 바울은 로마서 8장에서 말한다.

> 또 미리 정하신 그들을 또한 부르시고 부르신 그들을 또한 의롭다 하시고 의롭다 하신 그들을 또한 영화롭게 하셨느니라
> (롬 8:30).

존 칼빈의 로마서 주석에서 보면, 그가 로마서의 내용을 분해할 때 로마서 1:18-8:39의 대목 전체를 '칭의' 주제로 적시하고 있다. 흔히 로마서 3:20-24절까지를 '칭의' 대목으로, 로마서 5장을 '구원의 확신' 문제로, 6-7장을 '성화'의 문제로 본다. 그리고 8장을 '성도의 견인과 영화'의 장으로 이해한다. 그러나 사실은 로마서가 '이신칭의'에 집중하고 있고, 그 조명 속에서 야기될 수 있는 여러 가지의 문제들을 다루고 있다.

사도 바울은 성화적 헌신, 곧 자기의 헌신과 수고를 보더라도 그것을 자기의 자랑이나 공로 개념으로 생각한 적이 없다.

> 내가 나 된 것은 하나님의 은혜로 된 것이니 내게 주신 그의 은혜가 헛되지 아니하여 내가 모든 사도보다 더 많이 수고하였으나 내가 한 것이 아니요 오직 나와 함께 하신 하나님의 은혜로라(고전 15:10).

사도의 복음은 항상 하나님의 아들 그리스도 예수님께서 자기 백성들을 위하여 이루신 구속의 효력의 완전성과 충분성에 치중한다. 그래서 '은혜'라는 말이 나오는 것이다. 만일 우리의 것을 조금이라도 더 할 여지가 있다면 벌써 '은혜'가 아니다.

6. 칭의의 효력의 영원성

'칭의'의 효력은 단회적이고 그 효력은 영원하다. 즉 '믿음으로 말미암아 의롭다 하심을 받은 사람'이 차후의 신실성 여부에 따라서 '칭의의 효력'이 무산되지 않고 영원하다. 그래서 사도 바울은 다음과 같이 말했다.

> 그러므로 이제 그리스도 예수 안에 있는 자에게는 결코 정죄함이 없나니(롬 8:1).

이미 그리스도를 믿음으로 말미암아 의롭다 하심을 받은(그리스도를 영접하는 즉시로 칭의된) 사람은 그 이후 그 자신의 행실 여부에 따라서 그 효력이 정지되거나 무효화되지 않는다.

로마서 5장은 이 점을 분명하게 확증한다. 즉 '예수 그리스도를 믿음으로 말미암아 의롭다 하심을 받은 이들은 하나님과의 영원하고 확정된 화평'을 소유하였고, '은혜의 영역'에 들어가게 되었고, 허락된 하나님의 영광에 이르는 영화로운 소망을 가지게 되었다(롬 5:1-2).

> 율법이 들어온 것은 범죄를 더하게 하려 함이라 그러나 죄가 더한 곳에 은혜가 더욱 넘쳤나니 이는 죄가 사망 안에서 왕 노릇 한 것 같이 은혜도 또한 의로 말미암아 왕 노릇 하여 우리 주 예수 그리스도로 말미암아 영생에 이르게 하려 함이라 (롬 5:20, 21).

그리스도인의 죄는 '정죄'의 대상이 되지 않고 '징계'의 대상이다. 의롭다 하심을 받은 자가 지옥에 가능성은 전무(全無)하다. 그것은 칭의의 효력이 확정되고 영원하기 때문이다.

7. 이신칭의 교리의 역동성

교회사적으로 사도 시대부터 지금까지 복음에 대한 마귀의 공격이 '이신칭의' 교리를 목표로 하여 진행되었다. 지금도 마찬가지이다.

'이신칭의'로 대변되는 하나님의 복음은 우리를 구원하시는 '하나님의 은혜의 역동적인 행사'이다.

요점은 우리 구원이 율법의 행위, 또는 도덕적 수련으로 말미암지 않고, 오직 하나님의 아들 예수님의 완전한 의와 그의 죽으심과 부활로 완성된 구속(救贖)의 완전하고 충분한 효력을 믿음으로 말미암는다는 것이다. 이것은 하나님의 은혜의 방식이다.

하나님의 의도하시는 택한 백성의 구원의 내용은 '죄와 죄의 모든 결과에서 사람을 해방하고 죄와는 상관없는 그리스도의 형상을 본받게 하시는 것'이다.

그 하나님의 행사의 동력이 '오직 은혜'다. 우리가 그 은혜를 받는 통로로서의 '믿음'도 행위나 공로가 아니라 '방편'이다. 방편으로서의 '믿음'마저도 성령님의 거듭나게 하심으로 발생되는 하나님의 선물이다(엡 2:8).

이같이 '이신칭의'의 교리는 실로 '성삼위의 경륜적 행사로 인한 우리 구원의 영원한 완전성'을 포괄한다. 우리는 하늘 법정에서 자신의 죄인됨을 인하여 하나님 앞에 두려워 떨지만, 성부께서 그리스도를 믿는 믿음으로 서 있는 죄인에게 즉시 **그리스도의 의와 구속의 효력을 전가하시어 죄를 용서하시고 '네가 의롭다'고 판결하시는** 선언이 이신칭의 교리이다!

그러므로 이신칭의 교리는 복음의 심장이다. 이신칭의 교리가 결핍된 복음은 복음일 수 없다.

실로 하늘 법정에서 '믿는 자를 의롭다'하시는 성부의 선고는 거대하고 영화롭고 복되다. 그 판결의 실효적 내용은 다음과 같다.

"네가 내 율법이 요구하는 모든 것을 완전하게 이루었도다."

마치 '한 번도 죄를 지은 적이 없이 오직 의만 이룬 것 같이' 여겨 주심이다. 오직 믿음으로 말미암아 전가된 그리스도의 의에 근거하여 죄 밖에 없는 자를 '완전한 의인처럼 여겨' 의롭다 선포하시는 성부의 이 판결은 '완성적'이다. 그래서 '단회적'이고, 어떤 경우에도 번복되지 않아 '그 효력이 영원하다.' 심지어 의롭다 하심을 받은 자가 그 이후 짓는 죄도 '하나님의 법정에서 정죄의 대상'은 될 수 없다.

> 그러므로 이제 그리스도 예수 안에 있는 자에게는 결코 정죄함이 없나니(롬 8:1).

신자의 죄는 더 이상 하나님의 법정적 정죄와 형벌의 대상이 아니다. 오직 신자의 죄는 아버지와 자녀의 관계 속에서 징계와 연단으로 다루어진다(히 12:4-13). 곧 신자의 죄는 '칭의' 문제에 걸리는 것이 아니고 '성화'(聖化)의 주요 대상이다.

'이신칭의'는 믿는 자의 영원한 구원과 그 안전성의 근거가 된다. 그래서 '구원의 확신의 중심'에는 '이신칭의'의 교리를 앎으로 말미암아 솟구쳐나오는 '감격과 감사'의 샘이 있다.

그래서 교회사적으로 볼 때 가장 찬란한 영적인 시대, 사도시대를 비롯하여 16세기의 종교개혁 시대와 그 후로 17세기 중반까지 이어지는 청교도 시대, 18세기의 구미의 영적 대각성 시대, 19세기와 20세기의 영적 부흥시대에 쓰임받은 위대한 설교자들의 설교마다 그 중심에 이 교리가 있었다. 1907년 평양 대부흥기의 설교들도 매 한 가지이다. 그 점은 성령께서 하나님의 자녀들을 낳으시고 먹이시고 기르실 때 이 교리를 반복적으로 사용하셨음을 실증한다.

이와 관련하여 존 칼빈, 존 오웬, 조나단 에드워즈, 스펄전, 로이드 존스 등의 설교들을 강력하게 추천한다.

8. '이신칭의' 교리에 대한 공격들의 패턴과 그에 대응하는 우리의 자세

그러니 사탄이 '이신칭의' 교리를 포기하도록 성도들을 유인하려고 간교한 수작을 부릴 것은 뻔하다. 이것이 교회사 내내 이어져 왔고 지금도 진행 중이다. 이 교리와 관련하여 현대와 더불어 교회사에 나타난 사탄의 간계들의 실례들을 간추려 본다.

(1) 이 '이신칭의' 교리를 버리고 교묘하게 '행함'을 가미하는 '율법주의'를 그 자리에 앉힌다(갈라디아서의 저작 동기와 배경).
(2) 그 교리를 오해하거나 오용하여 육체의 기회와 방탕의 구실로 삼아 도덕폐기론(Antinomianism, 또는 무율법주의)으로 빠지게 한다(유다서 4절에서 "우리 하나님의 은혜를 도리어 색욕거리로 바꾸는" 자들에 대한 경고가 바로 그 이단을 겨냥한다).
(3) 오늘날에는 샌더스나 톰 라이트 등으로 대표되는 '새 관점'이 '유대주의적인 시각에서 바울의 칭의론을 새롭게 해석하려한다.' 그 저변에 그리스도를 믿는 믿음 안에서 만민의 차별성을 철폐한 '이신칭의' 교리의 보편적 효력을 감추려는 간계가 보인다(갈 3:28).
(4) '칭의와 성화의 구분을 없이하려는' 시도이다. '둘을 한통으로 보아야 한다'는 구실 아래 '이신칭의'의 교리를 흐트러뜨린다.
(5) 바로 위와 같은 노선에서 성화를 강조한 나머지 '이중적 칭의론'(믿음의 시초와 최후의 심판에서의 칭의론)과 '유보적 칭의론'(열매 맺기까지 칭의가 유보된다는 주장)이 고개를 쳐들고 있다.

이런 관점들은 한결같이 '그리스도인의 삶을 강조해야 한다.'는 구실을 제시한다. '그리스도인의 삶의 실제'를 강조함을 누가 탓하랴. 그러나 그 때문에 '칭의 교리의 근본'에 손을 대면 '천사도 저주받을 다른 복음'이 된다(갈 1:6-9).

그러면 예수님 옆 십자가 위에서 회개한 강도의 구원을 어떻게 설명하려는가?

> 이르되 예수여 당신의 나라에 임하실 때에 나를 기억하소서 하니(눅 23:42).

> 예수께서 이르시되 내가 진실로 네게 이르노니 오늘 네가 나와 함께 낙원에 있으리라 하시니라(눅 23:43).

이에 대한 바른 시각을 가짐이 참 중요하다. 사람이 성령님의 거듭나게 하심과 가르치심 속에서 '칭의'의 영광을 바르게 인식하면 영적으로 산 사람으로서 이전 죄가 왕노릇하던 삶을 청산하고 전인적 '성화'의 길로 나아가는 것이 필연적이다. 그런 의미에서 '칭의와 성화'는 떨어져 분리된 것이 아니라 유기적 연관을 가진 '구원의 한 몸'임에 분명하다.

그러함에도 불구하고 **'칭의'와 '성화'의 유기적 연관은 견지하면서도 논리적으로 엄격하게 구분함**이 절대 필요하다. 그렇게 하지 않으면 그러면 '믿음 + 행위 = 구원'이라는 로마 가톨릭의 구원관으로 떨어진다.

'칭의론의 교본'이라 할 수 있는 '로마서'를, '믿는 자의 행함'을 강조하는 '야고보서'의 조명으로 해석하면 큰 혼란이 일어난다. '오직 의인은 믿음으로 말미암아 살리라'의 오직 믿음, 오직 은혜를 강조하는 로마서는 '그리스도의 구속의 완전성과 충분성'에 치중한다.

반면 야고보서는 그 은혜로 의롭다 하심을 얻은 믿는 사람의 정당한 반응, 곧 '성화의 열매'를 맺을 필연성을 강조한다. 야고보서의 문맥을 잘 살피면 '의롭다 하심'을 받을 조건으로 '행함'을 강조한 적이 없다. 도리어 이미 믿음으로 의롭다 하심을 받은 이들에게 '너희 믿음의 정당성을 보이는 표지로서 마땅한 성화의 열매인 행함을 보이라'고 강조하고 있을 뿐이다. '행함의 정당성'을 진술하는 야고보서 2장의 논리적 근거가 무엇인가 보라.

> 내 형제들아 영광의 주 곧 우리 주 예수 그리스도에 대한 믿음을 너희가 가졌으니 …(약 2:1).

그와 같이 '성화의 열매'도 '칭의'를 거친 사람 속에서 나타나는 '그리스도의 의를 근거한 하나님의 은혜의 열매'(성령님의 역사)일 뿐이지 그 사람 자신의 공력의 소산이 아니다(빌 2:12,13; 고전 15:10).

'성화'는 오직 '칭의'의 은혜와 영광을 누리게 된 자의 이후의 행로이다. 그리고 '성화의 열매'가 아무리 대단해도 그 자체로는 '완전을 요구하시는 하나님의 법정적 공의의 판단 앞에서'는 여전히 턱 없이 모자라다.

'율법의 행위'로 법정적 칭의를 얻으려면 "율법 책에 기록된 대로 온갖 일을 항상 행한" 증거를 제시해야 한다(갈 3:10). 그러나 그런 판결을 스스로 받기에 충분한 대상은 오직 '그리스도의 의' 뿐이다.

그러므로 우리 인격에 열리는 '성화의 열매'를 '칭의의 조건'으로 말하면 '그리스도의 의'에 다른 것을 더하려는 '다른 복음'이 되어 갈라디아서의 탄핵을 받는다.

> 어리석도다 갈라디아 사람들아 예수 그리스도께서 십자가에 못 박히신 것이 너희 눈 앞에 밝히 보이거늘 누가 너희를 꾀더냐? 내가 너희에게서 다만 이것을 알려 하노니 너희가 성령을 받은 것이 율법의 행위로냐?
> 혹은 듣고 믿음으로냐?(갈 3:1,2)

다시 강조하건대, 어떤 주제의 설교 속에서도 항상 반복적으로 '이신칭의' 교리가 선명하게 드러나야 한다. 그래야 '행위 공로' 사상을 배격하고 '오직 은혜'의 복음이 선다. 모든 설교에 거듭 선포되어야 할 것은, 우리의 죄에도 불구하고 우리를 사랑하시어 그리스도의 완전하고 충분한 구속으로 말미암아 우리를 의롭다 하시고 자녀로 대우하시며 영화롭게 하신 하나님의 은혜이다(롬 8:30). 성화의 진짜 내용은 '칭의가 제공하는 거룩한 동기(動機)와 영화(榮化)의 비전'으로 하나님의 계명을 지키는 것이다(요 15:9-15).

9. 결론

오늘날 한국 교회의 이단들의 발호는 복음의 핵심인 '이신칭의' 교리의 능력과 그 영광을 외면한 강단 메시지들과 무관하지 않다. 그리스도의 중보의 완전성과 충분성과 충족성과 유일성이 빠진 모든 설교는 '다른 중보자'를 불러 들이는 다원주의적 설교다. 교회 출입문에 이단들의 출입을 금하며 법적 조치 운운하는 스티커를 붙인 일을 나무랄 것은 아니나, 그보다 '이신칭의'의 교리의 은혜와 능력과 영광을 반추하게 하는 말씀이 이단 퇴치의 특효약이다.

교회들이 이제 단순한 '심령 부흥회'가 아닌 '교리와 신학이 있는 사경회'로 회귀해야 한다고 필자는 감히 제안한다.

낙담하며 엠마오로 가던 두 제자를 돌이키신 부활하신 예수님의 방식이 '교회 부흥 사경회'의 모델이 아닌가?

> 이에 모세와 모든 선지자의 글로 시작하여 모든 성경에 쓴 바 자기에 관한 것을 자세히 설명하시니라 … 우리에게 성경을 풀어 주실 때에 우리 속에서 마음이 뜨겁지 아니하더냐?(눅 24:27, 32)

제 8 장
김세윤의 칭의와 성화에 대한 관점 비판[1]

이윤석 박사

밴쿠버기독교세계관대학원 초빙연구원

1. 서론

본 논문은 김세윤의 최근 저서인 『칭의와 성화』를 통해 비로소 명료하게 드러난 그의 칭의와 성화에 대한 입장을 개혁주의 구원론의 관점에서 비판적으로 고찰하고자 하였다. 그는 신약신학자로서 『바울 복음의 기원』을[2] 비롯하여, 『구원이란 무엇인가』,[3] 『바울 신학과 새 관점』,[4] 『복음이란 무엇인가』[5] 등의 여러 저서를 출판했으며 최근

---

1 이 논문은 개혁신학회에서 발간하는 「개혁논총」, 제35권(2015년)에 게재된 것으로 저자의 허락을 받아 본서에 포함시켰다(편집자 주).

2 Seyoon Kim, *The Origin of Paul's Gospel* (Tübingen: Mohr-Siebeck, 1981).

3 김세윤, 『구원이란 무엇인가』(서울: 두란노, 2001).

4 Seyoon Kim, 『바울 신학과 새 관점』(*Paul and the New Perspective*), 정옥배 역 (서울: 두란노, 2002).

5 김세윤, 『복음이란 무엇인가』(서울: 두란노, 2003).

에는 『칭의와 성화』를 출판하였다.⁶

그는 2001년도에 출간된 『구원이란 무엇인가』에서는 신자 각 개인에게 일어나는 주관적인 구원 사건의 실재를 '의인됨'(justification), '화해함'(reconciliation), '하나님의 아들됨'(adoption), '새로운 피조물'(new creation) 등의 표현을 사용하며 개혁주의 구원론의 테두리 안에서 다루었다.⁷

그러나 2003년도에 출간된 『복음이란 무엇인가』에서는 '의'의 개념이 법정적인 것 뿐 아니라 관계론적 개념임을 주장한다.⁸ 이런 주장은 다소 생소하면서도 의미 있는 것으로 여겨지기도 한 것 같다.

그러나 2013년도에 출간된 『칭의와 성화』를 통해 우리는 김세윤의 칭의와 성화에 대한 이해가 종교개혁 이후 정립되고 발전되어 온 개혁주의 구원론의 교리를 벗어나 있다는 것(만약 그렇지 않다 하더라도 구원론 교리 체계의 혼란에 빠져 있다는 것)을 발견할 수 있다고 생각된다.

이에 본 논문에서는 개혁주의 구원론의 입장에서 김세윤의 칭의와 성화 개념에 대하여 문제를 제기하며 올바른 칭의와 성화의 개념을 방어하고자 한다.

---

6 김세윤, 『칭의와 성화』(서울: 두란노, 2013).

7 김세윤, 『구원이란 무엇인가』, 69-81.

8 김세윤, 『복음이란 무엇인가』, 166-167.

2. 개혁주의 구원론이란?

1) 개혁주의 그리고 개혁주의 구원론

문병호는 개혁주의를 칼빈주의의 동의어로 오직 성경을 모토로 하는 성경중심적 신학 노선을 가리키며, 칼빈, 투레틴, 바빙크, 카이퍼, 핫지, 워필드 등이 그 노선에 있는 사람들이라고 규정하였다.[9] 본 논문에서도 이와 같은 입장을 전제한다. 이러한 개혁주의 관점에 입각하여 김세윤의 칭의와 성화 개념을 비판적으로 고찰할 것이다.

개혁주의의 범위를 모호하게 생각하는 사람들이 혹 있을지 모르므로 필자가 본 논문에서 전제하는 개혁주의의 범위를 표준문서와 주요 학자들을 나열함으로써 진술하고자 한다. 개혁주의의 내용 자체를 진술함으로써 이런 내용을 담고 있어야 개혁주의다라는 식으로 개혁주의를 규정하기 위해서는 너무나 많은 지면이 필요하기 때문이다.

특히 구원론과 관련해서도 개혁교회의 표준문서 중 중요한 위상을 갖는 웨스트민스터 신앙고백서와 돌트 신조, 그리고 존 칼빈, 존 오웬(John Owen), 윌리엄 에임스(William Ames), 프란시스 투레틴(Francis Turretin), 로버트 댑니(Robert Dabny), 찰스 핫지(Charles Hodge), 헤르만 바빙크(Herman Bavinck), 존 머레이(John Murray), 루이스 벌코프(Louis Berkhof), 안토니 후크마(Anthony Hoekmea), 로버트 레이몬드(Robert Reymond), 마이클 호튼(Michael Horton) 등의 신학적 노선을 수용하는 입장임을 밝힌다.

---

[9] 문병호, "개혁주의란 무엇인가? 신학과 신앙의 요체," 「개혁논총」 통권27호(2013): 61-62.

또 "Five Views"라는 이름을 달고 출판된 『칭의 논쟁: 칭의에 대한 다섯 가지 신학적 관점』(*Justification: Five Views*, 2011)와 『성화란 무엇인가』(*Christian Spirituality: Five Views of Sanctification*, 1989)의 다섯 가지 관점 중에서는 필자는 칭의와 관련해서는 마이클 호튼(Michael Horton)의 관점을,[10] 성화와 관련해서는 싱클레어 퍼거슨(Sinclair Ferguson)의 관점을[11] 각각 따른다.

2) 개혁주의 관점의 칭의와 성화

개혁주의 구원론은 칭의와 성화를 명확하게 구별한다. 물론 칭의와 성화는 구별되는 개념이지만 이 둘은 밀접하게 연결되어 있다. 칭의 없는 성화 없고 성화 없는 칭의도 없다. 바꾸어 말하는 칭의가 있으면 반드시 성화가 있고 성화가 있으면 반드시 칭의가 있다. 이 때문에 칭의와 성화를 이중 은혜(*duplex gratia*)라고 부른다.[12] 본 논문에서 필자가 제시한 종교개혁 이후 표준문서들과 학자들의 입장은 대체로 일관되게 이 입장을 견지하고 있다.

칭의와 성화를 구분하지 않는 로마 가톨릭의 '의화'(*iustificatio*) 교리

---

10 마이클 호튼, "전통적 개혁파" in 『칭의 논쟁: 칭의에 대한 다섯 가지 신학적 관점』 ("Traditional Reformed View," in *Justification: Five Views*), James K. Beilby · Paul Rhodes Eddy 편, 문현인 역 (서울: 새물결플러스. 2015), 123-164.

11 싱클레어 퍼거슨, "개혁주의적 관점," 『성화란 무엇인가』("Reformed View," in *Christian Spirituality: Five Views of Sanctification*), Donald Alexander 편, 이미선 역, (서울: 부흥과개혁사, 2010), 75-119.

12 유태화, "칼뱅의 'Duplex Gratia'에 비추어 본 '영성형성'," 「개혁논총」 통권11호 (2009): 171-173.

에[13] 맞서서 개혁주의는 칭의의 법정적 성격을 명확히 하였다. 칼빈은 칭의가 갖고 있는 법정적 성격을 명확히 주장하고 있으며[14] 죄 사함과 [15] 그리스도의 의의 전가를[16] 주된 특징으로 한다고 주장하였다.

이와 별개로 칼빈은 회개와 중생이라는 표현으로 성화를 표현하고 있다. 칼빈은 회개를 '죽이는 일'(mortification)과 '살리는 일'(vivification)의 두 부분으로 이루어진 것으로 보며[17] 이를 통해 하나님의 형상을 회복하고 죽을 때까지 평생에 걸쳐 그리스도를 닮아가는 성화가 모든 신자들에게 있다고 주장하였다.[18]

칼빈을 비롯한 종교개혁가들에 의해 확립된 칭의와 성화의 이중 은혜 구도는 개혁주의 구원론이 갖는 핵심 구도였다. 유수한 학자들이 칭의와 성화의 이중 은혜 구도를 수용하고 그에 따라 구원론을 전개

---

13 트렌토 공의회 자료는 다음 문헌을 참조하였다. Philip Schaff, *The Creeds of Christendom*, Vol. II. (New York: Harper, 1876). 트렌트 공의회 문헌 인용 표기는 'Trent 회기.교령.장.절(항)' 방식으로 한다. 예를 들어 'Trent SESSIO VI, Decretum de iustificatione, Cap. VII. Quid sit iustificatio impii, et quae eius causae'와 같은 방식으로 표기할 것이다. 이 부분에서 트렌토 공의회는 "*Hanc dispositionem seu praeparationem iustificatio ipsa consequitur, quae non est sola peccatorum remissio, sed et sanctificatio et renovatio interioris hominis per voluntariam susceptionem gratiae et donorum …*"(이런 태도와 준비 후에 본연의 의화가 뒤따르는데 이 의화는 단순히 죄의 사함뿐 아니라 은총과 그에 동반되는 선물을 기꺼이 받아들임으로써 인간 내면이 성화되고 쇄신되는 것을 의미하며 …)라고 하였다.

14 John Calvin, *Institutes of the Christian Religion*, ed. John T. McNeill, trans. Ford L. Battles (London: Westminster Press, 1960), III.11.2. 이하 칼빈의 『기독교 강요』 인용은 '*Institutes*, 권.장.절'과 같이 표기한다.

15 *Institutes*, III.11.21.

16 *Institutes*, III.11.23.

17 *Institutes*, III.3.8.

18 *Institutes*, III.3.9.

한다.[19]

칭의는 "예수 그리스도의 의에 기초하여 죄인에 대한 율법의 모든 요구가 충족되었다고 하나님께서 선언하시는 하나님의 법적 행위"로 정의된다.[20] 칭의에 있어서는 법정적 성격이 두드러진다.

이러한 칭의는 소극적 요소인 죄의 용서를 포함할 뿐 아니라 적극적 요소인 양자됨도 포함한다.[21] 즉 단지 죄가 없다는 판단을 받고 더 이상 죄인이 아니게 되었지만 하나님과 특별한 관계는 없는 그런 존재가 아니라 하나님의 자녀로 입양되어 법적으로 하나님의 자녀로서의 지위를 인정받을 수 있는 존재가 되었다는 의미이다. 칭의에 있어서 이 적극적 요소는 신자의 삶에 있어 매우 중요한 의미를 갖는다. 칭의의 적극적 요소에는 이 양자됨과 함께 영생의 권리도 포함되어 있다.[22]

19　William Ames, *The Marrow of Theology*, trans. John Dykstra Eusden (Grand Rapids: Baker Books, 1968), 160-171; Francis Turretin, *Institutes of Elenctic Theology*, Vol. 2, trans. George Musgrave Giger, ed. James T. Dennison, Jr. (Phillipsburg: P&R Publishing, 1994), 633-724; Charles Hodge, *Systematic Theology*, Vol. 3 (Peabody: Hendrickson Publishers, 2011), 114-258; Robert L. Dabney, *Systematic Theology* (Edinburgh: The Banner of Truth Trust, 1985), 618-687; 헤르만 바빙크,『개혁교의학 4』(*Gereformeerde Dogmatiek Vol. 4*), 박태현 역(서울: 부흥과개혁사, 2011), 205-319; John Murray, *Collected Writings of John Murray*, Vol. 2 (Edinburgh: The Banner of Truth Trust, 1977), 202-222, 277-317; Louis Berkhof, *Systematic Theology* (Grand Rapids: Wm. B. Eerdmans Publishing Co., 1941), 510-544; 안토니 후크마,『개혁주의 구원론』(*Saved by Grace*), 류호준 역 (서울: 기독교문서선교회, 2003), 249-384; 로버트 레이몬드,『최신 조직신학』(*A New Systemic Theology of the Christian Faith*), 나용화 · 손주철 · 안명준 · 조영천 역 (서울: CLC, 2010), 937-989; 존 M. 프레임,『조직신학 개론』(*Salvation Belongs to the Lord: An Introduction to Systematic Theology*), 심용준 역(서울: P&R, 2011), 289-319; 마이클 호튼,『언약적 관점에서 본 개혁주의 조직신학』(*The Christian Faith*), 이용중 역(서울: 부흥과개혁사, 2012), 621-689.

20　Berkhof, *Systematic Theology*, 513.

21　Berkhof, *Systematic Theology*, 514-516.

22　Berkhof, *Systematic Theology*, 516; 안토니 후크마,『개혁주의 구원론』, 308-310.

웨스트민스터 신앙고백서의 경우 제11장 칭의와 제13장 성화 사이에 제12장으로 별도의 장을 할애하여 양자됨(adoption)에 대해 다루고 있기도 하다.[23] 칭의의 적극적 요소인 양자됨은 칭의로 인해 신자는 하나님과 화목하게 된 관계에 들어가며 하나님의 자녀로서 예수 그리스도께서 획득한 충만을 함께 누릴 수 있는 복된 지위와 권리를 얻게 되는 것이다.[24]

한편 칭의는 그리스도의 의가 택자들에게 전가되는 것에 의해 이루어진다.[25] 칭의에 있어서 '그리스도의 의'의 전가 개념은 가장 핵심적인 원리이다. 종교개혁 이후 개혁주의 구원론은 칭의 교리에 있어서 그리스도의 의의 전가 원리를 주장하며 중세 로마 가톨릭의 의화 교리와 차별화해 왔다.

성화는 "칭의된 죄인을 죄의 오염으로부터 해방시키며, 그의 본성 전체를 하나님의 형상으로 갱신하며, 선행을 할 수 있도록 능력을 주는 성령의 은혜롭고 지속적인 사역"으로 정의된다.[26] 성화에 있어서는 실제적, 변혁적 측면이 두드러진다. 성화는 죄의 오염으로 인한 본성의 부패 상태를 개선한다. 비록 단번에 이러한 죄의 오염이 모두 제거

---

23 Philip Schaff, *The Creeds of Christendom* Vol. III (New York: Harper, 1876), 628.

24 강웅산, "양자의 교리: 성경신학적-조직신학적 접근," 「성경과 신학」 통권74호(2015): 74.

25 Ames, *The Marrow of Theology*, 162; Turretin, *Institutes of Elenctic Theology*, Vol. 2, 646-656; Hodge, *Systematic Theology* Vol. 3, 144-165; Dabney, *Systematic Theology*, 625-626; 헤르만 바빙크, 『개혁교의학 4』, 246-250; Berkhof, *Systematic Theology*, 775; 안토니후크마, 『개혁주의 구원론』, 287; 존 M. 프레임, 『조직신학 개론』, 293-294; 마이클 호튼, 『언약적 관점에서 본 개혁주의 조직신학』, 636-641; 마이클 호튼, "전통적 개혁파," 145-146; John V. Fesko, *Justification: Understanding The Classic Reformed Doctrine* (Phillipsburg: P&R Publishing Company, 2008), 154-156.

26 Berkhof, *Systematic Theology*, 532.

되지는 않을지라도 평생 살아가는 동안 진전되다가 죽음 이후에 성화가 완성된다.[27]

성화에도 소극적 요소와 적극적 요소의 두 부분이 있다. 소극적 요소는 죽이는 일(mortification)이며, 적극적 요소는 살리는 일(vivification)이다.[28] 또한 머레이 이후로는 전통적인 성화의 개념인 점진적 성화(progressive sanctification)와 별도로 단회적으로 즉각적인 성화를 의미하는 결정적 성화(definitive sanctification)의 개념도 구분하여 사용되고 있다.[29]

이처럼 칭의와 성화는 구별되는 개념이다. 벌콥은 칭의와 성화의 특징을 다음과 같이 대조하며 설명하고 있다.[30]

1. 칭의는 죄책을 제거하고 하나님의 자녀로서의 신분에 해당되는 영원한 기업을 포함한 모든 권리를 회복시킨다. 성화는 죄의 오염을 제거하며 죄인이 하나님의 형상을 점점 더 닮아가도록 죄인을 새롭게 한다.
2. 칭의는 하나님의 법정에서 죄인의 외부에서 일어나며 하나님의 판결이 주관적으로 주어지지만 인간의 내적 삶을 변화시키지는 않는다. 반면에 성화는 인간의 내적 삶에서 일어나며 인간의 전 존재에 점차적으로 영향을 미친다.

---

27 Berkhof, *Systematic Theology*, 534-535; 안토니 후크마, 『개혁주의 구원론』, 316.
28 Berkhof, *Systematic Theology*, 533.
29 Murray, *Collected Writings of John Murray*, Vol. 2, 277-293; 안토니 후크마, 『개혁주의 구원론』, 333-339; 로버트 레이몬드, 『최신 조직신학』, 958-961; 마이클 호튼, 『언약적 관점에서 본 개혁주의 조직신학』, 651-654.
30 Berkhof, *Systematic Theology*, 513-514.

3. 칭의는 단 한번만 일어난다. 칭의는 반복되지 않으며 과정일 수 없고 단번에 완성되며 영원히 지속된다. 칭의에는 정도의 차이가 없다. 인간은 완전히 의롭다 여겨지거나 아니면 전혀 의롭지 않다고 여겨진다. 그와 달리 성화는 계속적인 과정이며 이생에서는 결코 완성에 이르지 못한다.
4. 양자는 모두 그리스도의 공로를 공로인(meritorious cause)으로 갖지만 작용인(efficient cause)에는 차이가 있다. 간단히 말하자면, 성부 하나님은 죄인을 의롭다 선언하시고 성령 하나님은 그를 거룩하게 하신다.

칭의와 성화의 명확한 개념 구별과 함께 개혁주의적 관점의 구원론이 계승하고 있는 중요한 개념이 하나 있다. 바로 칭의와 성화의 근거이자 기초가 되는 '그리스도와의 연합'의 개념이다. 이 연합은 "그리스도가 그들의 생명과 힘, 복과 구원의 근원이 되게 하는 그리스도와 그의 백성 사이의 친밀하고 생명력 있는 영적인 연합"으로 정의된다.[31] 그리스도와의 연합은 칭의와 성화를 비롯한 구원의 서정에서 나열되는 여러 구원의 양상들의 기초가 된다.[32] 구원에 대한 교리 전체 중에서 중심이 되는 것이 바로 이 그리스도와의 연합 교리이다.[33]

---

31 Berkhof, *Systematic Theology*, 449.
32 안토니 후크마, 『개혁주의 구원론』, 99-108; 마이클 호튼, 『언약적 관점에서 본 개혁주의 조직신학』, 587.
33 존 머레이, 『구속』(*Redemption Accomplished and Applied*), 장호준 역(서울: 복 있는 사람, 2011), 247.

그러므로 하나님의 은혜로 거듭나게 된 모든 신자들은 그리스도와의 연합을 갖게 된 것이며 이 연합 때문에 칭의와 성화가 그 개인에게서 반드시 함께 나타날 수밖에 없는 것이다. 따라서 칭의는 받았는데 성화는 없다는 식의 이야기는 결코 할 수 없는 것이다.

물론 구원의 서정과 관련한 입장은 머레이처럼 부르심, 중생, 믿음과 회개, 칭의, 양자됨, 성화, 견인, 영화라는 명확한 순서를 추출할 수 있다는 입장, 벌콥처럼 부르심, 중생, 회심, 칭의, 성화, 견인, 영화 등으로 개념적으로 구분은 되지만 순서를 명확하게 정하기는 어렵다는 입장, 벌카우워처럼 구원의 서정 구분이 별 도움이 안 된다는 입장 등으로 다양하지만 그리스도와의 연합이 이 모든 구원과 관련된 양상의 기초가 된다는 점에서는 대체로 공통적이라고 하겠다.[34]

한편 전통적인 개혁주의 구원론은 성도의 견인을 주장한다. 성도의 견인 교리는 "하나님께서 중생케 하시고 은혜의 상태로 유효적 소명을 받은 사람들은 그 상태로부터 완전히 혹은 최종적으로 타락하지 않고 끝까지 견디어 영원히 구원받게 될 것이라는 교리"이다.[35] 참 신자들은 절대로 구원에서 떨어지지 않는다. 이는 그리스도와의 연합이 절대로 끊어지지 않을 만큼 너무나도 견고하기 때문이다.

이제 이러한 개혁주의 관점의 칭의와 성화 개념에 입각하여 김세윤의 칭의와 성화에 대한 이해를 고찰해보자.

---

[34] 안토니 후크마, 『개혁주의 구원론』, 23-25.
[35] Berkhof, *Systematic Theology*, 545.

3. 김세윤의 주장과 개혁주의 관점의 비판

1) 법정적 이해만이 아닌 관계적 이해를 강조하는 칭의 개념

김세윤은 칭의(justification)의 법정적 의미도 인정해야 하지만 관계적 의미도 인정해야 한다고 주장한다. 그는 로마서 3:21에 사용된 '하나님의 의'를 어떻게 이해하느냐가 중요하다고 하며 크랜필드 주석의 해석을 예로 들며 법정적 의미로 이해됨을 한편으로는 이야기하면서 다른 한편으로는 보다 근본적으로 관계적 의미를 갖는다고 케제만의 주석을 예로 들면서 주장한다.[36] 이러한 하나님의 의에 대한 두 가지 이해에 따라 그는 칭의론에 대한 이해도 달라진다고 본다. 그는 칭의에 대한 법정적 해석을 이렇게 표현한다.

> 그리스도 안에서 이루어진 하나님의 이 구원(은혜)을 선포하는 복음을 받아들이면(믿으면), 십자가에서 일어난 그 역사적 구원의 사건이 오늘 나에게 실존적으로 효력을 발생해서, 우리가 하나님의 진노로부터 사면된 죄인으로 선언되는 것입니다. 이것이 '칭의'(무죄 선언, 의인이라 선언됨, 의인이라 칭함 받음, 의인의 신분을 얻음)입니다.[37]

---

36 김세윤, 『칭의와 성화』, 65-69.

37 김세윤, 『칭의와 성화』, 71.

위 인용문에서 그는 개인이 구원의 복음을 받아들이면 예수 그리스도의 십자가 사건이 그 개인에게 적용되어 하나님의 진노로부터 사면된다고 선언되는 것을 칭의라고 설명하고 있다. '복음을 받아들이면,' '오늘 나에게 실존적으로 효력을 발생해서' 같은 표현들도 전통적인 개혁주의 구원론 관점의 칭의 정의에서 찾아보기 어렵지만 그의 주장의 초점을 일단 '진노로부터 사면된 죄인으로 선언되는 것'에 맞추어 본다면 그것 자체가 법정적 성격을 보여준다고 하겠다. 그와 별개로 김세윤은 칭의에 대한 관계적 해석을 이렇게 표현한다.

> 하나님이 그리스도로 하여금 우리 죄를 씻어 버리는 제사(expiatory sacrifice)가 되게 하심은 창조주로서 또는 언약의 하나님으로서 우리를 돌보시겠다는 약속을 지키심이요 우리에 대해 스스로 짊어진 의무를 다하심이다(롬 3:21-26). 그러므로 그리스도의 속죄 제사에 대한 선포, 곧 복음에는 하나님의 의가 계시된다. 즉, 하나님의 언약에 신실하심, 하나님께서 우리에게 하나님 노릇 해 주심(은혜)이 드러난다(롬 1:17). 이 복음을 믿으면(받아들이면) 그것이 선포하는 그리스도의 역사적 속죄 제사가 우리에게 효력을 발생하여 우리가 하나님에 대해 우리의 의무를 다하지 못함('불의')의 죄가 씻어지고, 그 죄가 초래한 하나님과의 갈등이 해소되어, 우리가 하나님과의 올바른 관계로 회복된다. 곧 '의인'(하나님과 올바른 관계를 가진 자)이 된다. 이것이 칭의, 의인됨, 의인의 신분을 얻음이다.[38]

---

38 김세윤, 『칭의와 성화』, 71-72.

그는 "우리를 돌보시겠다는 약속을 지키심," "우리에 대해 스스로 짊어진 의무를 다하심," "하나님과의 갈등 해소," "하나님과의 올바른 관계로 회복" 등과 같은 표현을 사용하며 칭의가 관계적 특징을 갖는다고 주장한다. 김세윤의 칭의에 대한 관계적 해석의 핵심은 '불의'를 인간이 하나님에 대한 의무를 행하지 못함으로 정의하고 그 죄가 씻어짐과 함께 그 죄로 인해 생겼던 하나님과의 갈등이 해소되고 화목한 관계로 회복되는 것을 강조함에 있다.

이러한 그의 입장은 2003년도에 출간된 책에서도 이미 주장되었다. 여기서도 이미 칭의에 있어 관계적 의미가 있다는 주장을 했지만, 가톨릭교회가 가르쳐왔던 도덕적인 의미에서 의인으로 변화한다는 개념은 아니라고 하였다.[39]

이 부분에서 김세윤의 주장은 전통적인 개혁주의 관점의 칭의 이해와 혼란이 생긴다. 구원을 논할 때 개혁주의 관점의 구원론은 법정적이냐 아니면 도덕적 또는 실제적이냐 하는 차원을 따졌다. 그래서 법정적 개념은 죄책을 담당하는 칭의로, 도덕적 또는 실제적 개념은 죄의 오염을 담당하는 성화 이런 식으로 큰 구도가 만들어져 있었다.

그런데 김세윤은 칭의의 법정적 성격 외에 다른 것을 논한다면서 '법정적'이란 단어에 대응되는 '도덕적' 또는 '실제적'이란 단어를 사용하지 않고 '관계적'이란 또 다른 범주의 용어를 사용함으로써 혼란을 야기하였다. '관계적'이란 용어는 사실 법정적이면서도 관계적일 수 있고 도덕적이면서도 관계적일 수 있는 용어이다.

---

39 김세윤, 『복음이란 무엇인가』, 171.

실제로 앞에서 개혁주의 관점의 칭의와 성화 개념 요약에 제시되었듯이 전통적인 개혁주의 관점의 칭의에는 소극적 요소인 죄의 용서도 있지만, 적극적 요소인 양자됨(adoption)의 개념과 영생의 권리를 얻음도 포함되어 있다. 김세윤이 주장하는 칭의의 관계적 의미라는 것은 사실 전통적인 개혁주의 관점의 구원론에 빠져 있었던 것이 아니라 양자됨이라는 개념으로 이미 충분히 반영되어 있었던 것이다.[40]

게다가 김세윤이 주장하는 '관계적'이라는 용어의 의미가 무엇인지를 한 번 더 생각해보면 하나님과 인간 사이의 양자적 관계를 다룬다는 의미에서 관계적이라 할 수 있겠지만, 그가 주장하는 '관계적'의 의미가 과연 무엇인지 모호하다.

김세윤은 칭의론의 법정적 이해와 관계적 이해를 다음과 같은 표현으로 대조하여 요약한다.

> 칭의론을 법정적 범주로 해석하면 '아담적 죄에 대해 용서받고 하나님의 진노로부터 해방됨'이나, 관계적 범주로 해석하면 '아담적 죄로 뒤틀린 하나님과의 관계가 바로잡히는 것'입니다.[41]

하지만 그가 주장하는 범주에 따른 특징이 서로 독립적인 차원의 내용을 실제로 담고 있다고 하기는 쉽지 않을 것이다. 단지 단어들이 "하

---

40 Ames, *The Marrow of Theology*, 164-167; Turretin, *Institutes of Elenctic Theology*, Vol. 2, 666-669; 헤르만 바빙크, 『개혁교의학 4』, 266-267; Murray, *Collected Writings of John Murray*, Vol. 2, 223-234; Berkhof, *Systematic Theology*, 515-516; 안토니 후크마, 『개혁주의 구원론』, 303-307; 로버트 레이몬드, 『최신 조직신학』, 961-971; 존 M. 프레임, 『조직신학 개론』, 296-303; 마이클 호튼, 『언약적 관점에서 본 개혁주의 조직신학』, 643-646.

41 김세윤, 『칭의와 성화』, 74.

나님과의 관계가 바로잡히는"이라고 표현되었을 뿐 "관계가 바로잡히는"에 해당하는 실제 내용은 "아담적 죄에 대해 용서받고 하나님의 진노로부터 해방됨"이기 때문이다. 이 내용은 인간과 하나님의 양자간 관계에서 발생하는 것인데 그런 의미에서 관계적이라 할 수 있다. 두 가지가 서로 다른 범주가 되려면 두 범주를 구분하는 기초가 되는 차원이 있고 각 범주는 그 차원에 대해 서로 독립적이어야 한다.

그런데 김세윤의 구분은 그렇지 않으며, 범주를 구분하는 데 있어서 혼란을 겪고 있는 것이다. 그럼에도 불구하고 그는 칭의에 대한 자신의 이러한 입장을 토대로 하여 한국의 기독교계를 향해 다음과 같은 비판을 서슴지 않았다.

> 그러나 칭의를 순전히 법정적 의미로만 가르치고 그것의 관계적 의미는 가르치지 않으며, 그것을 성화와 구조적으로 분리하여 생각하도록 가르치는 가운데, 칭의는 율법의 행위로가 아니라 오로지 하나님의 은혜와 우리의 믿음으로만 얻는 것이라는 바울의 강조(종교개혁 전통의 강조)를 정통 신앙의 시금석으로 삼도록 가르치면, 자연히 성화에 대한 열정이 식고, 도리어 성화에 대한 열정이 바울이 경계하는 율법의 준행으로 얻는 '자기 의'를 내세워 칭의를 얻으려는 '이단 신학'에 빠지지 않나 걱정하게 됩니다. 이것이 대다수 한국 목사들이 가르치는 왜곡된 칭의론, 성화와 분리된 칭의론, 의로운 삶을 낳기는커녕 도리어 방해하는 칭의론입니다. 이것이 전통적인

신학의 '구원의 서정'의 틀의 한계입니다.[42]

그러나 개혁주의 관점의 칭의 개념에 비추어 볼 때 김세윤의 이와 같은 주장은 부적절함이 명확하다. 그는 개혁주의 구원론이 갖고 있는 칭의의 적극적 요소인 양자됨과 영생에 대한 개념을 갖고 있지 않았다. 개혁주의 구원론의 칭의가 단순히 죄의 용서라는 소극적 부분만 갖고 있는 것처럼 간주하고 비판하며 자신이 주장하는 칭의의 관계적 의미가 상당한 기여를 할 것처럼 주장했지만 그가 주장한 칭의의 관계적 의미는 이미 양자됨이라는 법정적 개념 속에 포함되어 다루어지고 있었던 것이다.

김세윤의 이러한 입장은 구원을 '의인됨'(justification), '화해'(reconciliation), '하나님의 아들됨'(adoption), '새로운 피조물'(new creation) 등 4가지 용어를 사용하여 설명한 2001년도에 출간되었던 『구원이란 무엇인가』의 입장에서보다 더 전통적인 개혁주의 구원론 관점에서 이탈한 것이다.[43]

2) 칭의와 성화의 구별 거부, 성화는 칭의의 현재 단계를 지칭하는 동의어

김세윤은 칭의와 성화의 구별을 거부하는 입장이다. 바꾸어 말하자면 성화는 칭의와 같은 것이라는 입장이다. 아래 진술은 그의 이러한

---

42 김세윤, 『칭의와 성화』, 81.
43 김세윤, 『구원이란 무엇인가』, 69-80.

주장을 명확하게 파악할 수 있게 해 준다.

> 전통적인 구원의 서정의 구도에서는 이렇게 성령의 도움을 받아 '의의 열매'/'성령의 열매'를 맺는 삶을 '칭의'에 뒤따르는 '성화'의 단계라고 규정했습니다. 그러나 사실 그것은 '칭의'의 현재 단계인 것입니다. 의인으로 칭함 받은, 즉 죄 사함 받고 하나님과의 올바른 관계로 회복된 우리가 '그 관계에 서 있음'의 단계인 것입니다. 즉, 사탄의 나라에서 하나님 나라로 이전된 우리가 하나님의 통치를 실제로 받으며 살아가는 단계인 것입니다. 이것은 칭의 다음에 오는 성화의 단계가 아니고, 하나님과의 올바른 관계에 회복됨의 의미에 있어서 칭의와 동의어인 성화(하나님께 바쳐지기, 하나님의 거룩한 백성 되기)의 현재 단계(하나님의 거룩한 백성으로 살기)이기도 합니다.[44]

그는 전통적인 개혁주의 구원론이 칭의가 단 한 번 일어나며 과정이 아니라고 보는 입장에 정면으로 도전한다. 그는 성화를 "'칭의'의 현재 단계"라고 규정한다. 그럼으로써 그는 칭의가 마치 일회적으로 끝난 일이 아니라 칭의라는 행위 자체가 계속되는 것처럼 주장한다. 그는 이를 "'그 관계에 서 있음'의 단계"라고도 한다. 이 표현은 새 관점 학파의 들어가기(getting in)과 머물기(staying in)의 구도를 모방한 것이라고 생각된다. 그러면서 칭의 다음에 오는 성화가 아니라 "칭의와 동의어인 성화의 현재 단계"라고도 한다. 즉 그는 성화를 칭의와

---

[44] 김세윤, 『칭의와 성화』, 172-173.

구별되지 않는 것으로 보는 것이다.

그는 성화란 칭의와 마찬가지인데 칭의와 동의어인 성화가 있고 그 성화의 현재 단계를 전통적 입장의 성화라 보는 것이라고 주장한다. 즉 전통적 입장에서는 단순히 칭의의 현재 단계를 굳이 성화라는 별도의 이름을 붙여 놓은 것이라는 비판이다. 그는 자신의 이러한 입장을 "즉, 전통 신학의 구원의 서정에서의 '성화'는 칭의의 현재 단계에 대해 이름을 잘못 붙인 것입니다."라는 진술을 통해 명확하게 드러내고 있다.[45]

사실상 칭의에 대한 김세윤의 정의는 전통적인 칭의의 정의와 어디서부터 어디까지가 다른지를 파악하기 힘들 정도로 뒤틀려 있다. 그는 한 번에 완전하게 이루어지는 칭의의 특징을 무시하고 마치 로마가톨릭교회의 의화 교리처럼 구원의 전 과정에 해당하는 것처럼 다음과 같이 주장한다.

> '칭의'를 믿는 자 된 순간부터 현재를 거쳐 최후의 심판 때까지의 구원의 전 과정을 포괄적으로 지칭하는 것으로 생각하고 하나님의 최후의 심판 때 비로소 완성되는 것으로 이해해야지, 전통적인 구원의 서정론에 의거하여 믿는 자 된 순간에만 적용하고, 그 후에 '성화'가 있는 것으로 논하면, 칭의의 현재적 과정(전통적인 신학이 말하는 '성화'의 과정)이 등한시됩니다. 그러면 윤리(의로운 삶)가 없는 칭의론이 되고 맙니다.[46]

45　김세윤, 『칭의와 성화』, 177.

46　김세윤, 『칭의와 성화』, 190.

김세윤은 칭의를 중생 이후 구원의 전 과정을 통해 계속되다가 최후의 심판 때 완성되는 것으로 보는데 이러한 관점은 칭의가 계속된다는 점에서는 오히려 로마 가톨릭 교회의 의화 교리와 유사하다.

그의 이러한 입장은 새 관점 학파의 라이트의 인식과도 유사하다. 호튼은 라이트가 "신자들이 살아온 전 생애에 기초하여 그들을 의롭다고 선언하는 것이 최종적 칭의"라고 주장한다고 평가한다.[47] 루터파 신학자 포드도 성화가 굳이 칭의와 구별되어야 할 개념이 아니라고 주장한다. 성화란 칭의라는 영원히 솟아나는 분수로부터 흘러나온 것의 결과로 거룩함이 자라가는 것, 단지 시간 속으로 전가가 침투하는 것으로 설명하고 있다.[48] 즉 칭의면 다 되고 성화는 별도로 다룰 의미가 없다는 입장이다.

전통적인 개혁주의 관점의 칭의는 중생 때에 일어나며 칭의와 함께 성화가 시작되는데 성화는 계속해서 지속된다. 그러나 칭의는 어디까지나 단회적이며 그 효과는 영원하다. 따라서 최후의 심판 때는 중생 때 있었던 칭의로 인해 의의 옷을 입은 상태이기 때문에 의롭다고 판결을 받게 되는 것이다. 김세윤의 주장처럼 칭의가 최후의 심판 때 비로소 완성되는 것이 아니다.

그는 또 그렇게 주장하는 이유로 칭의와 성화를 분리된 별도의 개념으로 이해하면 의로운 삶이 없는 구원론이 된다는 점을 든다. 신자의 삶에서 윤리가 약한 것이 칭의와 성화 개념을 구분하였기 때문이라는 것이다.

---

47 마이클 호튼, "전통적 개혁파," 147.
48 Gerhard O. Forde, "The Exodus from Virtue to Grace: Justification by Faith Today," *Interpretation* 34/1 (1980): 39-40.

앞서 개혁주의 구원론의 칭의와 성화 개념을 정리할 때 칭의와 성화의 공통의 기초가 그리스도와의 연합임을 제시한 바 있다. 전통적인 개혁주의 관점은 그리스도와의 연합이 인간의 구원의 기초라고 생각하며 구원의 은택의 여러 양상들이 그리스도와의 연합으로부터 나오는 것이기 때문에 만약 참 신자라면 칭의만 있고 성화는 없는 경우가 절대로 있을 수 없다고 본다. 김세윤의 이러한 문제 제기는 칭의와 성화의 개념을 매우 잘못 이해하고 있기 때문에 일어난 일이라 하지 않을 수 없다.

심지어 김세윤은 전통적인 개혁주의 관점은 "우리가 이미 칭의를 받았으니 설령 '성화'가 부족하여 장차 하늘에서 상급을 못 받아도 최소한 구원은 이미 확보했으므로 그것으로 되었다고 자만할 것"이라고 경고한다.[49]

이러한 그의 주장은 궤변에 지나지 않는다. 개혁주의 관점은 칭의된 사람에게 성화의 삶을 의무적으로 요청한다.[50] 성화의 과정에서 인간의 책임 있는 참여가 반드시 요구된다.[51] 웨스트민스터 신앙고백서도 칭의와 성화에 대한 진술 후 제XVI장에서 선행에 대한 요구 사항을 적시하고 있다.[52]

김세윤은 칭의와 성화가 같은 개념이라는 자기 주장의 타당성을 설명하기 위해 새 관점 학파의 전형적 구도인 들어가기(getting in)와 머물기(staying in)의 구도를 적용할 것을 다음과 같이 주장한다.

49　김세윤, 『칭의와 성화』, 192.
50　Berkhof, *Systematic Theology*, 540-543.
51　안토니 후크마, 『개혁주의 구원론』, 327-333.
52　Schaff, *The Creeds of Christendom*, Vol. III, 633-636.

이런 왜곡을 피하기 위해서라도 우리는 바울의 칭의의 복음을 하나님 나라의 복음의 관점에서 설명해야 합니다. 전통 신학의 구원의 서정론에 근거하여 칭의와 성화를 서로 구분되는 두 단계들로 이해하기보다는, 칭의를 하나님 나라에로 '진입함,' 하나님 나라 속에 '서 있음'(즉, 하나님의 통치를 받으며 살기), 하나님 나라의 '구원의 완성을 받기'라는 구원의 전 과정을 총칭하는 하나의 범주로 이해하면, 윤리적 요구, 즉 의로운 삶에 대한 요구가 '칭의'에 구조적으로 함축되어 있다는 사실을 더 잘 드러낼 수 있다는 이점이 있습니다.[53]

그의 이러한 사상은 칭의라는 개념을 하나님 나라에 들어감과 하나님 나라에 머무름이라는 서로 다른 일이 칭의라는 같은 개념에 의해 이루어질 수 있다는 생각에 기초한다. 이 부분에서는 그가 새 관점 학파의 관점을 가지고 있는 것으로도 판단된다. 그가 기본적으로 새 관점 학파의 입장을 갖고 있기 때문에 칭의와 성화라는 전통적 구도보다는 하나님 나라에 들어가기와 머물기라는 새 관점 학파의 전형적 구도로 접근하는 것이다. 이 구도로 접근하면 전통적인 개혁주의 구원론과 전혀 다른 이야기를 할 수밖에 없게 된다.

53　김세윤, 『칭의와 성화』, 192.

3) 견인 교리의 실제적 부정, 즉 구원 은혜로부터의 탈락 가능성 주장

김세윤은 전통적인 개혁주의 구원론이 갖고 있는 성도의 견인 교리를 실제적으로 부정한다. 이 말은 거듭난 신자가 구원 은혜로부터 중도에 탈락할 수 있다는 이해를 갖고 있음을 시사한다. 아래의 진술에서 우리는 그가 성도의 견인 교리에 대해 어떻게 생각하고 있는지를 잘 파악할 수 있다.

> 그렇다면 믿음의 시작점에 칭의 된 모든 사람들은 결국 구원을 받는 것입니까?
> 그런 사람들 중 구원에서 탈락하는 사람은 없습니까?
> 결론적으로 한마디로 답한다면, 칭의의 현재('구원의 서정'의 언어로 말하자면 '성화') 단계에서 하나님 나라의 백성으로서 하나님의 아들 예수 그리스도의 주권에 성령의 도움으로 순종하려는 기본자세를 가지고 살지 않는 사람은 설사 그가 예전에 믿음으로 예수를 주로 고백하여 칭의/구원을 받았다 한들(롬 10:9-10), 종말의 칭의/구원의 완성에 이르지 못하고 탈락한다는 것이 성경의 가르침입니다.[54]

김세윤은 위 진술에서 자신의 언어로는 '칭의의 현재 단계,' 구원의 서정의 언어로는 '성화 단계'에서 최초의 칭의는 받은 사람이라 하더라도 중간에 구원에서 떨어져나갈 수 있다는 것이 성경의 가르침이라

---

[54] 김세윤, 『칭의와 성화』, 264.

고 주장한다. 칭의된 사람이 하나님 나라 백성으로 하나님에게 순종하며 살고자 하는 기본자세를 갖지 않을 수 있다는 것이다. 이런 시각은 칭의와 성화가 밀접하게 연결되어 있어 두 가지가 구분을 되나 항상 같이 가는 개념이라는 이해가 없기 때문에 나오는 것이다. 이러한 주장은 특히 돌트 신조의 내용과 명확하게 상반된다.[55]

김세윤은 로마서 8:23-39에 근거하여 성도의 견인 교리를 주장하는 사람들이 있지만 이 주장만 수용하면 구원파적 신앙에 불과하다고 주장한다.[56] 그는 구원의 은혜에서 탈락할 가능성을 히브리서 6:1-10이 명확하게 가르친다고 주장한다.[57] 그는 히브리서 6장에 대한 전통적 개혁주의 관점의 해석을 다음과 같이 비판한다.[58]

> 후자는 사변적이고 기계적인 예정론을 견지하기 위해서 다음과 같은 논리를 펴기도 합니다. "진정으로 예정된 자는 타락할 수 없다. 고로 신앙생활을 하다가 배교하고 방탕한 삶을 살고 있는 저 목사나 장로는 원래 진정한 믿음을 가지고 산 것이 아니라 '단지 겉으로 믿는 자같이 보이는 생활'(only apparent faith)을 한 것이다. 아니면 현재 그의 방탕한 삶은 '단지 겉으로 타락/탈락으로 보이는 것'(only apparent fall)이고 결국은 하나님의 지켜 주심으로 돌아서서 구원을 받게 된다." 이런 식으로 성경의 타락/탈락의 가능성에 대한 경고를 무력하게 만

55　Schaff, *The Creeds of Christendom*, Vol. III, 592-595.
56　김세윤, 『칭의와 성화』, 269.
57　김세윤, 『칭의와 성화』, 267.
58　김세윤, 『칭의와 성화』, 270.

드는 것은 성경을 바르게 공경하는 태도가 아닙니다.

전통적 개혁주의 관점의 히브리서 6장 해석은 김세윤이 비판하는 바로 그 방식의 해석이다. 히브리서 6:4-6 "한 번 빛을 받고 하늘의 은사를 맛보고 성령에 참여한 바 되고 하나님의 선한 말씀과 내세의 능력을 맛보고도 타락한 자들은 다시 새롭게 하여 회개하게 할 수 없나니 …"에서 빛, 하늘의 은사, 하나님의 선한 말씀과 내세의 능력 등을 경험하는 것은 참 신자가 아니라도 가능하다고 본다.[59]

이들은 언약 공동체에 단지 외적으로만 소속된 이들로 참 신자들과 함께 참 신자들이 누리는 구원의 복락에 참여하는 것 같지만 참된 거듭남이 없었던 명목상의 신자로 간주된다.[60]

이들은 마치 가룟 유다 같은 사람들이다. 그는 예수 그리스도의 말씀, 능력, 하나님의 나라를 경험했고, 예수님을 전하고 기적을 행했지만 유기된 자로 드러났다.[61] 히브리서 6장에 대한 김세윤의 이해는 전통적 개혁주의 관점의 해석과 다르다.

김세윤은 히브리서 6장을 굳이 그렇게 해석하고자 하는 이유를 신자가 된 이후의 삶이 나태해지지 않고 경건한 상태를 유지할 수 있도록 하기 위함이란 취지로 이야기한다. 계속해서 흔들리지 않고 믿음의 생활을 지속해야 최후의 심판 때 의롭다는 판단을 받게 된다는 입장을 갖고 있음을 보여준다.[62] 택자에 대한 칭의가 최후 심판 때까지

---

[59] 안토니 후크마, 『개혁주의 구원론』, 412-415.
[60] 마이클 호튼, 『언약적 관점에서 본 개혁주의 조직신학』, 686.
[61] 존 M. 프레임, 『조직신학 개론』, 325-326.
[62] 김세윤, 『칭의와 성화』, 79, 266.

유보된다는 식의 이해는 개혁주의 관점의 이해와 다르다.

그러나 그는 일면 성도의 견인 교리를 부인하지 않는 것처럼 보이기도 한다. 단지 성도의 견인 교리와 함께 구원에서의 중도 탈락 가능성도 같이 제기하는 것이 성경적이라는 입장이다. 그의 이러한 입장은 다음과 같은 진술에서 찾아볼 수 있다.[63]

> 하나님의 은혜를 헛되이 믿을 수 있음, 그래서 넘어질 수 있음을 가르치는 바울의 말씀들을 진지하게 읽고 회개하는 가운데 신실한 믿음의 순종으로 돌아서야 합니다. 이렇게 예정론/성도의 견인론과 타락/탈락의 가능성에 대한 교리 간에 생기는 논리적 긴장을 유지하면서 두 교리들을 함께 견지할 때, 이것이 건강한 신앙입니다.

김세윤의 위 주장은 견인의 교리를 인정하는 것 같지만 구원에서의 탈락 가능성도 함께 주장하기 때문에 사실상 견인의 교리를 부정하는 것에 지나지 않는다. 칭의 이후 성도로서의 삶에 대한 바람직한 지침은 그의 주장처럼 견인과 중도 탈락 가능성을 함께 가르치는 것에서 나오는 것이 아니라 전통적인 개혁주의 구원론에서 견지해 온 칭의와 성화의 이중 은혜 구도, 그리스도와의 연합에 기초한 칭의와 성화 개념을 제대로 인식하고 강조하는 데 있는 것이다.

---

[63] 김세윤, 『칭의와 성화』, 275.

4. 결론

본 논문은 김세윤이 주장하는 칭의와 성화의 개념을 전통적인 개혁주의적 구원론의 관점에서 고찰하고 비판하였다. 필자는 김세윤의 칭의와 성화 이해에 크게 세 가지 면에서 문제가 있다고 판단한다.

첫째, 김세윤이 칭의를 법정적으로만이 아니라 관계적으로 이해해야 한다고 주장한 것은 개혁주의 관점의 칭의 이해가 제대로 되어 있지 않아서 생긴 오해이다. 개혁주의 구원론은 그가 칭의의 관계적 이해라고 설명하는 내용을 칭의의 적극적 요소로 구분하여 '양자됨'의 개념으로 설명해 왔다. 그가 비판하는 것처럼 개혁주의 칭의 개념이 죄의 용서만 다루지 않는다. 오히려 그가 법정적이냐 실제적이냐라는 서로 배타적인 구분 기준을 괜히 관계적이라는 용어를 도입하여 혼란을 초래했을 뿐이다.

둘째, 김세윤은 칭의와 성화의 구분을 거부하며 이 둘이 사실상 동의어라고 하고 있다. 그가 이렇게 칭의와 성화의 이중 은혜 구도를 무너뜨린 것은 칭의에 대한 개념이 혼란에 빠졌기 때문이다. 그는 칭의가 거듭날 때에 단회적으로 이루어지고 그 효과가 영원히 지속된다는 전통적인 개혁주의 칭의 개념과 달리 칭의가 신자의 평생에 걸쳐 계속되고 최후의 심판 때에 최종적으로 칭의가 완성된다는 이해를 갖고 있다. 따라서 그에게는 칭의가 성화와 별 다를 게 없는 개념이 되어버리고 말았다. 이 때문에 그는 전통적 개혁주의가 견지해 온 칭의와 성화가 각각 갖고 있는 고유한 구원의 은택을 제대로 설명하지 못하고 있다.

셋째, 김세윤은 성도의 견인 교리를 사실상 인정하지 않는다. 그는 히브리서 10:4-6을 알미니안들의 방식으로 해석하며 무수한 개혁주의 관점의 해석을 잘못된 해석이라 주장한다. 그는 교리적 균형을 이야기하며 성도의 견인 교리도 인정하고 구원에서의 중도 탈락 가능성도 인정해야 한다고 주장하지만 그의 주장은 사실상 성도의 견인 교리를 부인하는 것이다.

본 논문은 최근에 출간된 김세윤의 『칭의와 성화』(2013)를 기본으로 하여 그의 칭의와 성화에 대한 입장을 분석하고 비판하였다. 김세윤이 『칭의와 성화』라는 제목의 책을 출간하여 자신의 칭의와 성화에 대한 이해를 자세하게 제시했기 때문에 그가 갖고 있는 관점이 어떠한지를 상세하게 파악할 수 있었다. 그 결과는 본 논문이 보여주고 있는 것처럼 다소 충격적이다. 그가 『복음이란 무엇인가』(2003)에서도 칭의에 대한 관계적 이해를 주장하긴 했지만[64] 그때는 칭의와 성화에 대한 그의 이해가 충분히 상세하게 설명되지 않았기 때문에 그의 입장이 무엇인지를 이해하는데 어려움이 있었다. 그러나 그가 『칭의와 성화』를 통해 많은 분량을 할애하여 자신의 입장을 상세하게 밝혔기 때문에 이제는 그의 구원론에 대한 평가가 충분히 가능해졌다고 생각된다.

필자의 판단으로는 김세윤의 칭의와 성화에 대한 이해는 전통적인 개혁주의 구원론의 칭의와 성화 이해와 다르다. 한국의 대표적인 신학자의 칭의와 성화 개념이 이렇듯 전통적 개혁주의 구원론의 관점에서 떠나 혼란을 겪고 있는 상황이 매우 유감스럽다. 필자는 칭의와 성화의 주제에 대한 이러한 혼란을 해결할 수 있도록 더 많은 학자들이 더 많은 연구 결과를 내기를 기대한다.

---

64 김세윤, 『복음이란 무엇인가』, 166-172.

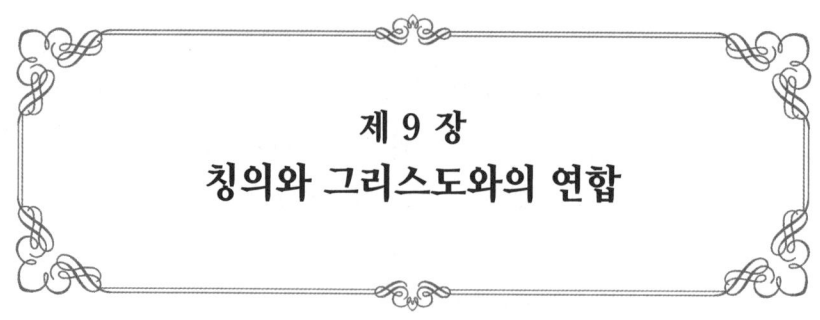

제 9 장
칭의와 그리스도와의 연합

리차드 B. 개핀(Richard B. Gaffin Jr.) 박사
웨스트민스터신학교 성경신학 및 조직신학 명예교수

    칼빈의 『기독교 강요』 제3권 11-18장에서 우리는 개신교 종교개혁 제1세대로부터 다루어져 온 완성된 칭의의 교리를 볼 수 있다. 거기에는 이후 고백적 정통 개혁주의 전통 가운데 나타난 수많은 탁월한 논문들이 등장했지만 『기독교 강요』를 너머서기는커녕 그것에 필적할 만한 것도 없었다고 말한다 해도 그것은 결코 과장이 아니다. 칼빈은 이로써 자신이 그러한 중요한 원조격 인물임을 증명한 셈이다.

    그렇게 심오한 내용을 담은 이 장들의 개요를 제공한다는 것은 어떤 상황 속에서도 머뭇거릴 수밖에 없는 과제이다. 더구나 그것이 제한된 지면을 활용하여 항목들을 연속적으로 개관하는 경우에는 더욱 그렇다.

    '칭의와 그리스도와의 연합'이라는 제목하에 이 장들을 다룬다는 것은 그 범위를 어울리지 않게 축소시키고 그 중심 되는 초점을 흐리게 하는 것이 될까 염려된다. 그러나 그렇게 되어서는 결코 안 될 것이다. 오히려 그렇게 다루는 것이 적절하고 중요하다는 것이 진행 과정에서 드러날 것이다. 그럼에도 불구하고 이러한 접근이 의미하는 바는 칭의에 관해 권위 있게 다루고 있는 수많은 특별한 쟁점들과, 각각 중요하고 상당한 토론의 가치가 있는 점들이 누락될 수 있고, 그 가운데는 곁길로 가는 것도 있을 것이다. 이 점을 나는 예리하게 의식한다.

1. 『기독교 강요』 안에서 칭의: 1536-1559년 판까지

1559년 최종판 이전의 연속적인 『기독교 강요』의 판본에서 칭의를 취급하는 문제에 대한 간략한 개요는 우리가 다루는 장들에 대하여 유익한 관점들을 제공한다. 제1판(1536)에서 칭의는 분리된 주제가 아니다. 그것은 1장 마지막, 십계명의 논의에서 예비적으로 구축된 율법에 관한 주제에서 다루고 있다. 이 칭의에 대한 주제는 율법을 요약하는 논의로부터 흘러나왔으며 율법의 삼중 용법에 관한 논의 가운데 산재해 있다. 그것은 그 자체로서 제목이 있는 것이 아니며 사실은 한 단락의 시작으로서 그것을 읽을 수 있다.[1]

필자가 이것을 지적하는 것은 이때에 칭의가 아직 중요하지 않다거나 칼빈에게는 오로지 지나가는 관심거리였다는 것을 암시하고자 하는 것이 결코 아니다. 사람에게 필요한 모든 것은 이 글들을 읽고 달리 확신하는 것이다.

---

1 John Calvin, *Institutes of the Christian Religion*, 1536 edition, trans. and annotated by F. L. Battles (Grand Rapids: Eerdmans, 1975), 29-35, 37-41. 여섯 장에 대한 제목들은 '율법,' '믿음,' '기도,' '성례,' '다섯 가지 거짓 성례,' 그리고 '기독교인의 자유, 교회의 권능, 그리고 정치 행정' 등이다. 각 장 안의 단락 제목들은 역자에 의하여 첨가된 것이다.

그러나 분명히 『기독교 강요』 안에서 그가 하려고 계획했던 전반적인 밑그림 안에서 칭의는 아직 두드러진 주제라고 생각되지는 않는다.

이러한 상황은 『기독교 강요』의 증보판인 제2판(1539)에서 놀랍게도 대략 네 배로 현저하게 바뀌고 있다. 그리고 연이은 제3판(1543-45)과 제4판(1550-54)에서 칭의에 대한 별도의 장들(6장 또는 10장, 또는 판에 따라 다름)이 있고, '회개'와 '구약과 신약의 차이점' 사이에 배치되어 있다. '믿음으로 말미암은 칭의와 행위의 공로'(*De justificatione fidei et meritis operum*)라는 원래 제목의 이 장은 1536년 판에서 다루는 길이보다 대략 7배나 되며 소제목이나 다른 내부 구분 없이 87개의 단락으로 구성되어 있다.[2]

1559년 최종판은 1539년 판과 그 후속 라틴판(1539-1554)보다 대략 25% 증가되었고, 그들 사이에는 약간의 변화가 있으나 근본적으로 길이는 같다. 이 같은 전반적인 재구성은 매우 중요하다. 1539년 이래 대략 20장(판본마다 장 수 구성이 17~20장으로 다르다)의 단권이었던 것이 1559년 최종판에서는 처음으로 다수의 권-장-절의 형태를 가지게 되었고, 이후 최종판은 수많은 언어로 번역되어 독자들에게 익숙하게 되었다.

우리는 칼빈 자신이 이러한 근본적인 재구성에 대해 어떤 견해를 가졌는지에 대하여는 추측하는 길밖에 없다. 그는 독자들에게 주는

---

[2] 1536년 판과 1559년 이전의 라틴어 후속판(후자는 각 개의 변화를 주를 붙여 내놓았다)은 I. Calvin, *Opera Quae Supersunt Omnia*, vol. 1, ed. G. Baum, E. Cunitz, E. Reuss, *Corpus Reformatoum* 29 (Brunswick: C. A. Schwertschke, 1863)에 있다. 전 라틴판의 제목별 개요를 위하여는 li-lviii를, 칭의에 관한 장들은 738-802를 참조하라.

서문적인 글에서 제2판(1539)부터 시작하여 전에 수행했던 편집으로 말미암아 자신의 저서가 '약간의 증보로 풍성해졌다'고 말한다. 그러나 그는 계속해서 "나는 지금 시작한 작업이 바람직하게 정리가 되어야 만족할 것이다"라고 말했다.[3]

이러한 언급은 마음에 새겨둘 만하다. 왜냐하면 그것은 특정하게 칭의의 문제를 어떻게 취급할 것인가를 염두에 둔 것 같기 때문이다. 분명히 1559년 최종판에서 그가 다룬 그 교리는, 특히 그 내적 구조와 다른 자료와 연관된 배치에 있어서 20여 년 동안 고심하던 그에게 상당한 만족감을 주었다. 이것은 약 15% 정도 증보되었고, 전에 87절(section)이던 것이 94절로 증가되었으며, 그것은 8장들(3권 11-18장)에 걸쳐서 제목과 함께 분배되었다. 그 추가 자료는 오시안더(Osiander)의 견해를 다루는 11장의 많은 부분, 즉 5-12절에 있다.

위에서 살펴본 대로 1559년 이전, 곧 1539년 증보판을 내기 시작할 때부터 칭의의 문제는 '믿음으로 말미암은 칭의와 행위의 공로'(Concerning Justification by Faith and the Merits of Works)라는 제목으로 꽤 길게 한 장 안에 다루고 있다. 비록 15장에서 행위의 공로에 대하여 부정적으로 언급하며 부분적으로 반영되어 있기는 하지만 1559년 판에는 이러한 제목의 장이 하나도 없다. 1559년 판에는 이 믿음과 행위 공로의 주제가 여전히 지배적이고 널리 스며 있다.

사실, 전체적으로 볼 때 칭의에 관한 칼빈의 논의는, 칭의가 세례받은 성도의 공로로 간주되는 바, 은혜가 선행하는 행위(grace-assisted

---

3 John Calvin, *Institute of the Christian Religion*, ed. J. T. McNeil, trans. F. L. Battles, 2 vols. (Philadelphia: Westminster, 1960), 1:3. 특별히 명시하지 않는 한 모든 인용은 이 번역서로부터 할 것이다.

works)에 그 근원과 기초를 두고 있다고 가르치는 가톨릭의 가르침에 반하는 것으로서 상당히 논쟁을 부추기는 것이었다. 이 중세 후기의 공로적 칭의 교리는 1547년[4] 트렌트 공회에서에서 공식화되었으며, 칼빈과 항상 수평적이어서 직접적으로 부딪치거나 암시적으로 대립적이었다.

1559년 최종판 3권 11장 1-4절을 면밀히 분석하자. 구조적으로 봤을 때, 칭의를 다루는 11-18장 가운데서 11장 1-4절은 계속되는 모든 것들에 대한 사실상 기초를 제공하고 방향을 정하는 방식의 서론으로서 적절하게 보인다. 따라서 나는 이들을 검토하되, 특히 1절을 아주 세밀하게 검토하고, 이 두드러진 주제의 정체와 강조점들을 규명하며, 지면이 허락하는 대로 이 장들의 다른 곳에서 그 일부를 탐구하고자 한다.

칭의에 있어서 칼빈과 칭의의 교리에 관한 현재의 논의는, 이 주제와의 관계에 있어서 비록 어쩔 수 없이 대부분 상세한 설명보다는 암시적인 내용이지만, 그 배경에 있어서는 기초적인 내용이다. 나의 과제는 전체적으로 칼빈 안에서가 아니라 『기독교 강요』의 이 부분 안에서 칭의라는 점을 염두에 두어야 할 필요가 있다. 분명히 필자가 다

---

[4] P. Schaff, "The Canons and Decrees of the Council of Trent," *The Creeds of Christendom*, 3 vols. (New York: Harper, 1983), 2:89-118. 여기에 있는 칭의에 관한 신조와 정경들(제6회 총회, 1547)을 참조하라. 칼빈의 (칭의에 관한) 긴 대응은 "Acts of the Council of Trent with the Antidote," *Tracts and Treatises in Defense of the Reformed Faith*, trans. H. Beveridge (Grand Rapids: Eerdmans, 1958), 2:108-62. 나의 견해로는 칭의에 관한 트렌트 회의와 그 직후에 나온 원죄에 대한 신조(제5회 총회, 1546, *Creeds of Christendom*, 2:83-88) 사이의 밀접한 관계를 지나치게 강조하기는 어렵다. 로마 가톨릭의 죄와 칭의에 관한 이해는 그 생사를 같이한다. 성경적으로 건전한 전자를 위하여 유사 펠라기우스 입장을 포기한 것은 후자를 철저하게 성경적으로 수정한 비타협적인 *sola gratia*로 이끈다.

루는 점이 『기독교 강요』나 주석들, 설교, 수많은 다른 글들 안에 있는 상당히 타당성 있는 자료들과 잘 부합되기를 바란다. 그러나 그러한 자료는 오로지 부수적으로만 참고할 것이다.[5]

2. 그리스도와의 연합과 이중 은혜

1절[6]은 칼빈이 그의 독자들에게 앞에서 충분히 세심하게 설명한 것을 기억하게 함으로 시작한다. 즉 율법의 저주 아래 있는 자들을 위해 남아 있는 바 '구원을 회복시키는 유일한 방법'이 '믿음으로'라는 것을 언급함으로 시작한다. 또한 그는 '믿음'과 그것에 부수되는 '유익'과 '열매들'에 대한 논의를 상기시킨다. 제3권 2, 3장에서는 믿음으로 말미암는 중생이 중점적으로 다루어져 있다.[7] 이후 이 주제들의 요약이 제시되는데 여기에 그 전부를 인용할 필요가 있다.

---

5 최근에 칼빈의 칭의를 보다 폭 넓게 취급한 곳은 비록 이들 장에 초점이 맞추어 있긴 하지만 A. N. S. Lane, "The Role of Scripture in Calvin's Doctrine of Justification," in C. Raynal, ed., *John Calvin and the Interpretation of Scripture*, Calvin Studies 10-11 (Grand Rapids: Calvin Studies Society, 2006). A. N. S. Lane, *Justification by Faith in Catholic-Protestant Dialogue* (London/New York: T. & T. Clark, 2002), 17-43. 그리고 각각에서 인용한 적절한 문헌들을 참조하라.

6 모든 장절의 제목과 구분은 편집자(J. T. McNeil); 전자는 대부분 Otto Weber의 독일 판으로부터 인용되었다(p. xx). 본문에서 인용된 자료는 절과 괄호 안에 쪽 번호를 표기할 것이다.

7 편집자가 왜 2.12.1을 포함시켰는지는 확실치 않다(725, n. 1). 칼빈은 규칙적으로 17세기 초 후속 개혁신학보다 넓은 의미의 '중생'이라는 말을 사용하고 있다. 그는 진행 중인 신자의 중생을 포함시키고 있는데, 이는 후속 신학에서 중생과 구별하는 성화와 동일하다.

그리스도는 하나님의 자비하심에 의해 우리에게 주어졌으며 믿음으로 우리가 붙잡고 소유하는 것이다. 그에게 동참함으로 우리는 대체로 이중 은혜를 받는다. 즉 그리스도의 무흠을 통하여 하나님과 화해함으로 우리는 하늘에서 재판장 대신에 은혜로우신 아버지를 갖게 되는 것이며, 둘째는 성령으로[8] 성화되어 우리는 흠 없고 순결한 삶을 힘써 하게 되는 것이다(725).

이 요약(*summa*)은 놓쳐서는 안 될 두 강조점을 내포한다.

첫째, 가장 중요한 점은 그리스도, 곧 그의 위격(*person*)에 대한 강조이다. 그리스도가 가져다주는 것으로 보이는 구원의 유익은 그의 위격과는 별개의 믿음으로 생기는 것이 아니다. 특히 그들은 그리스도를 믿음으로(*fide*) 붙잡고 소유한 대로만 받는 것이다. 다시 말해서, 여기서 신자들의 그리스도와의 연합이 보이는데, 그것은 칼빈이 칭의를 어떻게 다루는지 설명할 때 우리가 강조적으로 그리고 반복적으로 듣는 바이다.

둘째, 이 연합, 즉 그의 몸에 참여함으로[9] 신자들은 우선적으로 또는 달리 번역하면 '무엇보다도'(above all, *potissimum*) '이중 은혜'(a double grace, *duplicem gratiam*)를 받는다. 이 이중 은혜는, 칼빈이 곧 분명하게 말하겠지만, 칭의와 중생(=성화)이며, 각각은 그 결과의 관점

---

8 Battles의 번역 '그리스도의 영'은 원래의 '*eius Spiritu*'에 비추어 볼 때 고쳐져야 한다 (J. Calvin, *Opera Selecta*, ed. P. Barth and W. Niesel [Munich: Chr. Kaiser Verlag, 1959], 4:182- 이후 *OS* 4). 'Spirit'은 대문자로 써야 하며, 'his'의 선행사는 그리스도라기보다는 아버지일 것 같다(Allen과 Beveridge의 번역도 다같이 'his Spirit'을 가지고 있다). 그 언급은 분명 성령(Holy Spirit)을 가리킨다.

9 *Cuius Participatione* (*OS* 4:182).

에서 이 요약 설명에 기술되어 있다. 전자, 곧 칭의는 화해하지 못한 하늘의 재판관 대신에 은혜롭고 인애하신(*propitium*) 아버지를 갖게 된다. 이 이중 은혜는 칼빈에게 있어서 분명히 우선적인 것이므로 그것은 그리스도와의 연합이 주는 모든 다른 구원의 유익을 포함한다.

칼빈이 칭의를 어떻게 취급할 것인가를 시작하는 이 요약은 '그의 그리스도와의 연합, 칭의, 그리고 성화의 삼각 구도'로 묘사될 수 있다.[10] 이 세 요소가 구속(redemption)의 적용에 관한 칼빈의 생각의 구도를 대체로 결정하는 준거점이 된 것은 적절하다. 여기서 칼빈이 말하는 바 구속의 적용이란, 그리스도께서 성취하신 바 완성된 구원을 개인적으로 받아들이는 것을 일컫는다. 이 구속의 적용이『기독교강요』제3권에 공식적으로 다루어져 있다. 특히 11장 서두에서 보는 대로 그것들이 칭의에 관하여 그의 생각의 구도를 결정한다.

이것은 어떻게 이 세 요소들이 서로 연관되는가 하는 매우 크고 중대한 질문을 제기하며, 이 질문은 이 개요의 나머지 부분에 걸쳐서 직간접적으로 우리를 사로잡을 것이다. 그러나 이미 칼빈의 서두 요약으로부터 이 연관된 문제에 관하여 적어도 두 가지가 두드러진다.

첫째, 이중 은혜가 연합에 근거를 두고 그것으로부터 흘러나온다는 의미에 있어서 그리스도와의 연합이 선행한다는 것이다. 이 은혜는 파생적이다. 즉 그것은 '그에게 참여함으로'(by partaking of him) 받는 것이다.

---

10 M. A. Garcia, "Life is Christ: The Function of Union with Christ in the *Unio-Duplex Gratia* Structure of Calvin's Soteriology with Special Reference to the Relationship of Justification and Sanctification in Sixteenth-Century Context" (Ph. D. diss., University of Edinburgh, 2004), 236.

둘째, 연합의 이중 유익으로서 칭의와 성화는 불가분리라는 것이다. 그러므로 그것들은 혼동되지 않고 구별된다. 불가분리성을 강조하며 칼빈은 두 개의 은혜를 말하는 것이 아니라 단수로 이중 은혜를 말한다. 비록 이 절의 후반에 그는 중생을 '이 선물들의 둘째' 또는 보다 낫게 이 '둘째 은혜'[11]로서 언급하기도 하는데 이는 이 둘의 구분과, 칭의의 어떤 우선순위를 알리는 신호인 것이다.

밑바탕에 깔려 있는 바 그리스도의 연합의 성질뿐만 아니라 이 차이점과 불가분리성의 성질에 대해 칼빈은 그의 논의를 명쾌하게 전개할 것이다. 그러나 이러한 관찰은 이미 우리를 재촉하여 칼빈의 구원론의 기본적인 구조, 곧 그리스도와의 연합과 이중 은혜에 대해 말하게 한다.[12]

이 요약 설명에 바로 이어 칼빈은 여전히 1절에서 제3권의 전반적인 구조의 주목할 만한 점에 주의를 이끄는데, 그것은 1539년 판 이후로 최종판까지 지속되어 왔다.[13] 칭의에 관해 논의하기 전에 그는 그 주제에 대하여 충분하게 생각한 것을 말하고, 칭의를 오로지 지나는 말로 언급하며, 중생(성화)에 관하여 꽤 긴 분량을 다루고 있다.

이러한 진행 방법은 분명히 직관에 반한 것이며, 심지어 종교개혁의 정신에도 반하는 것이다. 왜냐하면 로마 가톨릭이 칭의를 점진적인 성화 과정에 의존하는 것으로 여기는 마당에 칭의를 성화 위에 강조하는

---

11 *Secunda gratia* (OS 4:182).

12 M. A. Garcia, *Life in Christ: Union with Christ and Twofold Grace in Calvin's Theology* (Paternoster, 2008)의 1장과 여기에 인용된 관련 문헌들을 참조하라.

13 귀한 특징을 가진 배틀스의 본문의 주석은 자료의 기원을 판에 따라 보여준다. 1:xxvii을 참조하라.

것은 종교개혁가들에게 있어서 매우 중요한 일이 될 것이기 때문이다. 또한 칼빈이 칭의보다 성화에 더 많은 논의를 할애한 것은 그가 현재 칭의의 중요성을 핵심적으로 말하고 있는 것과도 대립적이다.

제3권에서 칭의 이전에 성화를 상세하게 취급하는 결정(3-10장)을 하고 자료를 이렇게 배열하는 칼빈의 의도에 대하여 상당한 논란이 일어났다.[14] 여기서 다른 어떤 요소가 작용했든지 간에 바로 계속해서 말한 것으로부터 볼 때, 적어도 그가 보기에 일차적인 동기는 분명했다고 우리는 말할 수 있다. 그는 다음과 같은 이유로 계속하여 말한다.

> 우리가 오직 믿음으로만 하나님의 자비에 의해서 값없이 의롭다 함을 얻은 바 그 믿음이 얼마나 선행으로 충만해 있는가, 그리고 이 질문과 부분적으로 관련되어 있는 바 성도들의 선행의 성격이 어떤 것인가에 대하여 먼저 이해하는 것이 무엇보다 중요하다(725-26).

이 구절은 주의 깊게 살펴볼 필요가 있다. 믿음에는 선행이 빠져 있지 않다는 것을 보여주기 위하여 칼빈은 칭의 이전에 상당히 길게 성화를 논의했다고 말한다. 즉 먼저 칭의를 논하기 전에 구원하는 믿음의 성격을 분명히 하는 것이 적절하다(to the point, *ad rem*)는 것이다.

칼빈이 그와 같이 말한 이유는 무엇인가?

---

14 가장 최근의 K. Wübbenhorst와 "Calvin's Doctrine of Justification," in B. L. McComack, ed., *Justification in Perspective: Historical Developments and Contemporary Challenges* (Grand Rapids: Baker, 2006) 117 n.53을 참조하라.

한 가지 생각할 수 있는 것은 칼빈이 가톨릭과의 논쟁의 문맥에서 그렇게 발언했다는 것이다. 당시 (그리고 이후에도) 로마 가톨릭으로부터 끊임없이 메아리치는 비난은, 개신교의 칭의 교리, 곧 은혜로 전가되는 의를 오직 믿음으로 받는다는 칭의 교리가 신자를 영적으로 나태하게 하고, 거룩한 생활에 대하여 무관심하게 만든다는 것이다.

칼빈은 믿음의 본질에 대하여, 특히 그 내재적인 성격과 거룩에 대한 관심을 길게 논함으로써(133쪽 분량) 그러한 비난을 효과적으로 반격한다. 이러한 내용은 칭의의 문제와 구별되며(분리가 아니라) 얼마나 길든 그것을 논하는 데 우선한다. 칼빈은 성화와 그 성화로 표현된 믿음에 대하여 광범위하게 관심을 가지며, 칭의는 거의 건너뛰고 칭의에 있어서 믿음의 역할에 대하여는 별로 말하지 않는다. 칼빈은 개신교에서 말하는 믿음이 거룩을 지향하는 성질을 포함하고 있음을 보임으로써 로마 가톨릭의 비난을 부숴 버렸다.

이때 칼빈은 칭의에 있어서 믿음의 유일한 도구로서의 역할(즉 오직 믿음의 원리)을 명시적으로 언급하지 않았다. 이미 칭의를 받은 신자들의 삶에서 현재 진행 중인, 그리고 항상 나타나는 경건에 대한 이 관심은 분명 칭의 다음에 오나 그것은 단순히 칭의의 결과는 아니다.

칼빈은 이런 식으로 성화를 칭의 앞에 길게 취급할 수 있었는데, 그 이유는 "칭의와 성화가 비록 구별되지만 동시에 그리고 분리할 수 없게 믿음으로 말미암는 까닭에 그것들이 나타나는 순서를 부가하기가 어렵기" 때문이다.[15]

---

[15] G. H. Hunsinger, "A Tale of Two Simultaneities: Justification and Sanctification in Calvin and Barth," in Raynal, ed., *John Calvin and the Interpretation of Scripture*, 224 n. 5; Richard B. Gaffin Jr., "Biblical Theology and Westminster Standards,"

칼빈의 이 논쟁적인 전략에 더하여 보다 적극적으로 고려해야 할 다른 요인이 있다. "하나님의 자비만으로 우리가 값없이 의롭다 함을 얻는다"는 것은 "선행의 결여가 아니다"는 것을 놓쳐서는 안 된다. 다시 말해서, 성화하는 믿음, 곧 거룩한 삶을 작동하게 하는 믿음은 의롭게 하는 바로 그 믿음이다.

물론 믿음이 성화하게 하거나 성화를 작동하게 하기 때문에 그것이 신자를 의롭게 한다는 것을 의미하는 것은 아니다. 칭의를 받는 데 유일한 방편으로서 믿음의 역할이 분명히 있지만, 그 역할은 성화에 있어서 믿음의 역할과는 다르다.[16]

그러나 의롭게 하는 믿음과 거룩하게 하는 믿음은 다른 믿음이 아니며 서로 다르게 작용하는 것도 아니다. 더구나 이것과 연관하여 성도들의 선행의 본질을 이해한다는 것은 칭의의 문제에 대한 관심의 일부이다. 칭의를 논의하는 데 관하여 칼빈이 여기서 말하는 것은 신자의 선행이 갖는 위치가 무엇인가를 분명히 하는 것인데, 이 질문은 특히 16장에서 보다 심도 있게 논의할 것이다.

이 관찰들은 이미 언급한 논점에 대한 추가적인 설명을 달게 한다. 그리스도와 연합함으로 얻어진 은혜의 두 요소로서 칭의와 성화는 불가분리의 것이다. 이제 이 둘은 여전히 동시적이며 불가분리성에는 동시성(simul)이 내포되어 있음이 분명하다. 칼빈은 먼저 칭의가 확정되고 나서 성화가 그에 이어서 단지 뒤따르는 그러한 순서를 알지 못한다.

Westminster Theological Journal 65(2003), 175-77.

16 본장 안에서 11.7-733-34; 14.17-784; 14:21-787; 18.8-830.

그보다는 아무리 경건과 거룩한 삶의 성품이 약하고 죄로 물들었다 할지라도, 그리고 후에 불완전하게 나타난다 하더라도 그 성품은 확정되고 뒤집을 수 없는 칭의가 일어나는 순간부터 이 칭의와 함께 주어진 것이다. 또한 우리가 여기서 본대로 의롭게 하는 믿음의 성격 때문에 보다 중요하게 믿음으로 연합하는 그리스도가 어떤 분이냐 하는 것 때문에 그러하다.

만일에 이 경우의 성격상 명쾌하게 다시 말한다면, 칼빈에게 있어서 성화는 일생 동안 진행되는 과정으로 칭의를 뒤따르며, 또한 그러한 의미에서 칭의는 성화에 우선하며, 또한 신자의 선행은 의롭다 함을 받은 자의 열매요 표지로 볼 수 있다. 오직 이미 의롭다 함을 받은 자만이 성화가 진행된다.

그러나 이것은 칭의가 성화의 근원이거나 칭의가 성화를 유발한다고 말하는 것과는 같지 않다. 칼빈은 전혀 이런 뜻으로 말하지 않는다. 그 근원과 원인은 성령으로 말미암는 그리스도이다. 이 구절에서 칼빈은 분명한데, 그리스도 안에서 믿음으로 그와 연합되는 순간에 죄인들은 이중의 은혜를 받으며 지금 또한 확정적으로 의롭게 되는 때에 성화가 시작되어 현재 진행되는 과정에 있는 것이다.

1절의 마지막 부분에서 칼빈은 전에 취급했던 문제로부터 기인한 이 서문적 복합 고찰로 칭의에 대한 본격적인 논의를 시작하고 있다. 칼빈에 따르면 전체적으로 염두에 둘 필요가 있는 것은 칭의는 '종교가 도는 돌쩌귀'라는 것이다(726).[17]

자주 인용되는 이 문장에 대하여 좀더 자세히 논의해 보겠다. 배틀

---

[17] *Praecipuum ... sustinendae religionis cardinem* (OS 4:182).

스(Battles)의 번역은 어떤 감정을 불러일으키는 이미지('도는 돌쩌귀')를 제공하지만 라틴어 원문에 의도하지 않았던 변형(내 생각에 왜곡인 것 같다)을 주는 것같이 보인다. '수스테네오'(*susteneo*)라는 원문의 단어는 다양한 의미로 사용될 수 있지만 현 문맥에서 가장 합당한 개념은 '지원하다'(support), '지탱하다'(sustain), '유지하다'(maintain), 또는 '짊어지다'(bear)[18] 등의 뉘앙스를 갖는다. '종교를 지탱하는 중심점'이라는 앨런(Allen)의 번역이 아마도 가장 정확한 번역인 것 같다.[19]

어떤 번역을 채택하든 상관없이 칼빈의 의도는 간단하다. 그는 칭의의 핵심적인 중요성을 강조하고 있다. 그 중요성에 대하여 칼빈이 강조하려는 바는 1절의 바로 끝에 그가 말하려고 하는 것에 나타난다. 신자에게 확정된, 하나님과의 호의적인 법정적 관계와 그 관계에 대한 지식인 칭의 없이는 구원과 경건의 '기반'(*fundamentum*)이 결여된 것이다.

따라서 칭의가 종교의 '중심점'이라는 진술과 또한 구원과 경건의 '기반'이라는 진술만을 문맥에서 거두절미식으로 인용하여 칼빈에게 있어 칭의는 구원의 적용에 있어서 가장 중요하고 가장 기본적인 복이며, 다른 모든 것들을 생기게 하는 근본적인 복이라고 주장하기 쉽다.

---

18 *Oxford Latin Dictionary* (Oxford: Clarendon, 1968), 1892.

19 칼빈 자신의 프랑스어 판(1560)은 다음과 같이 읽고 있다. "le principal article de la religion Chrestienne"("The principal article of the Christian religion"). 웨버의 독일어 번역은 "den heauptsächlichen Pfeiler … auf dem unsere Gottesverehrung ruht" ("the main pillar on which our religion rests")이며, 시조(A. Sizoo)의 네덜란드어 판은 "de voornaamste pijler … waarop de godsdienst rust" ("the main pillar on which religion rests")이다.

그러나 『기독교 강요』나 다른 곳에서 그의 가르침에 대한 넓은 범위의 본문이나 1절의 인접 본문도 그러한 독법을 인정하지 않을 것이다. 1절의 마지막 두 번째 문장을 유의해야 한다. 구원을 소유하는 데 있어서 칭의는 필수조건이지만 충분조건(a sine qua non)은 아니다. 다시 말해 칭의는 구원의 유일한 기반으로 생각해서도 안 되고 가장 주된 조항이라고 여겨서도 안 된다.

칼빈은 1절의 시작부터 분명히 하고 있는데 '기반'으로서 칭의는 성화와 더불어 신자들 속에 있는 그리스도와의 연합으로부터 흘러나오는 중요한 이중 은혜의 한 요소이다. '중심점'으로서의 칭의는 '스카이훅'(skyhook)[20]이 아니다. 중심점으로서의 중요성을 전혀 감소됨 없이 칭의는 그리스도와의 연합 안에 확실히 근거하고 있다.

이 중요한 점은, 1절의 자료(어법에 있어서 하나의 이독과는 별개로)가 1539년 판 이래 본래대로 있는 반면 1559년에는 참신하고 심오한 빛 가운데 놓임으로써 강화되었다. 이러한 점은, 1절과 11-18장을 제3권의 넓은 범위의 본문 안에서 읽는 방식으로 드러난다. 특히 1절에서 우리가 고찰해 왔던 것은, 제3권의 서두, 특히 1장은 1559년 판에는 새로운 자료인 1-2절에 표현된 그 통제적 관점에서 이해되어야 한다는 것이다.[21]

제3권에서 자료의 새로운 배열로 가능해진 이런 이해는 지나친 억측이 없이 말하자면, 1559년 판이 칼빈에게 그의 이전의 판에서 가지

---

20 항공기에서 지상으로 물건을 내리는 도르래 장치(역주).

21 바르트(Barth)와 니젤(Niesel) (OS 4:1)은 배틀스의 번역을 따라 이 자료는 1536판으로부터 연유되었다고 제안한다. 특히 문체와 문장에 관한한 그 관계는 가장 느슨하고 가장 일반적이라는 것이다. 이것을 이해하기 위해서는 다만 3.1.1-2(537-39)와 『기독교 강요』 1536년 판 57-58을 비교하기만 하면 된다.

지 못했던 만족감, 다시 말해 앞서 언급했던 그 안정된 만족감을 어떻게 주었는가를 설명해 준다. 우리가 고려하고 있는 점에 대하여 칼빈은 그 자신을 전보다 더 적절하게 표현했다고 생각하였다.

제3권은 "우리가 그리스도의 은혜를 받는 방법: 그것으로부터 우리에게 무슨 유익이 오는가, 그리고 무슨 효과가 따르는가"라는 책명이 붙여졌다. 제2권 후반부(9-17장)에서 그리스도의 완성된 사역, 즉 단번에 구원을 완성하심을 다루었으므로 칼빈은 제3권을 통하여 구원(그리스도의 은혜)의 개인적인 적용, 유익 그리고 결과적인 효과에 자신이 관심을 가지고 있음을 분명하게 보여준다. 결국 이제 그의 관심은 신자들이 이 은혜를 받는 '방법'(modo, 'mode', 'manner', 'method')과 이 구원을 어떻게 개인적으로 적용하느냐 하는 것이다.

제3권 1장 1절의 서언에서 이 관심을 다시 표명하며 바로 이어지는 문장은 다음과 같다.

> 첫째로 그리스도께서 우리 밖에 계시고 우리가 그로부터 분리되어 있는 한, 그가 인간 구원을 위하여 고난당하시고 행한 모든 것이 우리에게 무용하며 무가치하다는 것을 우리는 이해해야 한다(537).

내 견해로는 칼빈의 구원론 전체와 관련하여 이 문장의 중요성을 아무리 강조해도 지나치지 않는다. 제3권의 서두에 배열되어 있는 그 문장은, 그에게 있어서 가장 근본적인 점, 곧 구원의 적용과 관련된 다른 모든 것들 아래 깔려 있는 바 고려해야 할 점이 무엇인가가 표현하고 있다. 이 가장 깊이 있고 결정적으로 고려해야 할 점은, 여기서는 부정적인 문제로 말하고 있는데, 그리스도께서 우리 밖에 계시지 않고 우리가 그로부터 분리되어 있지 않다는 것이다.

칼빈은 이것을 긍정 문제로 표현하기를, "우리는 그와 더불어 한 몸이 되었다"(*in unum*)[22]라고 한다. 여기서 칼빈은 제3권에서 그가 말하고자 한 모든 것의 출발점으로서 그리스도와 신자들 사이에 존재하는 '연합'을 보여주고 강조한다. 구원의 적용에 있어서 이 연합이 중심이고 최고점이므로 그는 다시 부정 문체로 그것이 없이는 그리스도의 구원 사역은 무용이며 무가치하다고까지 말할 수 있는 것이다.

그는 이 연합이 믿음으로 얻어진다는 것을 곧바로 분명히 밝힌다. 마치 그것은 믿음과 별도로 있거나 믿음보다 먼저 있는 것이 아니고, 그것은 사실 구별되지 않고 믿음과 함께 주어진다는 것이다. 이 믿음에 대한 언급과 믿음에 부여되는 중심적 역할은, 같은 서두 안에서 칼빈으로 하여금 구원의 서정(*ordo salutis*), 곧 믿음의 기원에 대한 후속 논의에서 핵심적인 질문을 다루게 하며, 이는 결국 개혁신학에 있어서 좁은 의미의 중생의 교리로 이어진다. 우리는 모두가 복음을 통하여 제공된 그리스도와의 연합을 획일적으로 받아들이는 것은 아니라는 사실에 주목한다.

왜 그럴까?

우리 개혁신학 안에 무엇인가 구분하게 하는 요소 때문은 아니다. 그 대답은 우리 자신을 들여다본다거나 인간의 자유와 의지의 신비를 묵상함으로 찾아서는 안 된다는 것이다. 차라리 우리는 칼빈이 죄로 말미암은 전적 무능에 대하여 다른 곳에서 가르친 것에 부합하도

---

[22] *OS* 4:1.

록, 위로 올라가 '성령의 은밀한 작용'(*arcana Spiritus efficacia*)을 묵상해야 한다. 믿음은 성령이 주권적으로 그리고 효과적으로 행하신 사역이다. 그리스도와의 연합은 우리 안에서 성령의 역사하는 믿음에 의해, '그리스도를 옷 입는' 믿음(갈 3:27), 즉 복음 안에서 계시되는 그리스도를 영접하는 믿음에 의해 이루어진다. 믿음은 우리 쪽에서 볼 때 연합의 띠(bond)이다.

> 요약하자면 성령은 그리스도께서 우리를 그 자신과 함께 효과적으로 연합하게 하는 띠이다(538).

결과적으로 우리가 다루는 장들에서는, 우리가 보게 될 것이지만 (3.11.10 - 737) 우리는 성령이 역사하는 믿음에 의해 그리스도와의 연합한다. 이 연합을 영적인 그리고 신비적인 것으로 분류할 것이다.

이 점, 곧 성령이 역사하는 믿음에 의한 그리스도와의 연합이 칼빈이 말하는 구원의 서정의 핵심이다. 제3권의 서두에서 언급한 성령의 은밀한 작용에 기초하여, 믿음(만)으로 말미암은 그리스도와의 연합 때문에 칭의는 믿음(만)으로 말미암으며, 연합은 믿음과 함께 칭의를 가져오는 것이다. 제3권 11장 1절은 우리가 살펴본 대로 이 점을 더욱 분명하게 한다.

2-4절에서 칼빈은 믿음으로 말미암은 칭의의 기본적인 개념을 성경을 통하여 정의하며 계속하여 설명해 나간다. 전반적인 강조점은 칭의의 순전히 법정적인 성격이다. 원리적으로 칭의는, 믿음 또는 행위로 말미암는 것이고, "하나님의 심판으로 의롭다고 인정을 받으며 그리스도의 의 때문에 받아들여지는" 사람은 하나님 앞에서(*coram Deo*)

의롭다 함을 받는 것이다(726).

그러나 이제 죄인들에게 그들의 행위로 말미암은 칭의가 배제되었으므로 "믿음으로 말미암아 의롭게 된 자는 행위로 말미암는 의를 배제하고 믿음으로 그리스도의 의를 붙잡고, 그리스도로 옷 입고, 하나님 앞에 죄인으로서가 아니라 의인으로 나타나는 자이다"(726-27).

> 그러므로 우리는 칭의를 하나님께서 우리를 의로운 사람으로서 그의 은총 가운데로 받아주시는 수용이라고 설명한다. 그리고 칭의는 죄의 용서와 그리스도의 의의 전가에 있다고 우리는 말한다(727).

다시 법정적인 면을 강조하며 "그러므로 '의롭다 하다'(to justify)는 것은 다름이 아니라 마치 그의 무죄가 확정된 것처럼 피소자를 석방하는 것을 의미한다"(728).

이 명쾌한 주장은 칼빈의 칭의에 대하여 서두부터 논의의 방향을 정해 준다. 논의 마지막에 해당하는 제3권 17장 8절에서 칼빈은 적어도 『기독교 강요』 안에서 선행했던 논의 가운데 전부는 아니지만 중요한 맥을 끄집어내며 가장 풍성한 것처럼 보이는 정의를 내놓는다.

> 그러나 우리는 칭의를 다음과 같이 정의한다. 죄인이 그리스도와의 연합을 통해 교통하여 그의 은혜로 하나님과 화해하며, 그리스도의 피로 씻어 죄의 용서를 획득하며, 그리스도의 의를 마치 자기 것인 것처럼 옷 입고서 하늘의 심판대 앞에 당당히 서는 것이다.

이 정의와 기본적인 설명조의 문장에서 우리는 연합과 칭의의 관계를 더 탐구할 수 있을 것이다.

3. 연합, 전가 그리고 칭의

위에서 마지막에서 두 번째로 인용된 11장 2절(727)의 끝부분에 있는 설명조의 진술에 '전가'라는 단어가 처음으로 나타난다. 칼빈은 그 절에서 되풀이해서 계속적으로 의로 '간주되었다'라고 하고, 그리고 3절 서두에서 다시 되풀이해서 의가 신자들에게 '전가'되었다고 말한다. 이 두 개념, '간주됨'과 '전가됨' 또는 '전가'는 의미가 가깝고 심지어 서로 중복된다.

그러나 칼빈에게는 그것들이 단순히 동의어가 아니다. 칼빈은 매우 유사한 의미를 가진 그것들을 구별한다. 주목할 만한 구분은 3절 중간 이후이다. 그는 말하기를 하나님께서 칭의하기 위한 행동은 "의의 전가를[23] 통하여 … 우리를 용서하고, 그래서 자신들 안에 의가 없는 우리가 그리스도 안에서 의롭다고 간주되는 것이다"(728).

여기서와 그의 논의 전반에 걸쳐 전가는 간주됨에 선행하는 것이다. 의의 전가, 곧 전가된 그리스도의 의는 의의 간주, 곧 의롭다고 간주하는 직접적인 근거이거나 기초이다. 그래서 칼빈에게 칭의, 곧 의롭다고 하는 행위 그 자체는 위에서 지적한 대로 서로 연관이 있는 전가와 간주라는 두 개의 다른 구별된 국면을 내포한다고 말하는 것

---

[23] 인접 본문이나 광역 본문으로부터 평범하게 이 전가된 의는 특별히 그리스도의 것이다.

이 옳다. 이것은 개혁신학에서 나타난 바 합법한 선언으로서의 칭의 개념에 가깝게 접근하고 있는 것 같으며, 그것을 칼빈과 다른 후대 사람들은 법정적으로 합법한 선언(a forensically constitutive declaration)이라고 불렀다.[24]

전가와 (법정적) 간주 사이를 구분하는 칼빈의 구분에 비춰볼 때 그에게 전가는 사실 법정적이지 않은 것 같다. 또한 이 문제는 그리스도에 참여함의 문제이지 법정적인 문제는 아니다. 아울러 칼빈은 (루터와 같이) "전가는 법정적인 결과를 가진 비법정적인 어휘라고 분명히 보고 있다"고 추측된다. 칼빈에게 있어서 그리스도와의 연합은 "전가의 선행조건이다"[25]고 말하는 것이 분명히 옳다.[26] 그에게 칭의는, 제3권 11장 1절 시작에서 이미 우리가 본대로 연합으로부터 나온 이중 은혜를 구성하는 유익으로 보인다.

그래서 전가는 칭의에 포함되며, 마찬가지로 그 연합과 함께 주어진다. 그 점은 『기독교 강요』 전체에서 분명하게 드러난다. 더욱이 우

---

24 E.g., J. Murray. *The Epistle to the Romans* (Grand Rapids: Eerdmans, 1959), 1:352-53: "이것은 그 또한 전가적이며 … 의롭다 하는 행위가 합법적이며 … 그래서 우리는 경건치 않는 자의 칭의는 합법적으로 전가적으로 선언적이라고 요약하여 말할 수 있을 것이다"라는 점에서 선언적이다. 이러한 이해 위에서 합법적 칭의는 비법정적 또는 변화적인 요소를 칭의에 개입시키지 않는다.

25 G. Hunsinger, "Calvin's Doctrine of Justification: Is it Really Forensic?"(unpublished paper delivered at the Twelfth Biennial Calvin Colloquium, Erskine Theological Seminary, January 27-28, 2006; cited here with the author's permission), 7, 22: "Imputation through participation formed the nonforensic center that governed his doctrine of justification"(9). 여기에 나의 논평은 이 표현에 대한 가능하고 그럴 듯한 해석을 제시한다. Hunsinger의 글을 주의 깊게 논의된 경우에 대한 공정하고 적합한 논평으로 읽어서는 안 된다. 그 논쟁과 교류하기 위해서는 내게 주어진 것보다 더 많은 지면이 요구되며 더욱 중요한 것은 독자들이 그 글에 접근할 필요가 있다.

26 G. Hunsinger, "Calvin's Doctrine of Justification: Is it Really Forensic?"(unpublished paper delivered at the Twelfth Biennial Calvin Colloquium, 8.

리는 다음과 같이 공정하게 말할 수 있다.

"칼빈에게 그리스도에게 참여(participatio Christi)는 전가에 선행하며 전가는 심판에 선행한다."[27]

그러나 물어야 할 필요가 있는 질문은 그가 정확히 어떻게 이들의 순서를 이해하고 있었는가이다. 우리가 본대로(3.1.1 - 537-538) 칼빈이 가진 견해는 신자와 그리스도 사이의 결합은 곧 성령이 역사하는 결합이라는 것이다. 그것은 성령에 의하여 효력이 발생하고 유지된다는 의미에서 '영적 결합'(3.11.10 - 737)이다.

그러나 칭의 안에서 의의 전가가 의로 간주함에 선행하기 때문에 전가는 비법정적이다라는 결론을 끌어내지는 못한다. 이 결합 때문에 칼빈이 열심히 제외하고자 했던 비법정적 요소를 칭의에 끌어넣는 셈이다.

성령이 역사하는 연합으로부터 얻어지는 이중 은혜의 이중 유익, 곧 칭의와 성화(성령의 점진적 갱신)는 서로 구분되어 혼동되지 않지만, 동시에 그 둘은 절대로 불가분리의 관계에 있다.

사실 (칭의와 성화 사이의) 이 이중의 구별된 관계는 결국 법정적 은혜와 비법정적 은혜 사이의 구별, 곧 그 자체로는 환원될 수 없는 구별이라고 말하는 것이 칼빈에게 공정하다. 전가가 포함된 칭의는 순전히 법정적이다. 그리하여 그리스도와 연합으로 유래한다는 점에서 칭의 그 자체는 또한 참여적(즉 관계적)이기도 하다.

'법정적이 아닌 참여적'이라는 말은 칼빈 자신이 읽어도 수수께끼 같은 말은 아니었나 한다. 그의 구원론의 '단일한 이중 은혜'

---

27 G. Hunsinger, "Calvin's Doctrine of Justification: Is it Really Forensic?"(unpublished paper delivered at the Twelfth Biennial Calvin Colloquium, 9.

(*unio-duplex gratia*, 은혜에 하나이면서 동시에 둘의 측면이 있다는 내용) 구조는 다음과 같은 것이다. 즉 참여적 연합(하나)에 서로 혼동되거나 섞이지 않는 두 개의 구별되는 측면, 또는 차원(둘)이 있다는 것이다. 그 한 차원은 칭의와 같이 법정적이되 그것과 구분되는 다른 한 차원은 성화, 갱신과 같은 비법정적 측면이다.

연합/참여가 전가에 의해 비법정적 요소, 추정건대 성령 역사의 요소를 법정적 칭의 안으로 끌어들이는 것으로 보는 것은 완전히 칼빈이 의도했던 기본적인 구별을 흐리게 하는 것이다. 나아가 칼빈에게는 그것이 100% 은혜에 의한 칭의의 안정성을 해치는 것으로 간주될 것이다.[28]

이 점에 대한 좋은 검증 구절은 11장의 마지막 절(23)일 것 같은데 이는 대체적으로 그 장을 통하여 전개된 중요한 요소들을 요약하는 일을 한다. 여기에서는 그리스도의 의의 중보로(cf. 3.11.3 - 728; 3.14.9 - 776) 특징지어지는 칭의를 주의 깊게 주목할 가치가 있다.

> 사람은 그 자신으로는 의롭지 않으나 전가에 의해 그리스도의 의가 그에게 교통된다(753).

---

[28] '비법정적'(Nonforensic)이란 소극적인 묘사이다. 그 전가만이 '참여주의자'이며 그 참여와 연합의 영적 특성이 주어졌다고만 말하는 것은 과도적인 현실로서 전가는 영적이며 신자들 안에 성령의 사역의 효과를 미치는 것으로 암시하는 것처럼 보인다. 그러나 그것은 일종의 주입과 밀접하게 가까우며 칼빈이 여러 곳에서 열렬하게 반대하는 개념이다.

이 교통 또는 그러한 나눔은 칼빈이 바로 다음 문장에서 말하고 있는 '경솔한 생각'을[29] 사라지게 한다. 그 경솔한 생각이란, "사람이 믿음으로[30] 하나님의 영에 참여하고 그 하나님의 영을 통해 의롭다고 간주되기 때문에 믿음으로 말미암아 의롭다 함을 받는다"는 것이다.

여기에 나타난 전가와 참여[31]의 병치는 너무나 분명하고 명확하다. 의롭다고 간주되는 것과 의가 실제로 전가된다는 두 개념이 서로 병치되어 있다. 다시 말해 그리스도의 의의 전가와 성령에 참여함의 두 개념이 서로 병치되어 있다. 그러나 이 생각은 다음의 주장에 의해 결정적으로 포기된다.

"이것(경솔한 개념)은 위의 교리와 너무나 반대되기 때문에 그것에 화해할 수가 없다."

여기서 전가는 비법정적이라거나 비사법적 전이나 교통이라는 생각은 단순히 배제되었다. 전가에 의해서 효력을 발휘하는 전이, 특히 전가에 의하여 전달된 그리스도의 의는 비영적(nonpneumatic, 즉 성령에 의한 의의 주입[infusion]이 아니라는 의미)이며 순전히 법정적이다.

여기서 문제되는 점은 "우리의 의는 우리 안에 있지 않고 그리스도 안에 있다"는 것이다. '우리 안에가 아니고 그리스도 안에'라는 이 말은 칼빈 칭의론의 핵심을 잘 드러낸 공식과 같다. 분명히 그가 즉시 부가한 대로 "우리가 오직 그리스도 안에 참여자이기 때문에 '그것'을

---

29 *Nugamentum* (OS 4:206; Beveridge has "*absurd dogma*")

30 *illa*의 선행사는 앞 문장의 *Christi iustitia*("Christian's righteousness")가 아니라 (배틀스는 그렇게 간주하는 것 같지만) 거의 분명히 *fide*, 곧 앞의 두 단어이다(알렌과 베버리지).

31 *Paricipat*(ibid).

소유한다"는 말은 연합의 토대적 성격과 규제적 성격을 강조한다.

그러나 이 '그것', 즉 '그리스도에 참여하는' 사람들의 의[32]는 그들 각자에게 있어 '그들 밖에 있는 의'이며 '자신 안에 의의 결핍'을 의미한다(칼빈은 이를 위해 고후 5:21에 호소함). 앞에서 살펴보았듯이 칼빈은 칭의가 성령에 참여함이라는 측면과 아무런 관계가 없음을 주장하며 이 점을 분명하게 한다. '우리 안에서' 이루어진 율법의 의, 즉 바울이 로마서 8:3-4에서 언급한 바 율법의 '유일한 성취'[33]는 우리 안에서 어떠한 성령의 역사도 배제하고 의의 전가를 통해서만 우리가 얻을 수 있다.

여기서 칼빈은 지나치게 복잡한 논증을 하는 것 같지만 그렇게 함으로써 그는 다음과 같은 분명한 구별을 유지한다. 우리가 '그 안에' (그리고 그가 '우리 안에') 있으므로 칭의에 있어서 우리의 의는 '우리 밖에' 있다.[34] 연합은 성령이 추진하며 영적인 실재나 그 연합과 함께 주어지는 전가는 아니다. 전가는 비법정적 요소를 칭의에 끌어들이지 않는다. 그것은 우리 안에서 영적으로 효과를 발휘하게 하는 문제가 아니다.

오히려 전가는 순전히 칭의의 법정적 성격을 보전하는 사법적 전이 (a judicial transfer)라는 것과, 동시에 칭의 안에서 간주되는 의가 오로

---

32 *Christi ... participes*(ibid).

33 여기와 그의 로마서 주석(*Commentaries on the Epistle of Paul the Apostle to the Romans* [Grand Rapids: Eerdmans, 1948], 283)에서 이 절들에 대한 칼빈의 이해는 아마도 정확하지 못한 것 같다. 그러나 그것이 그의 신학적 관점을 무효화하지 않고, 내 견해로는 다른 것의 근거 위에서 성경의 지원을 받는다.

34 이 문제들과 관련된 문제들에 대하여 W. van't Spijker의 "Extra nos'en 'in nobis' bij Calvijn in Pneumatologisch licht" in *Geest, woord en kerk* (Kampen: Kok, 1991), 114-28의 통찰력 있는 논의를 참조하라.

지 그리스도 안에만, 곧 그의 인격 안에 있으며 어떻든 그에게 연합하는 죄인의 인격 안에는 없다는 것을 확실하게 한다.

23절 두 번째 문단 중간에서 칼빈은 계속하여 전가에 대하여 말한다.

> 그와 같은 방식으로 주 그리스도께서 그의 의를 우리와 함께 나누시고, 아주 기이한 방법으로 그는 우리에게 하나님의 심판을 대면할 충분한 그의 능력을 부으신다.

명백하게 이러한 기술과 그가 사용하는 언어는 비법정적으로 영적, 변화적, 주입적인 의미로 읽을 수 있을 것이다. 그러나 이러한 견해는 다른 모든 것에 완전히 반한다고 인접 본문에 쓰고 있으며, 이러한 견해는 그가 로마서 8:3-4의 앞에 문장과 로마서 5:19의 다음 문장에도 호소하며 배제하려고 했던 그것이다. 아마도 칼빈은 여기서 전가의 법정적 능력, 즉 그 효력에 있어서 사법적 처리의 완전한 실제를 강조하며 계속하여 말하기를, "그리스도의 순종은 마치 그것이 우리 자신의 것처럼(*ac si nostra*) 우리에게 보여진다."[35] 어찌됐던 그가 주장하려는 바는 암브로스가 든 예(칼빈은 암브로스의 예를 너무나 적절한 예라고 주장함)로부터 분명해진다. 그는 그 예로서 이 절을 마친다. 칭의에 있어서 신자들의 의는 마치 이삭의 축복을 받기 위하여 자기 옷이 아닌 형의 옷을 입은 야곱과 같다.

---

35 *OS* 4:207.

> 진실로 외부적 의이다!
> 그리고 우리는 이와 같이 보배롭고 순수한 우리의 맏아들, 그리스도 아래 숨어 우리는 하나님 앞에 의를 입증하는 것이다 (753-54).

이 장 안에 오시안더의 견해를 취급하는 중에(3.11.10), 연합과 칭의와 전가 사이의 관계를 표현하는 데 있어서 가장 완전한, 분명히 가장 두드러진 한 구절이 있는데, 그것은 다음과 같이 시작한다.

> 나는 우리가 부패하다는 것을 고백한다 … (736 아래).

그리고 "… 그와 함께 한 의의 교제"(737)라고 계속한다. 그것을 참조하는 것은 다음의 논의에 도움이 될 것이다.

여기서 칭의는 최고조로 평가되었다. 그것은 "완전히 비교할 수 없는 선이다." 그렇지만 칭의는 단순히 전가적 행위만으로 끝나는 고립된 사법적 선언만은 아니다.

> 그리스도가 우리의 것이 되기까지는 우리에게 칭의가 전혀 없는 것이다.

제3권 1장 1절의 두 번째 문장의 반향은 너무나도 확실하다

> 그리스도께서 우리 밖에 머무시고 우리가 그로부터 분리되어 있는 한, 그가 고난당하시고 행하신 모든 것이 … 무용하게 되

고 우리에게 아무런 가치가 없게 된다.

칭의를 실제 소유함에 있어서 이 연합은 깊이 그리고 궁극적으로 결정적이며, 그리하여 그것은 "최고도로 중요하다."

이 연합은 다른 방식의 충만한 다양성으로 묘사되었다. 그것은 머리와 지체들을 함께 연합시키는 것, 우리의 마음에 그리스도의 내주하심, 그가 부여하신 선물 가운데 우리가 그와 더불어 나누는 자가 되는 것이다. 그것은 그리스도를 옷 입고 그의 몸에 접붙이는 것이다. 곧 그와 더불어 하나가 되는 것이다. 그것은 단언적으로 '신비한 연합'이며 '영적인 결속'이다.

그러나 성령이 역사하는 연합 또는 결속은 전가를 배재하지 않는다. 차라리 그 의의 법정적인 면에서 연합은 일종의 '의의 교제'이며, 그것은 전가에 의해서 그러하다. 그러므로 "우리는 그의 의가 우리에게 전가되도록 함에 있어서 우리 밖에 멀리 있는 그를 묵상하지 않는다." 여기서 전가된 그리스도의 의는 우리 밖에 있고 우리의 것이 아닌 그의 순종이다. 그러나 또 다른 의미에서 그와의 연합이라는 점에서는 그의 의가 결코 우리 밖에 있지 않다. 연합은 법정적 교제, 곧 그리스도의 의의 나눔으로서의 칭의를 가져오되 의의 전가에 의하여 그렇게 한다.

여기서는 필연적으로 간단히 약간의 덧붙인 주석은 칼빈이 칭의에 대하여 오시안더가 어떻게 취급했는가에 대하여 정리되어 있다. 일찍이 주목한 대로 1559년 판 『기독교 강요』는 제3권 11장 5-12절에 칭의에 대한 새로운 자료 가운데 상당히 많은 부분이 오시안더의 주장에 대한 문제를 차지하고 있다. 이 긴 비평의 위치가 1-4절의 서론 부분

바로 다음에 놓여 있다는 것이 주목할 점이다. 전체적으로 칭의의 위치를 다루는 예비적 기초 작업으로 그가 선택한 본질적인 문제는 바로 오시안더의 위치이다.

왜 그는 다른 것에 깊이 있는 관심을 갖기 전에 종교개혁을 필요로 하게 했던 트렌트의 로마 가톨릭의 가르침보다 루터교의 죽은(상상 속의) 견해에 주의를 기울였을까?

대답에서 의심할 여지없이 여러 요인이 작용하고 있으나 사람들은 모두 공통적으로 칼빈이 그리스도와의 연합과 그 연합에 대한 적절한 이해, 특히 그 연합과 칭의와의 관계성에 중요성을 두었던 점에 집중하고 있다.

칭의에 대한 오시안더의 견해는 1550년 후반에 나타나며 곧바로 논쟁에 불을 붙였다.[36] 칼빈이 최종판 『기독교 강요』에서 이 견해들에 답할 수 있었던 최초의 기회였다. 왜냐하면 『기독교 강요』의 그 전 판(제4판)은 1550년 초에 발행되었기 때문이다. 이 응답은 그와 오시안더 사이에 인지된 견해의 유사성 때문에 긴급성을 더 했을 것이다. 그러나 우선적으로 그가 그 기회를 적극적으로 활용하여 이와 대조적으로 그 자신의 견해를 내놓았다.

칼빈의 말에는 오시안더의 칭의에 대한 견해가 간략하게 진술되었는데 그것은 "하나님의 본질와 자질(essence and quality)의 주입으로 하나님 안에서 우리가 근본적으로 의롭다"(730)는 것이다. 이것은 공

---

36 부차적인 문헌들이 광범위하다. Lane "Role of Scripture," 368 n 2, par. 2; Battles, 729 n. 5를 참조하라. 보다 자세한 칼빈의 대화에 대한 논의는 Hunsinger, "Calvin's Doctrine," 10-21과 Garcia, *Life in Christ*, 197-252를 각각 인용된 문헌과 함께 참조하라.

정한 표현이다. 오시안더 자신의 말에 의롭게 하는 의(justifying righteousness)은 '본질적인 의'(essential righteousness)이다. 그의 견해로는 그리스도와의 연합은 그리스도의 실체를 나누는 것이며, 그의 의, 특별히 그의 신성의 의를 공유하는 것이다.

오시안더에 대한 칼빈의 비평은 혹독하다. 그 이유는 단지 오시안더가 과장하는 점에 대하여 염려스럽거나 여러 점에서의 일치를 인지하도록 강요하는 것이 불쾌하기 때문이 아니다. 오히려 여기서 분명하게 그는 "최상의 것이 부패하면 가장 악하게 된다"(*corruptio optimi pessima*)는 확신에 의하여 움직이는 것 같다. 칼빈과 오시안더의 생각에 어떤 일치가 있을지라도 단지 형식적일 뿐이다. 오시안더의 연합과 칭의에 대한 오해는 가장 심각하고 치명적인 오류로 인해 철저하게 손상되었다.

5절의 첫 문장부터 '본질적인 의'(essential righteousness)는 배틀스의 약간 다채로운 번역에 의하면 '약간 이상한 괴물'(some strange monster)이다.[37] 이것은 존재론적으로 그러하다. 왜냐하면 오시안더가 주장하는 연합의 기초가 되는 견해는 마니교에 가까운 것으로서 창조주와 피조물의 구별을 깨트리는 것이기(730) 때문이다.

칼빈이 비판에서 강조하듯이 구원론에 있어서도 오시안더의 견해는 그리스도의 인간성을 부인하는 것 못지않게 그의 순종과 희생적 죽음의 가치와 심지어는 필요성까지도 부인한다. 더욱이 오시엔더의 '본질적인 의'는 칭의가 무언인가 내면에서 이루어져야 하거나 신자들에게 불어넣어져야 하는 무엇인가에 그 기초를 두게 한다. 그리하여

---

37 *Monstrum nescio quod* (*OS* 4:185); Allen has, "I Know not what monstrous notion of … "; Beveridge, "a kind of monstrosity termed …"

그의 이중의 의에 대한 부수적인 개념은 용서와 중생의 은혜를 혼동함으로 의로 말미암은 칭의와 성화 사이의 쪼갤 수 없는 구별을 부숴 버렸다(732, 738-41). 많은 사람들이 말하기를 5절 서두 문장에 있는 그 '이상한 괴물'은 점차적으로 12절 마지막으로 이끈다.

> 약술하면, 비참한 영혼이 하나님의 순전한 자비 안에서 온전히 쉬지 못하도록 두 종류의 의를 포장하는 자는 누구든지 조롱하기 위해 그리스도에게 가시관을 씌우는 것이다.

칼빈의 비평은 오시안더의 입장이 칭의에 대한 종교개혁적 이해를 떠났다고 인식했기 때문에 매우 신랄하다. 그것은 본질적으로 다른 옷을 입은 로마 가톨릭의 교리이다. 그것은 신자 안에 의가 이루어질 때까지 칭의를 유보하는 것과도 같다. 칼빈이 인식하는 대로 오시안더와 로마 가톨릭에 대한 답은 그리스도의 의의 '값없는 전가'이다(731, 738). 이 의의 전가는 그리스도의 죽음과 부활로 말미암았다.

오시안더는 그 전가된 의를 경멸했고 로마 가톨릭은 그 전가된 의를 공식적으로 이단으로 정죄했다. 그러나 전가된 의라는 교리는 순전한 법정적 칭의를 보전하기 위해서는 결정적으로 필요하다. 신자들의 흔들림 없는 안정과 '행복'은 그들이 "내재적인 것에 의해서가 아니라 전가에 의하여 의롭게 되었다"(739)[38]는 사실에 근거한다. 칼빈은 모든 것이 전가의 결과라고 말했다.

---

38 *Iustus ... non re ipsa, sed imputatione* (OS 4:193).

> 이것은 칭의에 대한 놀라운 계획인데, 그리스도의 의로 덮여진 까닭에 그들이 받아야 할 심판에서 그들은 떨지 않고 그들이 그들 자신을 바로 정죄해야 하나 그들 자신 밖에서 의로 여겨지는 것이다(740-41).[39]

칭의에 대한 오시안더의 근원적 오류는 이미 주목한 바와 같이 그리스도와의 연합에 대한 그의 오해에 있었다. 그 오류를 반대하며 칼빈은 연합에 대한 그의 견해를 밝히는 기회로 삼는데, 이는 이미 우리가 본 바와 같이 10절에서 그렇게 하고 있다. 일찍이 5절에서의 그의 비평에서 그는 오시안더의 오류가 '이 연합의 끈'을 잘못 생각하는 데서 나왔고 "그의 모든 난점들은 우리가 성령의 은밀한 능력으로 그리스도와 연합되었다"(730)는 것을 인식함으로 쉽게 해결된다는 것이다.

칼빈은 오시안더의 견해를 거절하며, 성령이 역사하는 연합은 그리스도와 신자 사이의 인격적인 구별을 유지한다는 것을 분명히 한다. 그리하여 그리스도와의 연합은, 의롭게 하는 의(justifying righteousness)는 그들이 아니라 그리스도가 이루신 것이며 그들에게 전가됨으로만 그 의가 그들의 것이라는 것을 보증하는 연합이다.

오시안더를 반박하는 이 문맥에서 칼빈은 연합에 대한 은유를 사용하는 데 그것은 더 이상 덧붙일 것이 없는 그의 구원론의 이중 은혜 구조이다(3.11.6 - 732). 우리의 의이신 그리스도는 태양이며 칭의는 그 빛이고 성화는 그 열이다. 태양은 빛과 열, 둘 모두의 유일한 근원인 까닭에 그 둘은 동시적이요 분리되지 않는다. 동시에 오직 빛만이

---

39 *Iusti extra se censeantur* (*OS* 4:195).

비추고 오직 열만이 따뜻하게 하며 그 반대는 아니다. 빛과 열은 상호 혼동됨이 없이 항상 함께하는 것이다. 우리의 이성은 각각의 고유한 특질이 뒤섞이는 것을 허락하지 않는다.

우리들의 그리스도와의 연합의 본질은 칭의와 성화가 공존하는 그러한 것이며 "오시안더가 우리에게 강요하는 은혜의 두 종류가 혼동되지" 않고, 그러면서도 "상호 연관이 있으며 서로 분리할 수 없는 것이다."

왜 그런가?

단순히 죄인들을 용서하는 결과로서가 아니라 그 죄 사함으로부터 달리 분리할 수 없는 결과로서 하나님께서는 그 위에 그리고 결과적으로 그들을 새롭게 할 것을 결정하셨기 때문이다. 오히려 '그리스도는 조각들로 찢길 수 없기' 때문에 칭의와 성화는 분리할 수 없다. 또는 칼빈은 후에 이 점을 고려하여 이렇게 말한다(3.16.1 - 798).

> 그러면 당신은 그리스도 안에서 의(칭의)를 얻고 싶습니까? 당신은 먼저 그리스도를 소유해야 합니다. 그러나 당신은 그의 성화에 참여자가 되지 않고는 그리스도를 소유할 수 없습니다. 왜냐하면 그는 조각으로 나눌 수가 없기 때문입니다.

'연합, 칭의, 성화의 삼각 구도'보다 더 분명하게 표현할 수 없다. 성령이 역사한 연합의 지배적인 우선권은 통합적인 비분리성을 내포한 바 칭의와 성화의 혼동이 없는 것이 분명하다("당신은 먼저 그리스도를 소유해야 한다").

그리스도와의 연합은 부분적인 것이 없으며 그의 유익의 조금만을 나누는 법이 없다. 만일에 신자들이 그리스도를 온전히 가지지 않는다면 그들은 그리스도를 가진 것이 아니며, 그들이 그의 모든 유익을 나눌 수 없다면 그들은 아무 유익도 나누지 못한 것이다.

놀라운 것은 칼빈은 연합에 대해 심각하게 그릇된 이해에 뿌리를 둔 오시안더의 의롭게 하는 의(justifying righteousness)의 견해를 거부하며 칭의와 관련된 연합에 대한 자신의 이해를 재고한 일도 없고, 심지어 목소리를 낮추지도 않는다. 오히려 그는 더욱 단호하게 그리고 강조적으로 그 연합을 주장한다. 그는 다르게 어떻게 할 수가 없었다. 왜냐하면 그는 성경, 특히 바울 서신을 너무 잘 알고 있었기 때문이다.

칭의는 오로지 그리스도의 법정적으로 전가된 의에만 기초하며, 그것을 오로지 믿음으로만 받는다는 칭의에 대한 종교개혁의 이해는 신자들의 그리스도와의 근원적인 연합과 그에 대한 적절한 이해와 더불어 서고 넘어진다.

부록 1
칭의를 주시는 분은 반드시 성화를 이루신다

정이철 목사

바른믿음 대표

요즘 한국 교회에서 칭의, 성화에 대한 그릇된 주장들이 많이 나타나고 있다. 플러신학교 김세윤 박사와 백석대학교 총장 최갑종 박사께서[1] 매우 위험스럽고 비성경적인 칭의신학을 주장하였다고 들었다.

---

1 최갑종 교수가 2016년 8월 15일 분당 한울교회 청년, 대학생 대상의 특강에서 "한번 구원은 영원한 구원인가? 선행 없는 구원은 탈락인가?"의 결론 부분이다. "칼빈이 칭의 뿐만 아니라 성화 역시 동시적인 하나님의 은혜로서 칭의 없이 성화가 있을 수 없고, 성화 없이 칭의가 있을 수 없음을 강조한 이유도 마찬가지입니다. 칼빈이 강조하고 있는 것처럼, 칭의와 성화가 동시적인 하나님의 은혜이고, 양자가 어느 순간에도 서로 분리될 수 없고, 어느 순간에도 다른 한쪽이 없이는 서로 존재할 수 없다고 한다면, 사실상 양자는 같은 동전의 앞면과 뒷면처럼 그 내용에 있어서는 본질상 동일할 수밖에 없습니다. 따라서 우리가 아무리 선행에 따른 최종적인 심판을 강조한다 하더라도, 그리고 우리의 삶이 우리의 미래적 구원과 연관성을 가지고 있다고 하더라도, 그것이 십자가와 부활사건으로부터 주어지는 믿음에 의한 칭의(롬 4:25)를 거부하는 것이 아니며, 그 반대로 아무리 믿음에 의한 칭의를 강조한다 하더라도 그 믿음이 선행을 동반하기 때문에 선행에 따른 최종적인 심판과 구원의 가르침을 거부하지 않는 점을 잊지 않아야 합니다. 따라서 '우리는 우리가 어떻게 구원받을 수 있느냐?'의 물음과 관련해서는 '오직 예수님을 믿음으로 하나님의 은혜로 구원받는다'는 성경 말씀을 따라, 전적으로 예수님을 신뢰하면서 모든 영광을 하나님께 돌려야 합니다. 하지만 우리가 어떻게 살아야 하느냐는 물음과 관련해서는, 우리가 성령을 따라 거룩한 삶을 살지 않을 경우 최후 심판에서 탈락될 수 도 있다는 성경 말씀을 기억하면서 날마다 거룩한 삶을 살도록 최선을 다하여야 합니다. 즉 우리는 성경의 양면적인 교훈을 있는 그대로 받아들여야 합니다."

성경과 신학에 관하여 어느 정도 이해를 가진 분들이라면 이 분들의 주장이 너무도 비성경적임을 쉽게 알 수 있을 것이라고 생각된다.

어떤 분은 나에게 이 두 분의 주장이 루터가 1517년에 시작한 종교개혁('신앙회복'이라는 용어가 더 적합하다고 생각됨)을 무너뜨리려는 마귀의 음모라고 할 수 있을 정도의 매우 심각한 주장이라고 하였다.

김세윤 박사와 최갑종 박사가 우리가 예수 그리스도의 대속의 죽음의 의미를 믿고, 동시에 예수 그리스도를 구주로 믿는 믿음에 근거하여 하나님이 우리를 의롭다고 선언하였음이 영구한 효력을 가지는 것임을 부정하였다는 많은 사람들의 비판이 사실이라면, 이 두 신학박사들은 현재의 성경적 기독교를 종교개혁 이전으로 되돌리려는 악한 학자들이라고 비판받아야 한다고 생각된다.

'성화'에 관해서도 잘못된 이론이 팽배하고 있다. 하나님께서 그리스도를 믿는 신자에게 영원하고 완전한 칭의를 선언하시는 그 순간에는 그 사람에게 실질적인 내적인 변화는 아직 일어나지 않은 상태이다. 성경적 칭의는 그리스도를 믿음에 근거하는 하나님의 법정적인 선언이지, 그 사람에게서 이루어진 실질적 성화에 근거하는 실질적 칭의선언이 아니다.

칭의를 입은 자에게는 성령의 재창조 사역이 시작된다. 칭의의 은혜를 입은 신자에게는 그와 동시에 성령이 임재하신다. 성령께서 임재하심으로 그 사람은 이전과 다른 새로운 피조물, 하나님 백성으로 재창조되는 은혜를 맛보게 된다. 마귀의 흑암에 눌려 영원히 죽어야 할 죄인이었고, 아담의 죄로 말미암은 마음과 이성의 오염과 부패로 인해 죄와 마귀의 종노릇을 아니할 수 없는 상태였으나 성령의 역사로 말미암아 죄를 이길 수 있는 사람으로 성화되기를 시작된다.

먼저 그 사람에게서 성화가 진행되었으므로 칭의를 얻은 것이 아니다. 단지 대신 죽으신 그리스도를 믿음으로 칭의를 얻은 그 사람에게 동시에 성화가 시작되는 것이다. 성화가 따르지 아니하는 칭의의 은혜는 기독교에서 존재할 수 없으므로, 일평생 성화의 과정이 시작되지도 않는 사람은 칭의를 입은 사람이 아닌 것이다.

혹시 그 사람이 세례를 받았고, 직분까지 받았을지라도 구원받은 사람이라고 불 수가 없다. 이것이 칭의와 성화에 관한 성경적인 설명이다. 칭의를 얻은 사람은 자동적으로 성화의 과정으로 들어가게 된다는 것이 올바른 기독교 신앙 이해이다. 그런데 요즘 최근 칭의와 성화에 대한 비성경적인 다음과 같은 이론들이 팽배하고 있다.

1. 중보자의 의가 이미 영원 전에 구원받기로 예정된 자들에게 전가되었다는 견해

영원 전에 중보자 그리스도의 의가 구원받기로 예정된 사람에게 전가되어 이미 의인이 되었다는 이론이 있다. 만일 중보자 예수 그리스도의 의가 영원 전에 구원받기로 예정된 사람들에게 전가되었다면, 그들은 복음전도를 받지 않고서도 구원받을 수 있다는 주장이 성립될 수 있다. 이는 전도의 미련한 것이 없이는 아무도 구원을 얻을 수 없다는 성경의 말씀과 정면으로 배치되니 수용할 수 있는 칭의 사상이다.

2. 예수 그리스도의 부활이 믿는 자들에게 칭의를 주었다는 견해

요즘 춘천○○○교회의 김○○ 목사의 부활교(부활구원론)에서도 그리스도의 부활이 우리에게 칭의를 주었다는 사상이 나타나고 있다.

> 예수는 우리 범죄함을 위하여 내어줌이 되고 또한 우리를 의롭다 하심을 위하여 살아나셨느니라(롬 4:25)

김○○ 목사와 그의 부활교 사상을 옹호하는 일부 이단전문가들은 이 구절을 근거로 들면서 우리를 의롭다하시기 위해 그리스도가 부활하셨다는 '부활 칭의론'을 주장한다. 그러나 바울의 전체 사상을 볼 때, 여기서 바울이 말하는 뜻은 그리스도가 먼저 우리의 죄를 전가 받으심으로 스스로 죄인이 되시었고, 죄를 짊어진 죄인으로서, 즉 모든 죄인을 대표하는 죄인의 대표로서 대신 저주받으시고 죽으신 그리스도가 자신의 무죄하고 흠 없는 속죄의 피를 흘리심으로 자신에게 전가된 우리의 죄를 사하셨고, 우리를 대표하여 죄 값을 치르셨음이 부활을 통하여 증명되었다는 뜻이다.

바울은 이 말씀을 통해, 그리스도 안에서 우리 모두가 이미 의로워졌음을 그리스도의 부활이 증명하였다는 사실을 말했다. 결코 그리스도의 부활 그 자체가 우리에게 칭의를 주었다는 부활 칭의론을 바울이 가르친 것이 아니다.

3. 성화가 진전되고 발전되면서 칭의가 더욱 증대된다는 견해

　어떤 사람들은 성화가 발전되고 진전되면서 칭의가 더욱 분명해지고 증대된다고 주장하기도 한다. 그들은 이것이 요즘의 새로운 신학의 흐름이라고 말하면서, 마치 이전의 믿음으로 단 번에 얻는 법정적 칭의 사상을 고수하면 새로운 신학에서 뒤처지는 것처럼 이야기하기도 한다. 이 주장의 이면에는 성화가 진전되지 않는 상황에서 얻은 칭의는 미약한 칭의이고, 성화가 퇴보되면 이미 얻은 칭의도 소실될 수 있다는 그릇된 이론이 내포되어 있다.

　이런 주장은 매우 비성경적이고 위험하며, 동시에 행위구원론의 근간이 되는 고약한 누룩을 순결한 복음에 더하고 섞는 죄악이다. 왜냐하면 하나님은 그리스도의 대속의 죽으심의 은혜에 연합된 우리들에게 이미 완전하고 영원한 칭의를 주셨기 때문이다.

4. 처음 믿을 때 칭의를 얻었으나 완전한 칭의선언은 최종 심판의 때로 유보된다는 견해

　이것이 요즘 큰 논란을 일으키고 있는 김세윤 박사가 주장하는 소위 '유보적 칭의' 사상이다. 이 주장에 의하면 처음에 그리스도를 믿음으로 칭의를 얻은 신자라 할지라도 이후 믿음의 열매와 합당한 행위, 그리고 성화의 발전이 나타나지 않으면 다시 칭의를 잃고 지옥으로 떨어질 수도 있다는 사상이 내포되어 있다. 행위구원사상을 기본으로 하는 감리교회와 천주교회의 구원론과 매우 유사한 내용이다. 근본적으로 예수 그리스도의 복음의 의와 율법의 행위의 의가 합해져야 구원을 얻는다고 가르쳤던 예전의 갈라디아 교회에 잠입한 이단들의 사상과 유사한 것이다.

5. 성경적 칭의 이해

1) 그리스도의 중보로 말미암은 영원한 칭의

우리가 붙들어야 할 성경적 칭의 신학의 핵심을 다시 짚어보도록 하자. 성경은 우리의 어떤 행위에 근거하여 하나님께서 우리를 의롭다 선언하셨다고 가르치지 않는다. 예수 그리스도가 우리를 대신하여 아담이 첫 언약을 파기한 죄에 대한 형벌을 대신 당하셨으므로 우리가 아담의 죄에 대한 연대책임과 형벌에서 면제되었다. 아담의 언약 파기의 죄에 대한 연대책임과 형벌에서 면제받는 그 순간에도 우리는 여전히 온갖 죄성을 가지고 있는 죄인이었다.

그러나 하나님은 예수 그리스도가 아담의 언약 파기 죄에 대한 책임을 대신 감당하고, 아담의 죄에 대한 형벌을 친히 당하여 주신 그 공로로 이루신 의를 그리스도를 주로 믿는 자들에게 전가하여 주신다. 예수 그리스도가 자신의 원죄에 대한 책임을 지시고 형벌을 대신 받으심을 인정하고 믿는 자에게 하나님이 더 이상의 저주와 정죄가 없음을 선언하여 주신다. 이것이 성경적 칭의론이다.

성경적 칭의는 여전히 내적으로 죄의 부패와 오염의 상태를 가지고 있는 실질적 죄인들에 대한 법정적 선언이다. 또한 하나님의 법정적 칭의 선언의 효력은 완전하고 영원하여 결코 변개되지 않는다. 왜냐하면 하나님의 칭의 선언은 신자의 행위에 근거하지 않고 대신 죽으신 중보자 예수 그리스도의 중보행위에 근거하였기 때문이다.

그리스도께 우리 한 사람 한 사람의 중보자가 되시어서 하나님 보좌 우편에서 중보기도하심으로 하나님께서는 그리스도의 중보에 근거하여 의롭다하시고 자녀로 입양하신 우리들을 어떠한 경우에도 버리지 못하신다. 예수 그리스도의 중보사역으로 인해 우리에게 주어진 완전한 칭의는 우리의 연약함이나 범죄에도 불구하고 결코 변개되지 않는다. 그리스도의 중보기도로 말미암아 하나님은 한번 의롭다하심을 주신 자를 회개시키고 변화시키실지언정 어떠한 경우에도 이미 선언하신 칭의를 취소하여 버리시는 법이 없다.

2) 죄의 오염과 부패가 치료되는 일평생의 성화

예수 그리스도의 중보사역의 효력으로 우리에게 주어진 칭의는 우리의 속 사람의 변화와는 무관한 상태에서 이루어졌다. 여전히 온갖 죄의 가능성과 죄의 오염이 우리 속에 가득한 상태에서 우리를 위해 대신 죽으신 그리스도를 믿음에 근거하여 법적인 선포 형식으로 우리에게 칭의가 이루어졌다. 옛날의 왕이 어떤 죄인에 대해서 더 이상 죄를 추궁하지 않지 않겠다고 선포하면 아무도 더 시비를 걸지 못하는 것과 같은 원리이다.

그렇다면 전혀 행동과 삶에 변화가 일어나지 않는 구원받은 하나님 백성이 존재할 수 있다는 것인가?

기독교에서는 이것도 있을 수 없는 주장이다. 왜냐하면 하나님이 의롭다하신 자에게는 동시에 재창조를 행하시는 성령이 임하시기 때문이다. 하나님께서는 믿음으로 의롭다 선언하신 백성에게 실질적으로 하나님 백성의 성질과 자질을 만들어 주시기 위해 성령이 임재하신다.

십자가의 효력에 근거하여 임재하신 성령은 그 사람을 이전과 전적으로 다른 새로운 피조물로 거듭나게 하시는 재창조의 하나님이다. 또한 예수 그리스도의 대신 죽으심과 부활의 공로를 적용하시기 위해서 하나님이 부어주신 성령이므로 성경은 '예수의 영,' '아들의 영'이라고도 말하고, 속 사람의 실질적 변화와는 무관한 상태에서 그 사람을 성화시키려고 임하셨으므로 '성화의 영'이라고도 한다.

행위와 무관한 오직 믿음으로만 칭의를 얻은 신자에게 즉시로 성령이 임하시면 그 신자에게서 전 인격의 변화가 발생하기 시작하고, 죄를 이기는 힘이 생기기를 시작한다. 또한 성령의 재창조의 사역으로 말미암아 부패한 본성에서 탈피하면서 하나님의 형상이 서서히 회복되기를 시작한다. 이전에는 죄를 이길 수가 없고 하님이 기뻐하시는 선을 행할 수가 없었으나, 성령이 그 사람을 새로운 피조물로 재창조하심으로 인해 죄를 이길 수 있고 하나님이 기뻐하시는 선을 행할 능력을 가지게 된다.

3) 인간의 자세가 영향을 미치지만 성화의 주체는 오직 성령

그 사람 자신의 태도와 협력하는 자세가 성화의 발전과 진전 속도에 영향을 미친다는 것은 분명한 사실이다. 힘써서 기도하고, 매일 성경을 읽고, 예배를 중시하는 사람과 그렇지 못한 사람의 성화의 과정이 같은 수가 없다는 것은 분명하다. 그럼에도 불구하고 성화의 주체가 성령이 아니고 사람이라고 말하는 것은 심각한 오류이다. 왜냐하면 성화의 주체는 오직 그리스도의 대속의 공로로 말미암아 임재하신 성령이시고, 성령이 하나님의 말씀과 기도와 각종의 하나님의 섭리적인 요소들을 통해 우리를 죄를 이기는 새로운 인간으로 변화시키시기 때문이다.

또한 칭의를 얻은 자에게 따르는 성화에 관해 더 분명히 해야 할 사실은 완전한 성화는 지상 생애 동안 있을 수가 없다는 것이다. 우리는 일생 동안 죄와 싸우면서 성화의 과정을 지속하는 것이지, 결코 어느 시점에 성화의 완전한 지점에 도달할 수 있는 것은 아니다. 펠라기우스, 반(半)펠라기우스, 알미니우스, 웨슬리, 퀘이커, 찰스 피니, 성결부흥운동(Holiness Movement) 등의 신자의 완전성화를 추구하는 사조들이 교회사에서 일어났으나, 이러한 것들은 더욱더 심각한 부작용을 교회사에 남겼을 뿐이다.

성화에 관해 분명하게 명시해야 할 것은 신자의 지상 생애에서 성화가 완성된다는 것은 불가능하다는 것이다. 그 누구도 이 땅에 사는 동안 죄와 완전히 무관해지는 경지에 이를 수가 없다. 신자의 영혼의 완전함은 사망 후에나 가능하고 몸의 완전한 성화는 부활 후에 가능하다고 보는 것이 성경적이다.

4) 한국 교회의 칭의, 성화에 대한 혼란

지금 신자들과 목회자들의 삶과 행위에서 복음적인 변화가 일어나지 않음을 우려하는 사람들이 많다. 얼마 전에는 어떤 분이 한국 교회가 성화를 강조하지 않고 칭의만 강조하였으므로 한국 교회의 복음이 싸구려로 전락했다고 우려하는 설교를 하였다고 언론에 소개되었다. 상당히 유명한 목사님의 설교의 내용이 그러했다는 것은 그 자체로서 한국 교회의 또 다른 서글픈 자화상이라고 할 수 있는 문제이다. 왜냐하면 그런 주장을 한다는 것은, 칭의를 주시는 분과 성화를 이루시는 분이 같은 분이라는 사실을 모르기 때문이다.

실제로 칭의가 있었다면 반드시 삶이 복음적으로 변하는 성화가 뒤따르게 되어 있다. 이것이 성경적 복음의 원리이다. 그리스도를 믿어 칭의를 얻게 하시는 분과 의롭다고 인정해주신 사람에게 성령을 부어 삶을 변화시키시는 분이 같은 하나님이다. 칭의를 얻은 분에게 성화가 따르지 않는다는 것은 칭의를 주신 분과 성화를 이루시는 분이 다른 신이라고 말하는 것과 같다.

신자들에게 칭의만 강조하고 성화를 덜 강조했다는 것이 현재 한국 교회의 문제라고 진단하시는 유명한 목사님들은 복음을 잘 모르시는 분들이다. 아마 그래서 그런 분들이 관상기도, 여성 안수 … 등의 문제들과 이미 연관을 가지고 있다고 보여진다.

많은 교인들에게 하나님의 형상이 회복되는 삶의 변화, 즉 그리스도를 닮아가는 성화가 나타나지 않는다는 것은 성화를 이루시는 성령이 그들 안에서 일하시지 않는 다는 증거이다. 교인들은 많아도 성화를 이루시는 성령의 역사가 없다는 것은, 동시에 칭의를 얻었다고 자부하는 많은 사람들이 스스로의 착각에 빠져있음을 의미한다. 왜냐하면 칭의를 얻은 자들에게는 반드시 성령의 성화의 사역이 시작되기 때문이다. 이러한 역사가 벌어지지 않는 것은 성령이 일하실 수 있는 조건, 즉 성경적 복음이 온전하게 전파된 적이 없기 때문이다.

한국 교회의 칭의와 성화에 대한 논쟁은 과연 한국 교회에서 성경적인 복음이 선포되었는지를 점검하는 것으로 귀결되어야 한다. 그렇지 않으면 무익한 탁상공론으로 끝나게 될 것이다.

부록 2
속지 말라, '유보적 칭의론'에[1]

이경섭 목사
인천반석교회 담임

하나님이 율법을 주신 근본 목적은 율법주의자들이나 계몽주의자들의 주장처럼, 사람을 위협하여 선한 행동을 유도하기 위함이 아니다. 물론 개혁주의자들도 선을 독려하고 악을 제어하는 '율법의 제3용도'(tertius usus legis)를 가르쳤지만, 이는 어디까지나 성화적 차원이었지 칭의적 차원이 아니었다.

그런데 많은 사람들이 성도들로부터 성화된 삶을 이끌어 내려면, 이신칭의(以信稱義) 같은 부드러운 것만 가르쳐서는 안 되고 율법과 지옥의 두려움도 함께 넣어주어야 한다는 주장을 함으로서, 몽학선생으로서의 율법의 용도(갈 3:24)를 왜곡시켰다. 그들은 근자에 한국 기독교의 부패 원인을 '믿기만 하면 구원받는다'는 이신칭의의 강조 탓으로 돌리며, 이런 한국 교회의 병폐를 고치려면 이신칭의는 조금만 말하고 종말론적 두려움을 갖다 주는 '유보적 칭의론' 같은 신율주의

---

1 이경섭, "속지말라, '유보적 칭의론'에," 「크리스천투데이」, 2016.10.26, 29.

(theonomy)를 가르쳐야 한다고 주장한다.

그들은 자신들의 주장을 정당화하기 위해 지옥의 공포를 설교하기로 유명했던 조나단 에드워즈(Jonathan Edwards, 1703-1758)의 사례를 거론한다. 조나단 에드워즈가 지옥 설교로 성도들에게 공포심을 유발시켜 거룩한 삶을 이끌어냈다는 것이다.

그러나 조나단 에드워즈가 지옥 설교를 한 것은 공포심으로 선한 삶을 유발시켜 지옥 형벌을 면하게 하기 위함이 아니라, 두려운 지옥이 분명 실재하며 지옥에서 건짐을 받는 유일한 길은 예수 그리스도를 믿는 것임을 강조하기 위함이었다. 성도들로 하여금 지옥 심판을 면케 하려고 율법적 행위를 부추긴 것이 아니라, 오히려 율법 앞에서 절망하여 모든 율법적 행위를 그치게 하고, 율법의 완성자(롬 10:4) 그리스도께로 이끌기 위해서이다(갈 3:24). 인간은 자신에게 절망하지 않는 한 결코 그리스도께로 가지 않기 때문이다.

설사 율법의 공포심을 조장하여 사람들에게 어떤 선한 행위를 유발시켰다 해도, 이 행위적 의는 예수님의 말씀대로 천국 입성에 2% 부족한, 바리새인과 서기관들의 율법적 의(義)에 지나지 않다(마 5:20). 진정한 성화의 열매는 율법의 공포심에서 나올 수 없고, 믿음으로 말미암는 그리스도와의 연합에서만 나온다. 삭개오로 하여금 그의 재산 대다수를 내놓도록 회개를 유발시킨 것은, 율법의 공포심에서가 아니라 길가의 돌멩이 같은 천덕꾸러기를 '아브라함 자손'으로 삼아주신 그리스도의 은혜 때문이었다. 유보적 칭의론자들의 논리처럼, 종말론적 두려움을 주는 신율주의(theonomy)의 협박으로는 이런 성화를 이끌어 낼 수 없다.

두려움이 성화의 열매를 맺을 수 없다는 것은 오늘 우리 현실 속에서도 확인된다. 세상은 이미 두려운 소식들로 넘쳐나고 있으며, 사람들은 죽음, 질병, 사고, 미래의 불확실성에 대한 공포에 붙들려 있다. 그렇지만 이런 두려움은 사람들을 선량하게 만들기는 커녕, 점점 더 악하게 만들 뿐이다. 오히려 두려움의 크기만큼 죄도 넘쳐나는 것 같다. 사형제 폐지가 공론화되는 것도 사형의 공포심이 결코 범죄를 줄이지 못한다는 사실 때문이다.

> 죄가 기회를 타서 계명으로 말미암아 내 속에서 각양 탐심을 이루었나니 이는 법이 없으면 죄가 죽은 것임이니라 … 죄가 기회를 타서 계명으로 말미암아 나를 속이고 그것으로 나를 죽였는지라(롬 7:7, 11).

이 성경 말씀과, "율법은 죄의 먼지만을 일으키고 복음은 영혼을 깨끗케 한다"고 말한 청교도 존 번연(John Bunyan, 1628-1688)의 말처럼, 율법적 두려움은 죄를 잠재우는 것이 아니라 더욱 부추기고, 오히려 우울증이나 동반 자살 같은 파괴적 결과들을 양산한다.

일부 신학자들이 유보적 칭의론 같은 종말론적 두려움을 그리스도인들에게 심어주면 성화를 이끌어 낼 수 있다고 가정하는 것은 성경적으로도 심리학적으로도 맞지 않다.

성화의 열매를 맺는데 필요한 것은, 율법적 두려움이 아니라 그리스도의 사랑이다. 그리스도의 사랑을 받은 자만이 성화의 열매를 맺을 수 있다. 성경은 성화를 그리스도와 연합의 결실로 말한다. 부부의 사랑의 결실로 자녀가 태어나는 것과 같은 이치이다.

아더 핑크(A. W. Pink)가 요한복음 15:4의 '포도나무와 가지의 비유'를 근거로, 그리스도인이 맺는 열매는 일(율법적 수고)의 결과가 아니라 연합의 결실이라고 한 것도 이와 같은 맥락이다.

그리고 성도와 그리스도의 연합의 기초는 이신칭의(以信稱義)이다. 칭의 없인 그리스도와의 연합도 없으며, 그리스도와의 연합 없이는 성화의 열매도 없다.

유보적 칭의론자의 주장처럼 한국 교회가 성화를 이루기 위해 이신칭의를 덜 강조해야 한다고 말하는 것은, 아이를 낳기 위해 남녀가 결혼하면 안 된다는 말처럼 모순되게 들린다. 아무리 이신칭의를 받았어도 율법의 닦달을 받지 않으면 성화의 열매를 맺지 못한다고 말하는 그들의 주장은, 결혼을 했음에도 닦달을 받지 않으면 아기를 낳지 못한다는 것과 같다. 여성은 결혼하여 남편과 연합하면, 닦달을 받지 않아도 당연히 자식을 생산한다. 성도가 열매를 맺기 위해 필요한 것은 율법의 닦달이 아니라 그리스도의 사랑이다.

또 하나, 유보적 칭의론자들이 자신들의 논리를 변호하기 위해 자주 들고 나오는 '은혜의 남용이 갖다 주는 폐해'(?)에 대해 짚고 넘어가려 한다. 그들은 한국 교회의 방종과 타락이, 이신칭의의 강조로 말미암은 은혜의 남용에 기인한다고 한다. 그러나 이는 은혜의 속성을 모르는 데서 나온 말이다.

은혜는 기독교의 핵심인 '구원'의 원천이며, 은혜를 말하지 않고서는 구원경륜을 이룰 수 없다. 은혜의 복음인 이신칭의(以信稱義)를 전하고 받아들이는 과정에서 구원 사건이 일어나므로, 은혜의 선포를 제한하고서는 구원 사건이 일어날 수 없는 것이다. 은혜의 남용이 두려워 은혜를 말하지 않는 것 자체가 은혜와 모순된다.

필립 얀시(Philip Yancey)는 "남용할 만한 은혜라야 비로소 은혜"라는 말을 했다. 이는 그보다 훨씬 이전에 루터가 한 말인데, 은혜의 속성을 정확히 설파한 말이다. 만일 은혜의 남용을 두려워하여 은혜를 말하지 않는다면, 이는 이미 은혜가 아니다.

나아가 은혜로 구원받아야 할 사람이 구원받지 못하는 일이 발생한다. 즉 은혜로 구원하시는 하나님이시기에, 적극적이든 소극적이든 은혜가 제한(to be limiteded), 혹은 부정(to be negative)되면, 구원의 방도가 제한 혹은 부정되기에 하나님의 구원 경륜이 방해를 받게 되는 것이다.

스펄전(C. H. Spurgeon)은 은혜의 남용을 두려워한 나머지 은혜를 담대히 선포하지 못하는 자들을 향해 "은혜를 남용하는 자는 언제나 있어 왔으며, 은혜를 남용하는 자가 있다면 그 자신에게 책임이 있지 은혜를 자주 말하는 사람에게 있지 않다"면서 "물에 빠진 자에게 구명줄을 던져주었을 때 그것으로 목을 매는 사람이 있다면, 그것은 그 사람의 잘못이지 구명줄을 던져준 사람의 잘못이 아니다. 구명줄을 목줄로 남용할까봐(남용하는 자 때문에) 물에 빠진 자에게 구명줄을 던지지 않을 수 없다"는 명언을 남겼다.

오늘날 한국 기독교의 타락상은 결코 이신칭의의 남용으로 인해 생긴 폐해가 아니라, 가라지들의 교회 유입으로 생겨난 폐해이다. 오늘날 한국 교회의 상황은 박해받던 초대 기독교가 로마의 국교가 됨으로서(A.D. 313) 조성된 당시의 교회 정황과 비슷하다. 기독교가 지배층이 되자, 기독교에 빌붙으려는 가라지들의 교회 유입으로 교회의 세속화를 불러왔듯, 한국 교회가 주류 기득권층이 되자, 교회 권력(?)에 기생하려는 가라지들의 유입이 세속화를 불러왔다. 이명박 대통령

시절, 회자된 "고소영"이란 유행어도 그 한 정황이다.

또 하나, '유보적 칭의론자'들이 자신의 주장을 변호하려고 곧잘 들고 나오는 성경 귀절이 "두렵고 떨림으로 구원을 이루라"(빌 2:12)는 말씀이다. 이 역시 그들을 옹호해주지 못한다. 이 말씀은 종국적 구원이 자신의 행위에 달려있다는 '칭의적 경고'가 아니라, 값없이 주시는 은혜의 구원에 도취되어 방종하지 말라는 '성화적 경고'이다.

만일 그들의 주장처럼 이 두려움이 칭의의 불확실성에 대한 것이라면, 성경과 정면으로 배치된다. 왜냐하면 성경은 심판에의(칭의적) 두려움은 하나님 사랑이 온전히 이루지 못한 결과로 온 것이기에, 형벌이 따른다고 했기 때문이다(요일 4:18).

성경은 두려움은 결코 하나님이 주신 마음이 아니라고 못박으며, 두려움 대신 '근신'을 권면한다(딤후 1:7). 여기서 '두려움'(the spirit of fear)이 칭의의 불확실성으로 말미암은 불안의 감정이라면, '근신'(a sound mind)은 방종(예컨대 구원의 확신에서 오는)에 대한 조심을 말한 것이다.

비유컨대 어린 아들의 손을 잡고 절벽 가장자리를 걸어가는 아빠가 아이에게 "아빠 손을 꼭 붙들어야 돼, 아빠 손을 놓으면 절벽에 떨어져" 라고 말한 것과 같은 의미이다. 이는 정말 아이가 아빠 손을 놓고 절벽에 떨어질까 하는 두려움에서 한 말이 아니라, 방심하지 말라는 경계의 말이다. 설사 어린 아들이 아빠의 손을 놓친다 해도 아버지의 강한 팔이 아들의 손을 놓지 않을 것이기에, 아들이 절벽에 떨어질 가능성은 없기 때문이다.

두렵고 떨림으로 구원을 이루라(빌 2:12).

이 말씀 역시 어린아이처럼 유약한 성도의 손을 붙잡은 하나님이 성도의 방종을 경계시키는 근신의 의미이지, 결코 칭의의 두려움을 넣어주기 위한 말이 아니다. 예수님은 구원의 확실성에 대해 우리에게 확실히 담보해주셨다.

> 저희를 주신 내 아버지는 만유보다 크시매 아무도 아버지 손에서 빼앗을 수 없느니라(요 10:29).

> 너는 두려워 말라 내가 너를 구속하였고 내가 너를 지명하여 불렀나니 너는 내 것이라(사 43:1).

> 이 소자 중에 하나라도 잃어지는 것은 하늘에 계신 너희 아버지의 뜻이 아니니라(마 18:14).

우리가 약하여 하나님의 손을 놓치는 일이 있더라도, 내 손을 붙든 전능한 하나님의 손은 결코 나의 손을 놓지 않을 것이다. 아멘.

부록 3
종교개혁 500주년, 흔들리는 '구원론'[1]

김진영 기자
크리스천투데이

종교개혁 500주년을 코앞에 둔 한국 교회가 이른바 '구원론 논쟁'을 벌이고 있다. 500년 전 종교개혁은 '구원론 개혁'이라고 해도 틀리지 않다. '면죄부'를 산 대가가 아닌 오직 하나님의 은혜로 얻는 것이 구원이라고 종교개혁가들은 외쳤고, 지금까지 한국 교회, 적어도 개혁주의 노선에 있는 교회들은 그것을 '정통' 구원론으로 받아들였다. 그런데 이것이 왜 논쟁의 대상이 되는 것일까?

1. 새 관점과 김세윤

발단은 '바울에 관한 새 관점'(New Perspective on Paul)이 소개되면서부터다. 샌더스(E. P. Sanders), 제임스 던(James D. G. Dunn), 톰 라이

---

1 김진영, "종교개혁500주년, 흔들리는 '구원론'," 「크리스천투데이」 2016.10.26, 1.

트(Nicholas Thomas Wright)와 같은 복음주의 계통의 저명한 신학자들이 이러한 '새 관점'을 주장하면서 '이신칭의'(以信稱義)의 구원론이 흔들리기 시작했다.

'새 관점'을 설명하는 키워드는 '언약적 신율주의'(covenant nomism)이다. 이는 '유대교'와 '바울'에 대한 일반적인 시각을 거부하고 유대인들 역시 '하나님의 선택과 은혜'에 기초한 구원론을 갖고 있으며 바울이 지적한 유대인들의 '율법주의'는 이방인들에 대한 그들의 잘못된 생각을 비판한 것이지, 결코 구원과의 직접적 연관성 때문이 아니라고 전제한다. 다만 율법은 '하나님에 의해 선택된 백성들이 그 신분을 유지하기 위한 수단'으로 정의한다.

다시 말해, '선한 행위를 통해 구원에 이를 수 있다'는 '율법주의'가 아닌 '선한 행위를 통해 구원을 약속하신 하나님의 '언약' 안에 머물 수 있다'는 '언약적 신율주의'가 바로 '새 관점'의 핵심이다.

그리고 이런 '새 관점'의 영향에 기름을 부은 것이 소위 '한국이 낳은 세계적 신학자'라 불리는 김세윤 박사이다. 그는 "칭의는 사단의 통치에서 하나님의 통치로 회복되는 것이고, 그것은 최후의 심판 때 완성되는 것"이라는 이른바 '종말론적 유보'를 주장하고 있다.

또 "'성화'라는 표현보다 '칭의의 현재 단계'가 보다 옳다"라는 발언이나 "칭의론과 윤리는 하나의 통합체로서 서로 분리할 수 없는 것," "의인이라 칭함을 받은 자는 하나님과 올바른 관계에 서 있는 자이므로, 이제 '믿음의 순종'을 해야 한다"는 등의 발언으로, 그가 '새 관점'을 지지하고 있는 듯한 인상을 심었다.

이에 대한 반발 또한 거세다. '언약적 신율주의' 역시 "율법을 지키지 않으면 하나님의 언약 안에 머물 수 없고, 결국 구원에도 이를 수 없다"는 점에서 '율법주의'와 다를 바 없다는 지적이 있다. 또한 바울은 신약 성경의 갈라디아서와 같은 서신을 통해 분명히 유대인들의 '율법주의'를 비판했으며, 무엇보다 '종말론적 유보'와 같은 개념이 '구원의 확신,' 나아가 '예수 그리스도의 십자가 대속'을 약화시킨다고 이들은 지적한다.

2. 단회적이냐, 점진적이냐

이 같은 논쟁은 구원의 속성이 '단회'적인 것인지, 아니면 일생을 두고 일어나는 '점진'적인 것인지에 대한 견해 차이에서 비롯됐다고도 볼 수 있다. 그리고 그 이면에는 '구원의 탈락 가능성'에 대한 입장차도 존재한다.

즉, 전자가 "구원은 전적인 하나님의 은혜를 따라, 인간의 행위와는 무관하게 '오직 믿음으로' 한 번에 이뤄지는 것(칭의)이고, 그런 인간은 하나님의 견인에 의해 성화를 거쳐 영화에 이른다"고 하는 반면, 후자는 말 그대로 "'칭의'는 그 순간 구원에 이른 것이 아니며, 다만 완성을 향해 나아가는 출발점이고, 하나님의 최후 심판을 거쳐 결정된다"고 주장하여, 칭의된 자라 할지라도 '최종 구원'을 장담할 수 없다는 점을 부각한다.

신학자들에 따르면, 후자와 그 궤를 같이 하는 '새 관점' 등의 구원론은 단순히 일부의 '학설'에만 그치지 않는다. 이미 국내외 신학계에 지대한 영향력을 끼치고 있으며, 일반 성도에까지 그 저변을 넓히고 있다. 특히 '도덕적 해이' 문제를 교리적으로 풀 수 있다는 점에서, 최근 한국 교회의 상황과 맞물려 더욱 주목받고 있다.

그래서 이를 우려하는 이들도 많다. 자칫 이런 주장들이 500년을 이어온 종교개혁의 유산을 훼손할지도 모른다는 염려 때문이다. 이들은 이번 논쟁이 종교개혁의 구원론을 다시 돌아보고 그 진정한 의미를 찾는, 건전한 방향으로 이어지기를 바라고 있다.

3. 사변적 논쟁 삼가야

최근 이런 흐름을 보는 시각도 대체로 두 가지다. 종교개혁 500주년을 앞두고 건전한 토론을 통해 보다 견고한 구원론을 확립할 수 있는 기회라는 것과 기독교 신앙의 핵심인 구원론이 아직도 제대로 정립되지 않았다는 것이다. 그리고 이것이 그 만큼 국내 기독교의 체질이 허약하다는 방증이라는 것이다.

한 신학자는 "중요한 것은 이러한 논쟁이 삶과 동떨어져 사변적으로 흘러선 안 된다는 것"이라며 "교리적 허점을 없애기 위해 무리한 해석을 시도하는 것은 그야말로 주객이 전도된 무의미한 일일 뿐"이라고 했다.

아울러 "종교개혁 500주년을 진정으로 기념하는 일은 몇 마디의 구호와 크고 작은 행사가 아니라, 기독교의 구원이 무엇이며 그에 이르는 방법은 어떤 것인지를 재점검하고 이를 한국 교회 전체로 확산하는 일"이라고 강조했다.

4. 구원의 탈락은 비성경적이다[2]

박영돈 교수, 김세윤 교수의 '유보된 칭의' 주장 반박

2016년 12월 5~6일, 서울 연동교회(담임 이성희 목사)에서 진행됐던 '이신칭의, 이 시대의 면죄부인가?'라는 주제의 포럼에선 김세윤 교수(풀러신학교)와 박영돈 교수(고려신학대학원)가 강사로 섰다.

특히 최근 '구원론 논쟁'을 불러온 김세윤 교수가 강사로 나서 많은 이들의 관심을 끌었다. 박영돈 교수는 주로 칼빈이 이해한 '칭의론'의 의미를 소개하고, 그것이 김세윤 교수의 칭의론과는 어떤 점에서 다른지를 분석했다.

박 교수는 "칭의와 성화가 구별되는 것은 단지 우리의 생각에서 뿐이지 우리의 경험에서는 아니"라며 "만약 칭의가 참된 것이라면, 이는 필연적으로 그리고 지체 없이 성화가 수반되기 마련이다. 그러므로 그리스도 안에서 의롭다함을 받은 이는 동시에 반드시 거룩해 진다"고 했다.

왜냐하면 "그것은 칭의와 성화는 그리스도의 인격 안에서 영원히 분리될 수 없는 연합으로 엮여져 있기 때문"이라며 "이 둘을 서로 분리하는 것은 그리스도를 찢어버리려는 것과 같다. 그러므로 아무도 칭의와 성화 둘 중 하나만을 체험할 수 없다. '성화 없는 칭의'나 '칭의 없는 성화'만을 체험한다는 것은 불가능하다"고 했다.

따라서 "오직 믿음으로 의롭다함을 받는다는 교리를, 행함이 없는

---

[2] 김진영, "구원의 탈락에 대한 거론, 비성경적," 「크리스천투데이」, 2016.12.14, 12.

믿음으로만 구원받는다고 이해하는 것은 큰 착오"라며 "믿기만 하면 거룩함의 열매가 전혀 없어도 구원은 '따 놓은 당상'이라는 식으로 이해하는 것은 종교개혁의 칭의론을 완전히 곡해한 이단적인 발상"이라게 박 교수의 주장이다.

이어 "김세윤 교수는 칭의와 성화를 선후 관계로 설정함으로써 구원파적인 오류에 빠질 수 있는 위험을 극복할 수 있는 대응책으로서 칭의와 성화를 다시 하나로 묶는 해석학적인 틀을 제시했다"며 "곧 칭의와 성화는 동일한 특성과 의미를 띠며 '이미와 아직'의 종말론적인 구조 속에서 같이 진행된다는 것"이라고 했다.

그러면서 박 교수는 "개혁주의 구원론의 구조에서도 칼빈이 강조했듯이 칭의와 성화는 한 순간도 분리되지 않고 긴밀하게 연합되어 신자의 삶 전 과정에 병행된다"며 "이런 면에서 김 교수의 견해와 개혁 구원론의 입장은 일치한다"고 했다.

박 교수는 "그럼에도 두 입장이 갈라서는 지점은 칭의와 성화를 동일시하는가, 아니면 구별하는가의 문제"라며 "칼빈처럼 칭의와 성화의 연합된 구조 뿐 아니라 구별된 특성도 조화롭게 이해하는 것이 구원 은혜의 다양한 측면을 더 부요하고 풍성하게 드러내는 성경적인 관점을 더 잘 포착한 것"이라고 했다.

그는 "칼빈과 개혁주의 입장은 칭의와 성화가 구원의 과거, 현재, 미래의 전 과정에서 긴밀하게 연합하여 병행된다는 점에서 구조적인 동일성과 함께 그 초점과 특성에 있어 차이가 있다는 의미적인 구별성을 강조한다"며 "칼빈은 칭의와 성화는 단일한 은혜의 두 면으로서 우리의 체험에서는 비록 동시적이며 구별되지 않지만 우리의 사고에서는 구분되어야 한다고 보았다"고 했다.

특히 "칼빈은 칭의와 성화를 동일시해 혼합하면 칭의뿐 아니라 성화도 위태로워진다는 점을 우려했다"면서 "그렇게 되면 칭의가 우리 밖의 의에 근거해서 영 단번에 주어진 하나님의 온전한 선물이라는 특성이 흐려지며 이 선물을 누림에서 오는 감사와 확신, 자유와 담대함이 사라지게 된다"고 했다.

뿐만 아니라 "하나님께 의롭다고 인정받을 만큼 자신이 실제 의롭게 되고 거룩해졌는지 확신할 수 없는데서 오는 불안감과 칭의의 은혜를 상실할 수도 있다는 두려움이 가시지 않을 것"이라고 했다. 또한 "하나님의 사랑과 인정을 얻어내려는 헛된 수고와, 칭의의 은혜와 자신의 경건을 교환하려고 율법주의의 굴레에서 헤어 나오지 못할 것이다. 이런 바탕 위에서는 하나님이 원하시는 참된 경건은 불가능해진다"고 덧붙였다.

박 교수는 강조하기를, "그래서 칼빈은 칭의와 성화의 구별성을 부각시킴으로써 확신과 감사, 자유를 앗아가는 불안한 성화의 기반을 허물고 진정한 성화가 진행될 수 있는 견고한 은혜의 반석을 새로 깐 것"이라고 했다.

그러면서 "김세윤 교수처럼 칭의의 복음을 남용하는 것을 막으려고 칭의가 취소될 수 있고 구원에서 탈락할 수 있는 가능성을 강조하면, 정작 그 피해를 입는 이들은 참된 신자들이라는 사실을 기억해야 할 것"이라며 "칭의의 취소나 구원의 탈락을 말하는 것은 성경적이지 않을 뿐 아니라 신학적인 모순에 빠지는 것"이라고 지적했다.

아울러 "우리의 칭의가 성화의 열매에 따라 심판받는 종말에까지 유보된다면 누가 주의 심판 앞에 떳떳이 설 수 있겠는가"라고 물으며 "사실 칭의의 복음이 망하는 자들에게나 방종의 라이선스로 남용되지 성령으로 거듭나 구원받을 자들에게는 오히려 위로와 안식의 유일한 근원이며 경건의 바탕으로 작용한다. 칭의론의 남용을 막으려다가 오히려 참된 신자의 위로와 성화의 원동력까지 앗아갈 수 있다는 점을 유념해야 할 것"이라고 조언하기도 했다.

5. 구원의 탈락은 바울의 가르침이다?[3]

김세윤 교수는 이틀 동안 '사도 바울의 복음: 바울의 칭의의 복음과 예수의 하나님 나라의 복음'을 제목으로 강연하며, 바울이 강조한 '칭의론'이 무엇인지, 그리고 그것이 개혁신학이 전통적으로 이해해 온 '이신칭의', 즉 '오직 믿음(은혜)으로 구원을 얻는다'는 가르침과는 어떤 점에서 차이를 보이는지 등을 분석했다.

"온전한 수확은 종말에 받도록 예약된 것"

김세윤 교수가 해석한 '바울의 칭의론'이 개혁신학의 그것과 가장 크게 다른 점은, 칭의를 '단회적' 사건으로 보지 않고 하나님의 최후 심판에서 완성되는, '점진적인' 것으로 주장한다는 데 있다.

지금까지 개혁신학은, 루터나 칼빈과 같은 종교개혁가들이 중세 로마 가톨릭의 이른바 '행위 구원'에 맞서, 구원은 인간의 공로나 행위에 의한 것이 아니라 하나님께서 주권적으로 베푸시는 '오직 은혜'만으로

---

[3] 김진영, "구원의 탈락, 내 주장 아닌 바울의 가르침," 「크리스천투데이」, 2016. 12. 14, 13.

가능한 것이며, 인간은 이를 '오직 믿음'으로 받아들여 비로소 '의인'이 된다고 가르쳐 왔다. 다시 말해 '칭의'는 마치 법정에서 재판관이 "죄가 없다"고 선언하면 그 즉시 사면되듯, 한 번에 일어나는 것이고, 그렇게 의인이 된 인간은 성령의 도움을 받아 성화의 과정을 거쳐 영화에 이른다는 것이 한국 교회에서 공히 통용돼 왔던 '구원론'이었던 것이다.

그러나 김세윤 교수는 이와 같은 '칭의-성화-영화'라는 소위 '구원의 도식(순서)'을 거부한다. 특히 구원과 성화를 단계적으로 구분 짓는 것이, 바울이 말한 칭의의 '진의'를 왜곡할 수 있다고 주장한다. 칭의는 그것대로 끝나고 성화가 그 다음 이어진다는 것은, 자칫 성도에게 '도덕적 해이'를 불러올 수 있고, 이것이 오늘날 실제로 많은 성도의 삶에서 나타나면서 '윤리적 지탄'의 대상이 되고 있다는 것이다.

김 교수에 따르면 이와 같은 칭의는, 다른 말로 '첫 열매'다. 그리스도의 구원은 근본적으로 '이미와 아직'이라는 종말론적인 구조를 가지는데, 칭의도 이와 같아서 '법정적 의미'의 칭의, 곧 우리가 하나님의 '사면 선포'로 '이미' 의인이 된 것은 칭의의 선취 혹은 첫 열매일 뿐이라는 게 그의 주장이다.

김 교수는, 그러나 온전한 칭의를 위해서는 '아직' 가야 할 길이 남았음을 암시한다. 칭의라는 개념이 '법정적 의미' 뿐만 아니라 '관계적 의미' 또한 포함하고 있다고 보기 때문이다. 하나님의 선언으로 죄가 사면된 인간, 곧 첫 열매가 된 우리는 그런 다음 홀로 존재하는 것이 아니라 하나님과의 관계 안으로 들어가 그곳에 머물러야 하는 존재가 된 것이다.

김 교수는 "하나님과의 올바른 관계로 들어갔다는 의미는 우리가 창조주 하나님의 통치를 받는 관계로 들어갔다는 말"이라며 "그러므로 칭의는 주권의 전이다. 사단과 죽음의 나라에서 구속돼 하나님의 의와 생명의 나라로 이전됐다는 것이다. 즉 주 예수 그리스도의 주권에 의지하고 순종하는 삶을 살아야 한다는 것을 뜻한다"고 했다.

그는 "그러므로 바울의 칭의의 복음에 있어 우리가 세례 때 받는 '칭의'는 '하나님 나라에 들어가다'는 것과 일치하는 것"이라며 "따라서 칭의는 종말에 최후의 심판에서 하나님의 아들 주 예수 그리스도의 중보로 완성될 때까지 계속 하나님과의 올바른 관계 속에 서 있어야 함을 포함하는 것"이라고 주장했다.

그러니까 "온전한 수확(구원 혹은 칭의의 완성)은 종말에 받도록 예약된 것이고 그러므로 그때까지 유보돼 있다"는 것이다. 그러면서 "칭의는 우리가 그리스도에 대한 신앙을 처음 고백할 때 다 이뤄지고 주 예수 그리스도의 재림 때 있을 최후의 심판에서 그저 자동적으로 확인되는 것이 아니"라고 지적했다.

그의 이런 관점에서부터 다음과 같은 김교수의 주장이 나온 것이다.

"성화라는 표현보다 칭의의 현재 단계라는 것이 보다 정확하다."

"칭의론을 온전히 이해해 종교개혁을 완성해야 한다."

물론 최후의 심판까지 나아가는 그리스도인의 삶에서 성령의 도우심이 있음을 김 교수 또한 인정하나, 그와 같은 성령의 도우심을 부인하고 끝내 그것을 거부하는 자는 구원에서 "탈락할 수 있다"며 "이것은 내 주장이 아닌 바울의 가르침"이라고 강조한다.

"칭의가 과정이라면 예수의 속죄는 무엇인가?"

그러나 김세윤 교수의 발표를 논평한 박형용 박사(합동신대 명예교수)는 "성경은 어디에서도 우리가 믿음으로 그리스도 안에서 얻은 의와 영생과 천국시민권을 우리의 행위를 근거로 박탈하시겠다고 말하지 않는다"며 "그렇게 되면 아무도 구원을 얻을 수 없기 때문"이라고 했다.

박 박사는 "만약 이것이 하나님의 계획이었다면 예수님이 이 땅 위에 사람의 모양으로 오셔서 고난당하시고 죽으시고 부활하신 이 모든 구속 사역이 실패의 사역이 될 수밖에 없다"며 "우리들의 칭의와 구원은 오로지 그 계획부터 완성까지 하나님의 작품이지 인간이 끼어들 틈이 없다"고 역설했다.

또 다른 논평자였던 심상법 교수(총신대)는 다음과 같이 반문했다.

"칭의가 '과정' 혹은 '종말론적으로 유보된 칭의'라고 한다면, 예수 그리스도의 속죄의 의미는 무엇인가?

예수 그리스도의 속죄는 칭의 전반에 대해서 최종적이지도 않고 불완전하고 불충족한 것인가?

단지 하나님과의 '관계 회복'에만 기여하는 속죄인가?"

그리고 이어서 그는 다음과 같이 말했다.

"결국 김세윤 교수가 말하는 '완성된 칭의'는 그리스도의 속죄와 성령의 도움에 의한 신자의 의로운 삶이 결합된 것처럼 이해된다."

그러면서 심 교수는 "우리를 하나님 앞에서 '단번에 영원히' 의롭다고 하시는 근거인 주 예수 그리스도의 대속적인 사랑과 하나님의 은혜의 복음을 안다면 결코 방종과 방탕한 삶을 살 수 없다"며 "문제는 최종적이고 완전하며 충족한 예수 그리스도의 대속적 사랑과 그에 대한 하나님의 은혜에 대한 이해가 없는 '부족한 칭의론'에 있다"고 했다.

포럼에 참석하기도 했던 최더함 박사(개혁신학포럼 총괄책임)는 "칭의는 마치 집을 지을 수 있는 설계도와 같다. 인간은 그것을 따라 성화라는 집을 지어 가는 것"이라며 "그리고 이것이 칼빈을 비롯한 종교개혁가들과 이후 그들의 가르침을 이어온 개혁신학자들이 강조해온 것이기도 하다"고 했다.

최 박사는 "그러나 구원의 탈락 가능성을 전제하고 칭의가 하나님의 최후 심판대 앞에서 그리스도의 중보로 완성된다고 하는 김세윤 교수의 주장은 완성된 설계도 없이 집을 짓자는 것과 같은 논리"라고 비판했다.

A Contemporary Controversy of Justification

현대 칭의론 논쟁
A Contemporary Controversy of Justification

2017년 2월 28일 초판 발행

지 은 이 | 고경태, 김진영, 리차드 B. 개핀, 서문 강, 이경섭,
　　　　　이윤석, 임진남, 장부영, 정이철, 최덕성

편　　집 | 정희연, 곽진수
디 자 인 | 신봉규, 이보람, 박슬기
펴 낸 곳 | 사)기독교문서선교회
등　　록 | 제16-25호(1980. 1. 18)
주　　소 | 서울시 서초구 방배로 68
전　　화 | 02) 586-8761~3(본사) 031) 942-8761(영업부)
팩　　스 | 02) 523-0131(본사) 031) 942-8763(영업부)
홈페이지 | www.clcbook.com
이 메 일 | clckor@gmail.com
온 라 인 | 기업은행 073-000308-04-020, 국민은행 043-01-0379-646
　　　　　| 예금주: 사)기독교문서선교회

ISBN 978-89-341-1621-9 (93230)

* 낙장 · 파본은 교환해 드립니다.

이 도서의 국립중앙도서관 출판시 도서목록(CIP)은 서지정보유통지원시스템 홈페이지(http://seoji.nl.go.kr)와 국가자료공동목록시스(http://www.nl.go.kr/kolisnet)에서 이용하실 수 있습니다.(CIP제어번호: CIP2017001654)